21世纪高等院校经济学与管理学系列教材

GUOJI JINRONGXUE
XIANDAIGUANDIAN

国际金融学：现代观点

（修订本）

周　克◎主编
杨　丽　肖韶峰　付　强◎副主编

中国经济出版社
CHINA ECONOMIC PUBLISHING HOUSE
北京

图书在版编目（CIP）数据

国际金融学：现代观点 / 周克主编. -- 修订本
. -- 北京：中国经济出版社，2022.3
ISBN 978-7-5136-6784-5

Ⅰ. ①国… Ⅱ. ①周… Ⅲ. ①国际金融学 Ⅳ.
①F831

中国版本图书馆 CIP 数据核字（2021）第 265281 号

责任编辑 李若雯
责任印制 巢新强

出版发行 中国经济出版社
印 刷 者 北京艾普海德印刷有限公司
经 销 者 各地新华书店
开 本 710mm×100mm 1/16
印 张 22
字 数 335 千字
版 次 2022 年 3 月第 1 版
印 次 2022 年 3 月第 1 次
定 价 65.00 元
广告经营许可证 京西工商广字第 8179 号

中国经济出版社 网址 www. economyph. com 社址 北京市东城区安定门外大街 58 号 邮编 100011
本版图书如存在印装质量问题，请与本社销售中心联系调换（联系电话：010-57512564）

前言 PREFACE

近年来，国际金融理论发展迅速，在对国际问题的分析中更多地融入微观基础已逐渐成为国际金融学新的发展方向。1995年，奥伯斯法尔德（Obstfeld）和罗格夫（Rogoff）发表的著名论文《再论汇率动态变化》（REDUX模型），开辟了新开放宏观经济学的时代，成为国际金融学发展的一座里程碑。顺应这一发展趋势，有代表性的高级国际金融学教材有奥伯斯法尔德和罗格夫（2002）的《高级国际金融学教程：国际宏观经济学基础》及尼尔森（Nelson，2001）的《国际宏观经济学和金融：理论和经验方法》。

国内经济学界也对这些变化作出了及时反应。如姜波克和陆前进（2003）在他们编写的复旦大学金融学研究生学位课程教材《国际金融学》中，对当前的国际金融理论进行了详细介绍。

现代国际金融学的发展主要体现在两个方面：第一，主流的微观或宏观经济理论被更多地运用到国际经济分析中；第二，研究者用理论和经验方法更深层次地探讨国际经济的一些古典难题。

尽管高级的《国际金融学》教材反映了当前国际金融理论的新发展，但是中级的《国际金融学》教材仍然以传统的理论为主要内容。中国的情况尤其如此。当前国内的《国际金融学》教材主要面向本科生，由于一直延续着传统的国际金融学教材编写模式，所以在理论和教学方面存在一些不足之处。

第一，内容仍然局限于介绍传统的国际金融理论。在经典的国际金融理论中，没有考虑宏观经济政策的微观基础问题，而微观基础是保证经济政策之间内在联系不可或缺的。现有理论和教学不能用统一框架对动态的经济问题进行解释,也不能对国际资本市场一体化进行完善解释。

第二,理论与实际脱节。经济学的目的就是解决社会的经济问题。因此,国外优秀的《国际金融学》教材都能熟练地运用经济理论解释和指导实际经济运行。遗憾的是,尽管中国已经越来越多地融入全球化进程,但是国内现有的《国际金融学》教材没能充分反映这一进程及其经济含义。

第三,国内的《国际金融学》教材大多枯燥难学。近年来,虽然中国的《国际金融学》教材逐渐增多,但是都有共同的不足之处,那就是在借鉴国外理论时,忽略了理论的内在逻辑,只是进行笼统全面的介绍。因此,虽然教材看起来内容充实,但学生在真正学习起来时却非常容易陷入思维困境。这就使教材显得枯燥乏味,在教学过程中缺乏吸引力。另外,国内的教材往往追求大而全,不仅包含的理论十分庞杂,而且模糊了中级和高级的界限,采用了不适于本科生的数学工具。对于本科生来说,最重要的是培养学习兴趣,没有兴趣就不能持之以恒。如果教材过于深奥、不易理解,就会使本科生失去学习兴趣,导致他们还没有进入经济学的殿堂就被一些原本不该出现的障碍拒之于门外了。

本教材从这些不足之处入手,试图在全球化和中国经济逐步开放的背景下,对当前的国际金融理论进行整合和重构,编写一本面向本科生的《国际金融学》教材。旨在构建以分析中国经济实践为主要目的的开放性经济理论框架。

本教材分为四个部分。第一部分是“导论”,介绍国际收支和国际货币体系等基本的背景知识。第二部分是“外汇市场”,介绍汇率与外汇市场的相关概念,以及外汇资产的投资分析。第三部分是“汇率理论”,介绍汇率的决定。本部分并不是一味地罗列汇率理论,而是区分了短期汇率和长期汇率的决定,然后对前沿汇率理论做了介绍。第四部分是“开放经济的宏观经济学和政策分析”,在一个统一的凯恩斯

(Keynes)框架内分析了开放经济的分析工具和政策目标。

为了适应人民币汇率形成机制和汇率水平的变化现状,此版本全面更新了前一版的数据,因此能够准确反映当前汇率的变化情况;同时增加了一些新的案例以反映人民币汇率形成机制。另外,对前一版本中存在的问题进行了修正,使理论框架更为准确。

目录 CONTENTS

第一篇　导论

第二篇　外汇市场

第三篇 汇率理论

第四篇 开放经济的宏观经济学和政策分析

第一篇
导论

国际金融学是宏观开放经济学，因此，本教材将从对国际收支和国际货币体系的分析开始。在宏观经济学中，我们只是简单介绍了贸易项目，而将更多的关注放在了封闭经济范围。在开放经济条件下，一个国家与世界上其他国家在经济的多个方面存在联系。不仅有贸易的往来，还有资金的流动。贸易和资金流动构成了一个国家国际收支的主要内容。21 世纪以来，中国的国际收支失衡问题成了世界经济的一个焦点。本篇对国际收支的分析有助于读者理解中国经济外部失衡的原因。

国际货币体系构成了当前世界经济的另一个焦点。尽管以美元为核心的布雷顿森林体系（Bretton Woods System）早在 20 世纪 70 年代初期就已经崩溃，但是当前的世界货币体系仍然以美元为主体。如何改革当前的世界货币体系，使之更为平等，将是未来很长一段时期世界各国关注的焦点问题。本篇也对世界货币体系进行了详细的回顾，希望从中发现历史前进的规律。

第一章　国际收支

本章要点

◎什么是国际收支？

◎国际收支平衡表包括哪些内容？

◎国际收支失衡有哪几种类型？

◎国际收支失衡的调节机制是什么？

◎国际收支的调节理论有哪些？

在开放经济条件下，国际收支反映了一国对外经济交往的全貌，也反映了该国在国际经济中地位和实力的变化情况，在现代金融中处于十分重要的地位。可以说，国际收支是国际金融活动的起点和归宿，是研究国际金融的一条主线，因此我们将国际收支作为起点研究国际金融。

1990 年至今，除了 1992 年、1993 年、1998 年、2011 年和 2015 年，中国一直存在双顺差，即经常项目和资本项目同时出现顺差。双顺差是一种不正常的国际收支结构。按照经济增长的一般规律，发展中国家由于缺乏资本，应该借入资源进行投资，促进经济增长，未来再偿还贷款。也就是说，资本项目应为顺差，经常项目应为逆差。但是，中国的经常项目顺差意味着中国是一个净资本输出国，[①] 而且输出的方式不合理。

本章对国际收支的概念和调节理论进行了分析，希望有助于理解中国国际收支失衡的原因，并找到回到均衡的办法。

---

① 由于经常项目反映了资源的真实流动，所以判断一个国家是净资本输出国还是净资本输入国的标准是经常项目状况。如果经常项目为顺差，则为净资本输出国；如果经常项目为逆差，则为净资本输入国。

第一节　国际收支概述

一、国际收支的含义

国际收支（balance of payment）有狭义和广义两种概念。狭义的国际收支是指一切引起外汇收支的经济活动；广义的国际收支是指一国（或地区）居民在一定时期内与非居民之间发生的所有经济交易的系统记录。广义的国际收支概念适应了当代国际交往发展的实际需要。

真正理解国际收支的概念，必须把握以下几点。

（1）国际收支是一个流量概念。流量是指一段时间内产生的量，因此在提到国际收支时必须指明属于哪一特定时期，即报告期，各国（或地区）通常以一年为报告期。要注意区分国际收支与国际借贷这两个不同的概念。国际借贷是一个存量概念，是指一定时点上一国（或地区）居民对外资产和对外负债的汇总。

（2）国际收支反映的是经济交易，是系统的货币记录。这里所说的经济交易包括：①商品、劳务的买卖；②物物交换；③金融资产的互换；④无偿的商品和劳务的转移；⑤无偿的金融资产的转移。这一点说明国际收支是一个以交易为基础的概念。

（3）国际收支记录的是对外交往，是在一国（或地区）居民与非居民之间发生的交往。居住地的不同，是划分居民与非居民的依据，而居住地的区分是以相关交易者从事生产、消费等经济活动的所在地为标准的。国际货币基金组织（International Monetary Fund，IMF）规定，从事这些经济活动的期限必须在一年以上。一般来说，维和部队、驻外大使是所在地的非居民，国际组织是任何国家的非居民。

二、国际收支平衡表

国际收支平衡表（balance of payment presentation）是指系统地记录一国（或地区）在一定时期内各种国际收支项目及其余额的一种会计报表。

国际收支平衡表是按照复式记账原理编制的，即按“有借必有贷，借贷必相等”来记录每笔国际交易。借方记录资产的增加和负债的减少，贷方记录资产的减少和负债的增加。具体的记账法则如下。

（1）凡是引起本国从国外获得货币收入的交易均记入贷方，该笔收入记入借方；凡是引起本国对外支付货币的交易均记入借方，该笔支出记入贷方。

（2）凡是引起本国资产（资源）持有量增加的交易，记入借方；凡是引起本国资产（资源）持有量减少的交易，记入贷方。

各国编制的国际收支平衡表的主要项目基本上是一致的，它包括经常项目、资本与金融项目和错误与遗漏项目三大类。这里的“项目”也称为“账户”。

（一）经常项目

经常项目（current account）是指本国与外国进行经济交易时经常发生的项目，它既反映了一国与其他国家间实际资源的转移，也反映了一国自我创汇的能力。经常项目一般包括货物、服务、收入及经常转移四个二级项目。

1. 货物

货物（goods）项目记录商品的进出口。进口记入借方，出口记入贷方。

2. 服务

服务贸易属于无形贸易。服务（services）项目包括交通运输、旅游、专利权使用费和特许费、各种商业服务、个人文化娱乐服务以及政府服务等。在记录时，服务输入记入借方，服务输出记入贷方。

3. 收入

收入（income）项目记录生产要素（劳动力与资本）在国际流动所引起的要素报酬的收支，包括雇员报酬和投资收入两项。雇员报酬是指支付给非居民工人的报酬，投资收入是指居民与非居民之间有关金融资产与负债的收入与支出，包括利息收入、股息和红利。记录时，一国雇用外国员工支付的薪金和福利记入借方，本国短期（不居住或居住期不满 1 年）员工受雇于国外所得工资和福利记入贷方；外国持有本国资产所获得的利息、股息和红利记入借方，本国持有外国资产所获得的利息、股息和红利记入贷方。

4. 经常转移（单方面转移或无偿转移）

经常转移（current transfer）项目包括所有非资产项目的转移，是指商品、劳务或金融资产在居民与非居民之间转移后，并未产生补偿与回报。这类转移主要包括政府的无偿转移与私人的无偿转移。记录时，外国对本国的经常转移记入贷方，本国对外国的经常转移记入借方。

（二）资本与金融项目

资本与金融项目（capital and financial account）反映资产所有权的流动。记录时，资本流出记入借方，资本流入记入贷方。

1. 资本项目

资本项目（capital account）反映资产在居民与非居民之间的转移，表明本国在一定时期内资产与负债的变化，它包括两个部分：①资本转移即固定资产所有权的转移；②非生产、非金融资产的收买与放弃，包括非生产创造的有形资产（如土地和自然资源）和无形资产（如专利、版权、商标、经销权以及租赁和其他可转让合同等）。

2. 金融项目

金融项目（financial account）反映居民与非居民之间投资与借贷的变化。按照功能可以将金融项目分为直接投资、证券投资、储备资产以及其他投资四类。需要说明的是，在记录时，金融项目是按净额记入相应借方或贷方的。

（1）直接投资（direct investment）。直接投资是指投资者直接拥有另一经济体企业的永久利益，它既可以采取在国外设立独资企业的形式，也可以采取购买外国企业超过10%股票的形式。

（2）证券投资（portfolio investment）。证券投资的对象包括股本证券和债务证券。债务证券又可分为期限在一年以上的中长期债券、货币市场工具和其他派生金融工具。

（3）储备资产（reserve assets）。储备资产是指一国货币当局随时可以动用的外部资产，它包括货币性黄金、外汇储备、特别提款权、储备头寸以及其他债权。

（4）其他投资（other investment）。其他投资包括所有直接投资、证券投资以及储备资产未包括的金融交易。

（三）错误与遗漏项目

不同账户的统计资料来源不一、记录时间不同以及一些人为因素等，会导致一国国际收支平衡表不是出现借方余额就是出现贷方余额，这时就需要人为设立一个项目，用以轧平以上原因造成的借贷差额，这就是错误与遗漏项目（errors and omissions account）。

为了便于理解，下面举例说明国际收支平衡表的编制方法。

例 1－1 假定某国 2020 年发生了如下国际经济交易。

（1）向外国出口 100 万美元商品，已收到现汇。

应记为：

借：货币和存款　　100 万美元

　　贷：货物出口　　100 万美元

（2）本国居民到外国旅游，支付旅游费用 10 万美元。

应记为：

借：服务支出　　10 万美元

　　贷：货币和存款　　10 万美元

（3）IMF 向本国无偿援助价值 200 万美元的商品。

应记为：

借：商品进口　　200 万美元

　　贷：经常转移　　200 万美元

（4）本国居民动用其海外存款 100 万美元购买某外国公司股票。

应记为：

借：证券投资　　100 万美元

　　贷：其他投资　　100 万美元

（5）本国企业在海外投资获得利润 150 万美元。其中，50 万美元用于当地的再投资，50 万美元用于进口当地商品，50 万美元结售给本国政府以换取本币。

应记为：

借：商品　　50 万美元

官方储备　　50 万美元

直接投资　　50 万美元

贷：海外投资利润收入　　150 万美元

上述各笔交易可编制成一个如表 1－1 所示的国际收支账户表格。

表 1－1　五笔交易构成的国际收支账户　　单位：万美元

项目	借方	贷方	差额
货物	250	100	－150
服务	10		－10
收入		150	150
经常转移		200	200
经常账户合计	260	450	190
直接投资	50		－50
证券投资	100		－100
官方储备	50		－50
其他投资	100	110	10
资本与金融账户合计	300	110	－190
合计	560	560	0

注：表中空白处无数据，下同。

第二节　国际收支分析

一、国际收支状况的衡量方法

国际收支账户提供了开放经济下一国对外经济交往的系统记录。按交易动机可以将一国发生的所有对外交易分为自主性交易（autonomous transactions）和调节性（补偿性）交易（compensatory transactions）。自主性交易是指个人和企业（不包括政府）基于自身的利益或其他考虑而独立发生的交易，主要包括经常项目和资本与金融项目中的交易，如货物和劳务的输出（入）、直接投资、长期资本流出（入）、侨民汇款、赠予等；调节性交易是指为弥补自主性交易所造成的国际收支不平衡而进行的融通性交易。调节性交易是自主性交易的附属物，主要包括短期资本项目和官方储备项目的变动。我们通常所说的国际收支平衡就是指自主性交易的借方与贷方总额相等，而国际收支均衡是指国内经济处于均衡状态下的自主性国际收支平衡。

在实际经济交往中，具体项目（账户）的借方和贷方不一定相等，双方抵销后会产生一定的差额，即所谓的国际收支盈余或赤字。国际收支盈余或赤字是针对按不同的分析口径划分的特定账户上出现的余额而言的。下面我们将介绍关于国际收支不平衡的几种分析口径。

（1）贸易账户差额。贸易账户差额是指货物的进出口之间的差额。贸易账户差额在国际收支中具有重要地位，这是因为它除了在传统上经常代表整个国际收支，还反映了一国的产品和产业结构在国际上的竞争力及其在国际分工中的地位，是一国对外经济交往的基础，影响和制约着其他账户的变化。

（2）经常账户差额。经常账户差额是指经常账户借方与贷方之间的差额，它等于贸易账户差额加上服务、收入以及经常转移差额。经常账户差额反映了一个国家对外债权与债务关系的变动情况，它被视为衡量国际收支最好的指标之一。经常账户逆差表示一国净动用国外资源满足国内需求，导致本国负债增加、资产减少。

（3）基本差额。基本差额等于经常账户差额加上长期资本与金融账户的差额，它反映了一国国际收支的长期趋势，基本差额逆差表明国际收支长期有恶化趋势。但是这一差额也存在问题，因为长期资本流动是根据金融资产发行时的偿还期限来确定的，而在金融市场日益发达和金融创新层出不穷的今天，被列为长期资本流动的部分交易也具有短期性质，如购买的长期债券即将到期或者将购买的长期债券、票据和股票转售出去。所以在国际资本流动的长短期界限不明确的情况下，这一口径的意义已逐步弱化。

（4）官方结算差额。官方结算差额等于基本差额加上短期私人资本与金融账户差额，它区分了自主性交易与补偿性交易。官方结算差额是经常账户交易、长期资本流动和私人短期资本流动的结果，它将官方短期资本流动和官方储备变动作为线下交易。当官方结算差额为盈余时，可以通过增加官方储备或者本国货币当局向外国贷款进行平衡；当官方结算差额为赤字时，可以通过减少官方储备或者本国货币当局向外国借款进行平衡。

（5）综合差额。综合差额等于官方结算差额与短期官方借贷差额之和，是将国际收支账户中官方储备账户剔除后的余额。综合差额衡量一国通过动用或获取储备来弥补收支不平衡的程度。国际收支综合差额具有非常重要的意义，可以根据这一差额判断一国外汇储备的变动情况以及货币汇率的未来走势。如果综合差额为正，该国外汇储备就会不断增加，本币将面临升值的压力；如果综合差额为负，该国外汇储备就会下降，本币将面临贬值的压力。中央银行可以运用这一差额判断是否需要对外汇市场进行干预，政府也可以根据这一差额确定是否应该调整经济政策。由于只有在进行外汇干预时一国当局才需变动储备，所以综合差额对于采取固定汇率制的国家来说极其重要。

二、国际收支失衡的类型

按照失衡原因可以将国际收支失衡分为临时性失衡、周期性失衡、收入性失衡、货币性失衡、结构性失衡、不稳定性投机与资本外逃造成的失衡六种类型。

（1）临时性失衡。临时性失衡是指各国短期的、由非确定或偶然因素引起的国际收支失衡，如由气候骤变、骚乱等因素引起的国际收支失衡。这种性质的国际收支失衡程度一般较轻、持续时间不长、具有可逆性，可被视为一种正常现象。在浮动汇率制度下，这种性质的国际收支失衡有时根本不需要政策调节，市场汇率的波动就能将其纠正。在固定汇率制度下，一般也不需要用政策措施进行调节，只需动用官方储备便能加以克服。

（2）周期性失衡。周期性失衡是指由一国经济周期波动所引起的国际收支失衡。当一国经济处于繁荣时期时，国内投资与消费需求旺盛，对外国产品和服务的需求也相应增加，导致国际收支恶化。反之，当一国经济处于衰退期时，社会总需求下降，进口需求也相应下降，将使国际收支改善。

（3）收入性失衡。收入性失衡是指由各国经济增长速度不同而引起的国际收支失衡。一国国民收入相对快速增长，会导致社会总需求的增加，进而导致进口需求的增加，从而使国际收支出现逆差。

（4）货币性失衡。货币性失衡是由一国的价格水平、成本、汇率及利率等货币性因素的变动所造成的国际收支失衡。如果一国货币供给量增加，该国的物价水平上升，则必然导致出口减少、经常账户恶化。同时，货币供给量的增加会导致本国利率下降，在资本自由流动的开放经济下，利率下降会造成资本流出增加、流入减少，资本与金融账户恶化。

（5）结构性失衡。结构性失衡是指由于国内经济、产业结构不能适应世界市场的变化而发生的国际收支失衡。结构性失衡通常反映在贸易账户或经常账户上。结构性失衡有两层含义。第一层含义是指因经济和产业结构变动的滞后和困难所引起的国际收支失衡。比如，一国的国际贸易在一定的生产条件和消费需求下处于均衡状态。当国际收支发生变化，新产品不断淘汰老产品、新款式高质量产品不断淘汰旧款式低质量产品、新替代品不断出现的时候，如果该国不能及时根据形势调整生产结构，那么其原有的贸易平衡就会遭到破坏，贸易逆差就会出现。像这种含义的结构性失衡，在发达国家和发展中国家都有发生。第二层含义是指一国的产业结构比较单一，或其产品出口需求的收入弹性较低，或由出口需求的价格弹性较高、进口需求的价格弹性较低所引起的国际收支失衡。这层含义的结构性失衡在发展中国家表现得尤为突出。结构性失衡与临时性失衡不同，其具有长期的性质，扭转起来相当困难。

（6）不稳定性投机与资本外逃造成的失衡。这是由实行浮动汇率制后汇率变动的风险所带来的失衡。国际金融市场上存在巨额的游资（hot money），一有风吹草动，这些资金就会在各国之间频繁移动，以追求投机利润。这种变幻莫测的短期资本流动常常造成一国国际收支的不稳定。

三、国际收支失衡的影响

国际收支长期巨额逆差对一国经济发展的不利影响主要表现在以下三个方面。①本国的国际储备逐渐耗尽，金融实力削弱，本币汇率下降，该国在国际上的信誉和地位受损。②本国积累的对外负债超过本国的支付能力，从而引起偿还外债的困难甚至债务危机。③由于出口所得外汇主要用于还本付息，本国无力进口经济发展所需的生产要素，国民经济发展受到影响。

国际收支长期巨额顺差对经济发展的不利影响也主要表现在三个方面。①本国的外汇供给大量增加，在外汇需求一定的情况下，外汇供给增加会导致本币升值，这不利于商品的出口；同时，大量的外汇占款会导致国内基础货币的供给增加，这会增加通货膨胀的压力。②国内总供给与总需求平衡遭到破坏，长期巨额的顺差对某些资源型出口国来说意味着国内经济资源的掠夺性开采。③本国的国际收支顺差对应的是主要贸易伙伴的逆差，如果该国不采取必要措施缩减顺差，那么可能会导致与贸易伙伴国的贸易摩擦甚至冲突，不利于国际经济的发展。

第三节 国际收支的调节

国际收支的调节是指消除一国国际收支失衡的过程。国际收支的调节机制可以分为两类：自动调节机制和政策引导机制。自动调节机制是指由国际收支失衡本身产生的动力推动的调节。这种调节机制不需要政府的干预，它可以自发地消除顺差或逆差，但自动调节机制发挥作用较为缓慢。政策引导机制是指由政府采取各种平衡国际收支的政策或措施所进行的调节。当政府认为自动调节机制的运行太慢时，就会采取各种措施快速消除顺差或逆差。

一、自动调节机制

根据起作用的变量不同，可以将自动调节机制分为以下三种类型。

1. 货币—价格机制

货币—价格机制有两种表现形式：一般物价下的货币—价格机制与相

对价格的货币—价格机制。

（1）一般物价下的货币—价格机制。该理论最早由英国学者大卫·休谟（David Hume）提出。当一国出现国际收支逆差时，意味着对外支付货币超过了收入货币，造成货币外流、本国货币供给量减少，在其他条件既定的情况下，国内物价会出现下降，本国出口商品的价格也下降，出口增加，国际收支因此得到改善。国际收支顺差时则情况相反。

（2）相对价格的货币—价格机制。当一国出现国际收支逆差时，意味着对外支付外汇大于收入外汇，造成外汇供给减少，外汇需求增加，从而导致外汇汇率上升、本币贬值，引起以外币表示的进口商品价格上升和以本币表示的出口商品价格下降，最终导致出口增加、进口减少，国际收支逆差得到改善。

2. 收入机制

收入机制是指在一国国际收支失衡时，该国的国民收入、社会总需求会发生变动，而这些变动反过来又会减弱国际收支的失衡。当一国出现国际收支逆差时，外汇支出将超过外汇收入，引起国内信用紧缩、利率上升，社会总需求下降，国民收入也随之减少，国民收入的减少必然使进口需求下降，贸易逆差逐渐减少，因而使国际收支逆差得到改善。

3. 利率机制

利率的自动调节机制是指一国国际收支失衡会影响利率的水平，而利率水平的变动反过来又会对国际收支失衡起到一定的调节作用。当一国出现国际收支逆差时，意味着该国持有的外币资产减少、负债增加，于是信用紧缩就会发生，造成本币供给减少、国内利率上升，利率上升导致资本流入，因此国际收支中的资本项目逆差就会减少。此外，利率上升还会减少社会总需求，进口需求也相应减少，使贸易逆差得到改善。

在纸币流通条件下，由于各种因素的影响和制约，国际收支自动调节机制的运行具有很大的局限性，往往难以有效地发挥作用。

（1）国际收支的自动调节机制只有在纯粹的自由经济中才能发挥作用。政府采取的一些宏观经济政策会干扰自动调节机制，使其作用弱化。

（2）只有当进出口商品的供给和需求价格弹性较大时，自动调节机制才能发挥作用。如果进出口商品的供给与需求价格弹性较小，就无法通过改变进出口来改善国际收支。

（3）自动调节机制要求国内总需求和资本流动对利率变化有较敏感的反应。如果对利率变动的反应迟钝，那么即使货币供给量发生变化导致利率变动，也难以引起资本流动以及社会总需求的变化。

由于自动调节机制充分发挥作用需要满足上述三个条件，而在当前经济环境下，这些条件是不可能完全得到满足的，这也导致国际收支自动调节机制往往不能有效地发挥作用。因此，当国际收支出现失衡时，各国政府往往会采取一些必要的措施，即通过国际收支的政策引导机制使国际收支恢复平衡。

二、政策引导机制

国际收支的引导政策包括需求管理政策、供给管理政策以及资金融通政策。

（一）需求管理政策

需求管理政策可被分为两种类型：支出增减政策和支出转换政策。支出增减政策从调节需求量的方面着手调节国际收支，它包括财政政策和货币政策；支出转换政策是指能够通过影响本国贸易商品的国际竞争力来改变支出构成，从而使本国收入相对于支出增加的政策，它包括汇率调整政策、直接管制政策以及关税与补贴政策。

1. 支出增减政策

（1）财政政策。财政政策是通过增减财政开支来实现政策目标的。当一国出现国际收支逆差时，该国会采取紧缩性财政政策，增加税收、削减财政开支、抑制社会总需求。社会总需求下降会引起对外国商品和服务需求相应下降，导致进口减少，进而使国际收支逆差得到改善。

（2）货币政策。货币政策是中央银行通过调整法定存款准备金率、再贴现率以及公开市场业务来达到政策目标的。当一国出现国际收支逆差时，本国央行会采取紧缩性货币政策：提高法定存款准备金率、再贴现率或在公开市场上抛售债券，回笼本币。紧缩性货币政策将导致货币供给量减少、物价水平下降、出口相应增加，使贸易逆差得到改善。此外，货币供给量减少会导致本国利率上升，利率上升一方面会引起资本流入，资本项目逆差减少；另一方面会导致国内社会总需求下降，对进口商品与服务的需求也相应减少，贸易逆差减少。

2. 支出转换政策

（1）汇率调整政策。汇率调整政策是指一国政府利用本币汇率的升降来控制进出口及资本流动以调整国际收支失衡。其具体措施是当一国出现国际收支逆差时，通过本币法定贬值来鼓励本国出口，使贸易收支得到改善。但是由于本币贬值引起外币相对升值后，他国出口将会减少，易导致他国失业增加，即以牺牲他国经济为代价改善本国国际收支，这样容易招致他国报复。

（2）直接管制政策。直接管制政策是指一国政府用行政命令的方法，直接干预外汇买卖和对外贸易。外汇管制分为数量管制和价格管制：数量管制是指国家外汇管理机构对外汇交易的数量直接进行限制和分配，通过控制外汇总量达到调整国际收支失衡的目的；价格管制是指国家外汇管理机构对外汇买卖实行复汇率制①，利用买卖成本的差异，调节进出口商品结构，从而调整国际收支失衡。贸易管制是一国政府直接限制商品进出口数量的政策手段。如当一国出现国际收支逆差时，本国可以通过减少进口配额、增加出口退税或提供出口信贷优惠等措施来改善贸易逆差。直接管制政策选择性强，对局部失衡有针对性调节作用，见效快，但易招致贸易伙伴国的报复。

（3）关税与补贴政策。当一国出现逆差时，该国会通过提高进口关税来抑制进口需求，或者通过提高出口补贴来鼓励出口。关税与补贴措施容易引起贸易冲突。

（二）供给管理政策

供给管理政策包括产业政策、科技政策和制度创新政策。这些政策可

① 复汇率制是指一国规章制度和政府行为导致该国货币与其他国家的货币存在两种或两种以上的汇率。

以改善一国的经济结构与产业结构，提高劳动生产率，增加出口商品和服务的产量，提高产品质量，降低生产成本，从而达到增加社会产品的供给与改善国际收支的目的。供给管理政策见效慢，在短期内难以达到预期效果，但它可以从根本上提高一国的经济实力与科技水平。

（三）资金融通政策

资金融通政策是指一国政府通过国际储备以及国际短期资金融通来改善国际收支。资金融通政策是辅助性政策，只能调节国际收支临时性失衡。

第四节　国际收支调节理论

本节我们主要介绍弹性论、乘数论、吸收论与货币论四种国际收支调节理论。

一、国际收支弹性论

国际收支弹性论又称国际收支的弹性分析法，该理论由琼·罗宾逊（Joan Robinson）提出，后经阿尔弗雷德·马歇尔（Alfred Marshall）、阿巴·勒纳（Abba Ptachya Lerner）进一步阐发，成为金本位制崩溃后第一个关于国际收支的理论。

1. 假设前提

国际收支弹性论的假设前提有：

（1）没有国际资本流动，国际收支等同于贸易收支。

（2）采用局部均衡分析法。假定其他条件都不变，仅分析汇率变动对进出口商品价格与数量的影响。

（3）进出口商品的供给弹性无穷大，即出口商品的本币价格与进口商品的外币价格不变；一国贸易收支最初是平衡的。

根据弹性的定义，出口商品的需求弹性可以表示为：

$$E_X = \frac{dX}{dP_X} \cdot \frac{P_X}{X} \tag{1-1}$$

进口商品的需求弹性可以表示为：

$$E_M = \frac{\mathrm{d}M}{\mathrm{d}P_M} \cdot \frac{P_M}{M} \tag{1-2}$$

式中，X 表示出口商品的数量；P_X表示出口商品的外币价格；M 表示进口商品的数量；P_M表示进口商品的本币价格。

在直接标价法下，出口商品的外币价格 $P_X = \frac{P}{e}$，进口商品的本币价格 $P_M = P^* \cdot e$（P 表示出口商品的本币价格，P^* 表示进口商品的外币价格，e 表示直接标价法下的本币汇率，即以本币表示的外币价格）。由于进出口商品的供给弹性无穷大，即 P 与 P^* 不变，故：

$$E_X = \frac{\mathrm{d}X}{\mathrm{d}P_X}\frac{P_X}{X} = -\frac{\mathrm{d}X}{\mathrm{d}e}\frac{e}{X} \tag{1-3}$$

$$E_M = \frac{\mathrm{d}M}{\mathrm{d}P_M}\frac{P_M}{M} = \frac{\mathrm{d}M}{\mathrm{d}e}\frac{e}{M} \tag{1-4}$$

2. 马歇尔－勒纳条件

国际收支差额（贸易差额）B 可以表示为：$B = PX - eP^*M$，初始时国际收支平衡即 $PX = eP^*M$。故：

$$\frac{\mathrm{d}B}{\mathrm{d}e} = P\frac{\mathrm{d}X}{\mathrm{d}e} - (P^*M + eP^*\frac{\mathrm{d}M}{\mathrm{d}e}) = P\frac{\mathrm{d}X}{\mathrm{d}e} - eP^*\frac{\mathrm{d}M}{\mathrm{d}e} - P^*M \tag{1-5}$$

而 $\frac{\mathrm{d}X}{\mathrm{d}e} = -E_X\frac{X}{e}, \frac{\mathrm{d}M}{\mathrm{d}e} = E_M\frac{M}{e}$，所以

$$\frac{\mathrm{d}B}{\mathrm{d}e} = -PE_X\frac{X}{e} - eP^*E_M\frac{M}{e} - P^*M = -E_X\frac{PX}{e} - P^*E_M M - P^*M \tag{1-6}$$

已知初始为平衡：$PX = eP^*M$，代入上式可得：

$$\frac{\mathrm{d}B}{\mathrm{d}e} = P^*M(-E_X - E_M - 1) = P^*M(|E_X| + |E_M| - 1) \tag{1-7}$$

由于 $P^* > 0$，$M > 0$，由式（1－7）可以看到如果要求贬值后国际收支得到改善即 $\frac{\mathrm{d}B}{\mathrm{d}e} > 0$，就要有：$|E_X| + |E_M| > 1$。这就是著名的马歇尔－勒纳条件，它说明了贬值能够带来国际收支改善的必要条件是：在供给弹性无穷大的情况下，一国进出口商品需求弹性的绝对值之和大于1。

3. 贬值与时滞反应——J 曲线效应

弹性分析法只是一种比较静态的分析方法，而忽视了“时滞”（time - lags）因素。这种缓慢调整产生了所谓的“J 曲线效应”，如图 1 - 1 所示。

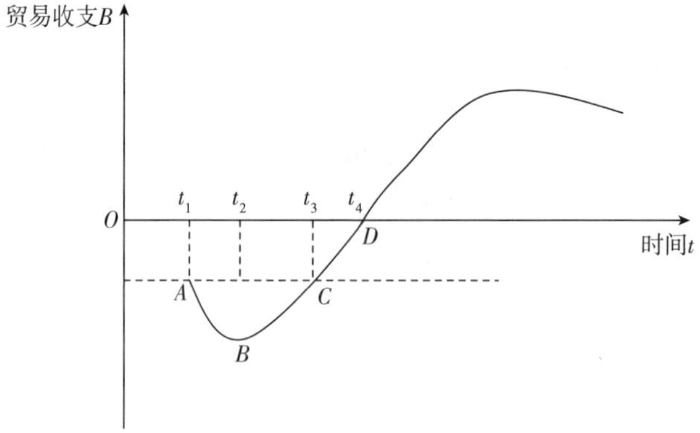

图 1 - 1　贬值的 J 曲线效应

图 1 - 1 中的时滞反应可以分为三个阶段。（1）货币合同阶段。在此阶段，由于贬值前签订的合同仍然有效，故贬值并不能立即使贸易收支发生改变。（2）传导阶段。①认识时滞。本币贬值后，进口商不会立即得知出口商品价格下降的消息。②决策时滞。进出口商在认识到货币贬值带来的商品价格变动后，需要一定的时间来判断价格变化的重要性，进而做出改变进出口商品数量的决定。③生产时滞。面对出口商品需求的增加，国内生产商筹集闲置资源扩大生产需要一定的时间。（3）数量调控阶段。出口供给和进口需求进行相应调整后，进出口商品的数量变动幅度超过了进出口商品的价格变动幅度，贸易收支开始慢慢改善。

4. 评价

国际收支弹性论是在国际金本位全面崩溃及 20 世纪 30 年代全球性经济危机的背景下产生的。弹性分析法考察货币贬值的价格效应，强调汇率在改善贸易条件、平衡国际收支方面的作用，直接关注政府面对严重国际收支逆差时采取的经济政策。直至今天，在实行严格资本管制的国家，货币贬值的价格效应仍然是其改善国际收支时所遵循的政策依据。

国际收支弹性论的局限性主要表现在：①该理论只是建立在局部均衡

分析的基础上，只考察汇率变动对一国贸易收支的影响，而假定其他条件保持不变。但实际上，其他条件并非不变。②该理论没有涉及国际资本流动，在国际资本流动规模巨大的今天，其局限性就表现得非常突出。实际上，本币贬值不仅会影响贸易收支，还会影响资本与金融账户收支。③在实际运用中，计量进出口各类商品弹性、商品的结构存在技术上的困难。④该理论采用的只是一种比较静态的分析方法，而在现实中本币贬值对贸易收支的影响则是一个动态过程。正是由于存在以上局限性，国际收支弹性论常常被认为是较为肤浅和不够全面的。要对国际收支问题进行更为全面深入的研究，必须考察估计收支与整个宏观经济间的关系，这也成为建立在凯恩斯宏观经济学基础上的国际收支乘数论和国际收支吸收论的理论出发点。

二、国际收支乘数论

国际收支乘数论由马克卢普（Machlup）、哈罗德（Harrod）等经济学家提出，他们基于凯恩斯宏观经济分析框架，从国民收入恒等式出发，着重从收入角度研究贸易收支问题，揭示了国际收支的收入调节机制，对国际收支理论的发展起到了重大作用。

1. 假设前提

国际收支乘数论的假设前提有：

（1）汇率与价格不变，仅考虑收入变动的影响；

（2）没有国际资本流动。

2. 理论内容

乘数论者认为，一国的进出口支出是国民收入的函数，自主性支出的变动将通过乘数效应引起国民收入的变动，进而影响进出口支出和国际收支。

开放经济条件下凯恩斯主义的国民收入决定模型：

$$Y = \frac{1}{1 - c + m}(C_0 + I + G + X - M_0) \qquad (1-8)$$

其中，c 表示边际消费倾向，m 表示边际进口倾向，C_0表示自主性消费，I 表示居民投资，G 表示政府购买，M_0表示自主性进口。在不考虑国际资本流动的前提下，根据式（1－8）我们可以得到：

$$B = X - (M_0 + mY) = X - M_0 - \frac{m}{1 - c + m}(C_0 + I + G + X - M_0) \tag{1-9}$$

在式（1－8）和式（1－9）中，自主性部分构成被乘数，而受收入影响的诱发性部分则影响乘数的大小。式（1－9）表明，一国可以通过需求管理政策来调整国际收支：当国际收支出现逆差时，一国政府可以实施紧缩性财政政策或货币政策来抑制 I 或 G，从而改善国际收支逆差。通过收入变动调节国际收支的效果，取决于边际进口倾向 m 的大小与进口需求收入弹性和一国开放程度的高低。由式（1－8）和式（1－9）可以看出，出口除了对收入增加具有乘数作用还可以改善国际收支。乘数论的这种政策主张被称为“新重商主义”。

3. 评价

国际收支乘数论阐述了进出口贸易与国民收入之间的关系，以及各国经济之间通过进出口途径相互影响的原理，为政府通过需求管理政策调节国际收支失衡问题提供了理论依据。

国际收支乘数论也存在一些缺陷。首先，它没有考虑资本的国际流动，对国际收支的分析并不全面。其次，它没有考虑货币量与价格因素，即没有考虑进出口的变化可能带来的货币量变化，以及在充分就业状态下由此引发的物价变化。最后，它仅仅考虑了进口的收入弹性，简单阐述了收入变动与国民收入变动之间的关系，没有深入考虑进出口对整个宏观经济的影响，仍然是一种局部分析。

三、国际收支吸收论

国际收支吸收论由经济学家西德尼·亚历山大（Sidney Alexander）与詹姆斯·米德（James E. Meade）提出。

1. 假设前提

国际收支吸收论假定：

（1）汇率与价格不变，仅分析收入对国际收支的影响；

（2）没有国际资本流动。

2. 理论内容

国际收支吸收论者认为，弹性既非固定又非可测，因此他们主张采用收入水平和支出行为来分析贬值对国际收支的影响。其分析在凯恩斯总需求模型的基础上展开：

$$Y = C + I + G + (X - M) \tag{1-10}$$

$$X - M = Y - (C + I + G) \tag{1-11}$$

用 A 表示国内总吸收即 $A = C + I + G$，B 表示国际收支差额，则由式（1－11）可以得出：

$$B = Y - A \tag{1-12}$$

式（1－12）就是国际收支吸收论的基本公式。该式说明：国际收支不平衡的根本原因是国民收入与国民支出的总量失衡。若 $Y > A$，则国际收支顺差；若 $Y < A$，则国际收支逆差。

亚历山大分析了贬值对国际收支的影响。他将吸收分为诱发性吸收（与收入相关的吸收）和自主性吸收（独立于收入之外的吸收）：

$$A = cY + D \tag{1-13}$$

其中，c 为边际吸收倾向，D 为自主性吸收。于是有：

$$\Delta B = (1 - c)\Delta Y - \Delta D \tag{1-14}$$

式（1－14）表明，贬值将对三方面造成影响：实际收入水平 ΔY、国内吸收水平 ΔD 以及边际吸收倾向 c（每增加一单位国民收入用于吸收的百分比）。

基于式（1－12），吸收论者提出了他们的政策主张：增加产量 Y 的支出转换政策和减少支出 A 的支出增减政策。前者可以通过本币贬值、贸易管制，将对进口商品的需求转向国内商品；后者可以通过货币限制、预算限制甚至直接控制来改善国际收支，但是往往会增加失业并减少收入。

以本币贬值为例。当一国处于非充分就业状态时，如果该国国际收支出现逆差，本币贬值，国内生产商就可以获得足够的资金与人力资源来扩大生产，使出口增加，Y 与 A 也随之增加。当边际吸收倾向 $c < 1$ 即 $\frac{\Delta Y}{Y} >$

$\frac{\Delta A}{A}$时，$\Delta B>0$，国际收支逆差得到改善。

3. 评价

国际收支吸收论建立在宏观的、一般均衡的基础上，比微观的、局部的弹性分析法有所进步，并强调了政策配合的意义，不过，它仍有不足之处，表现在：

（1）没有为国内支出为因、国际收支为果的观点提供逻辑分析；

（2）没有考虑相对价格变动在调整中的作用；

（3）没有考虑在充分就业状态下，贬值可能引发资源配置效率提高对国际收支的影响；

（4）没有考虑国际资本流动因素。

四、国际收支货币论

20 世纪 60 年代末 70 年代初，西方各国出现的“滞胀”局面，使凯恩斯主义者受到沉重的打击，取而代之的是货币主义的兴起。罗伯特·蒙代尔（Robert A. Mundell）和哈里·约翰逊（Harry G. Johnson）等将起源于芝加哥学派的国内货币主义向国际金融领域延伸和扩展，形成了国际收支货币论。

1. 假设前提

国际收支货币论的假定条件如下。

（1）一国经济处于长期充分就业均衡状态，其实际货币需求是实际收入和利率等变量的稳定函数。

（2）购买力平价长期成立，即存在一个高效率的世界商品市场和资本市场，由于完全自由的套利活动，使“一价定律”得以成立，一国的价格水平和利率水平等于世界市场水平。

（3）从长期来看，货币供给量的变化不会影响实物产量，即货币中性。

2. 理论内容

货币论者认为，国际收支失衡是由货币市场失衡所引起的，国际收支问题在本质上是一个货币问题。

以 M_S表示名义货币供给量，M_D表示名义货币需求量，则从长期来看有：

$$M_S = M_D \tag{1-15}$$

而一国的货币供给总量为：

$$M_S = m(D + R) \tag{1-16}$$

其中，m 为货币乘数，D 为一国基础货币的本国部分（国内信贷量），R 为该国基础货币的外国部分（国际储备量）。

若将 m 忽略，则由式（1－16）可得：

$$M_S = D + R \tag{1-17}$$

又由式（1－15）与式（1－17）可得：

$$R = M_D - D \tag{1-18}$$

式（1－18）是国际收支货币分析法的基本方程式。由该式可以看出：①国际收支是一种货币现象，国际收支失衡是由货币市场失衡引起的。当 $M_D > D$ 时，国际收支顺差；当 $M_D < D$ 时，国际收支逆差。②国际收支问题实际上反映的是实际货币余额（货币存量）对名义货币供应量的调整。当国内名义货币供应量与实际经济变量（国民收入、产量等）所决定的实际货币余额需求相一致时，国际收支便处于平衡状态。

货币论在考察贬值对国际收支的影响时，有如下基本公式：

$$M_D = ePf(y,i) \tag{1-19}$$

式中，e 为直接标价法下的本币汇率，P 为本国价格水平，y 为国民收入，i 为利率，$f(y, i)$ 为对实际货币存量（余额）的需求，$Pf(y, i)$ 为对名义货币的需求。

当本币贬值时，e 值上升，由此引起国内价格 P 上升。e 和 P 同时上升，为使等式两边相等，$f(y, i)$ 必须相应地下降，这表示对实际货币余额需求的下降。或者 $f(y, i)$ 不下降，但 M_D必须相应地增加，从而使国际收支产生顺差（或逆差减少）。由此，可将货币论关于贬值的公式［式（1－19）］．归结为：贬值引起贬值国国内价格上升、实际货币余额减少，从而对经济产生紧缩作用。若要通过货币贬值改善国际收支，则在贬值时，国内的名义货币供应不能增加。因为，$R = M_D - D$，若 D 与 M_D同时增加，则贬值不一定能改善国际收支失衡。

国际收支货币论者主张国际收支失衡问题可以由国内货币政策来解决：扩张性的货币政策（增加 D）可以减少国际收支顺差，紧缩性的货币政策（减少 D）可以改善国际收支逆差。他们认为：为调节国际收支失衡而采取的贬值、进口限额、关税、外汇管制等措施，只有当它们的作用是提高货币需求，尤其是提高国内价格水平时，才能改善国际收支失衡，而且这种改善是暂时的；如果在施加干预措施的同时增加国内货币供应，则国际收支失衡不一定能得到改善，甚至有可能恶化。

3. 评价

货币论认为，只要保持货币供应的适度增长，就可以保持国际收支平衡，这对高度货币化的当代经济具有实际意义。然而，货币论也有一定的缺陷。①过分突出了货币因素对于决定国际收支起到的作用，而把收入、支出及贸易条件等其他因素看成次要的，这实质上是把现实的经济因果关系颠倒了。②假定货币需求是一个稳定的函数及货币供给不影响实物产量，这与实际经济不符。③认为要改善国际收支逆差必须采取紧缩性货币政策，这显然是以牺牲国内的实际消费、投资、收入与经济增长为代价，这一点受到了许多发展中国家经济学家的批评。

第五节　中国的国际收支

2018—2019 年我国的国际收支状况见表 1 - 2。

表 1 - 2　2018—2019 年中国国际收支平衡表　　单位：亿美元

项目	2018 年			2019 年		
	差额	贷方	借方	差额	贷方	借方
1. 经常账户	241	29473	-29231	1029	29304	-28275
1. A 货物和服务	879	26510	-25631	1318	26310	-24992
1. A. a 货物	3801	24174	-20374	3930	23866	-19936
1. A. b 服务	-2922	2336	-5257	-2611	2444	-5055
1. A. b. 1 加工服务	172	174	-3	154	157	-4
1. A. b. 2 维护和维修服务	46	72	-25	65	102	-37
1. A. b. 3 运输	-669	423	-1092	-590	462	-1052

续表

项目	2018 年			2019 年		
	差额	贷方	借方	差额	贷方	借方
1. A. b. 4 旅行	-2369	404	-2773	-2188	358	-2546
1. A. b. 5 建设	49	136	-86	51	144	-93
1. A. b. 6 保险和养老金服务	-66	49	-116	-62	48	-110
1. A. b. 7 金融服务	12	33	-21	15	39	-24
1. A. b. 8 知识产权使用费	-302	56	-358	-278	66	-344
1. A. b. 9 电信、计算机和信息服务	65	300	-235	80	349	-270
1. A. b. 10 其他商业服务	191	662	-470	194	692	-498
1. A. b. 11 个人、文化和娱乐服务	-24	10	-34	-31	10	-41
1. A. b. 12 别处未提及的政府服务	-27	18	-45	-21	16	-37
1. B 初次收入	-614	2685	-3299	-392	2735	-3127
1. B. 1 雇员报酬	82	181	-99	31	143	-112
1. B. 2 投资收益	-713	2483	-3196	-434	2575	-3008
1. B. 3 其他初次收入	18	21	-3	11	18	-7
1. C 二次收入	-24	278	-302	103	259	-157
1. C. 1 个人转移	-4	62	-66	1	40	-40
1. C. 2 其他二次收入	-20	216	-236	102	219	-117
2. 资本和金融账户	1532	5161	-3629	263	2873	-2611
2. 1 资本账户	-6	3	-9	-3	2	-5
2. 2 金融账户	1538	5158	-3620	266	2871	-2605
2. 2. 1 非储备性质的金融账户	1727	5158	-3432	73	2871	-2798
2. 2. 1. 1 直接投资	923	2354	-1430	503	1872	-1369
2. 2. 1. 1. 1 股权	730	1859	-1129	533	1623	-1090
2. 2. 1. 1. 1. 2 关联企业债务	193	495	-301	-30	249	-279
2. 2. 1. 1. 1. a 金融部门	-32	176	-208	9	184	-175
2. 2. 1. 1. 1. 1. a 股权	-50	149	-200	-32	159	-191
2. 2. 1. 1. 1. 2. a 关联企业债务	18	26	-8	41	25	16
2. 2. 1. 1. 1. b 非金融部门	955	2178	-1223	494	1688	-1194
2. 2. 1. 1. 1. 1. b 股权	780	1710	-930	565	1463	-898
2. 2. 1. 1. 1. 2. b 关联企业债务	175	468	-293	-71	225	-296
2. 2. 1. 2 证券投资	1069	1604	-535	579	1474	-894
2. 2. 1. 2. 1. 1 股权	430	607	-177	156	449	-293

续表

项目	2018 年			2019 年		
	差额	贷方	借方	差额	贷方	借方
2.2.1.2.1.2 债券	639	997	-358	424	1025	-601
2.2.1.3 金融衍生工具	-62	-13	-48	-24	-37	14
2.2.1.4 其他投资	-204	1214	-1418	-985	-437	-549
2.2.1.4.1.1 其他股权	-15	0	-15	-15	0	-15
2.2.1.4.1.2 货币和存款	364	514	-150	-1575	-557	-1017
2.2.1.4.1.3 贷款	-497	321	-818	685	425	260
2.2.1.4.1.4 保险和养老金	-4	2	-6	6	18	-12
2.2.1.4.1.5 贸易信贷	-245	408	-653	80	-288	368
2.2.1.4.1.6 其他	193	-31	224	-168	-35	-132
2.2.1.4.2.7 特别提款权	0	0	0	0	0	0
2.2.2 储备资产	-189	0	-189	193	0	193
2.2.2.1 货币黄金	0	0	0	0	0	0
2.2.2.2 特别提款权	0	0	0	-5	0	-5
2.2.2.3 在国际货币基金组织的储备头寸	-7	0	-7	0	0	0
2.2.2.4 外汇储备	-182	0	-182	198	0	198
2.2.2.5 其他储备资产	0	0	0	0	0	0
3. 净误差与遗漏	-1774	-34634	32860	-1292	-32178	30886

资料来源：国家外汇管理局信息网。

总体而言，2019 年，面对全球经济持续放缓和国际金融市场脆弱性风险积累等不利的外部环境，我国国际收支延续基本平衡，保持了总体平稳、稳中有进的发展态势。经常账户、非储备性质的金融账户均呈现小幅顺差。其中，经常账户顺差 1413 亿美元，同比增长 454%，顺差规模与 GDP 之比为 1%，持续处于合理区间。非储备性质金融账户运行平稳，保持了 2017 年以来的小幅顺差态势。非储备性质的金融账户顺差 378 亿美元，较 2018 年收窄 72%。主要顺差来源为直接投资和以中长期资产配置为目的的证券投资，与之前几年相比，其他投资等波动性较大的资金流动规模明显减小，跨境资金流动基础更加平稳。外汇储备余额 31079 亿美元，与 2018 年相比增加 352 亿美元，规模持续保持平稳。各主要项目情况具体如下。

1. 货物贸易进出口总体稳定

面对严峻的外部环境，2019 年我国货物贸易进出口依然保持基本稳定。与 2018 年相比，进出口总额下降 1.5%，为 4.6 万亿美元。其中，出口 2.5 万亿美元，进口 2.1 万亿美元，同比分别微降 0.8% 和 2.4%。2019 年，我国外贸依存度为 32%，较 2018 年下降 1.9 个百分点，贸易条件指数为 102，较 2018 年上升 4 个百分点，说明我国经济结构持续优化且出口商品国际竞争力继续提升。

2. 服务贸易规模相对稳定

2019 年，我国服务贸易收支总额达 7499 亿美元，同比下降 1%。其中，服务贸易收入 2444 亿美元，同比增长 4.6%；支出 5055 亿美元，同比下降 3.9%；逆差 2611 亿美元，同比下降 10.6%。服务贸易各项目收支规模增速较高的是维护和维修服务，个人、文化和娱乐服务，金融服务，以及计算机相关服务，分别增长 43%、16%、16%、16%。服务贸易逆差的主要来源依然是旅行逆差，为 2188 亿美元，同比下降 8%；其次为运输逆差，为 590 亿美元，同比下降 12%。

3. 外国在华直接投资继续增加，我国对外直接投资有所减少

2019 年，我国直接投资净流入 581 亿美元，同比下降 37%，接近五年平均水平。其中，对外直接投资净流出 977 亿美元，同比下降 32%；外国来华直接投资净流入 1558 亿美元，同比下降 34%。根据联合国贸易和发展会议（UNCTAD）报告，2019 年我国吸引直接投资规模稳居发展中国家首位、世界第二位。

4. 证券投资净收入延续，但增幅下降

2019 年，我国证券投资项下净流入 580 亿美元，同比下降 45.6%，但与 2017 年相比仍增长 96%。其中，我国对外证券投资净流出 894 亿美元，同比上升 67%；境外对我国证券投资净流入 1474 亿美元，同比下降 8%。从交易项目来看，股权投资净流入 156 亿美元，同比下降 64%；债券投资净流入 424 亿美元，同比下降 34%。

5. 其他投资总体呈现逆差

2019 年，我国其他投资项下净流出 759 亿美元，同比减少 1.4%。其

中，货币和存款净流出1421亿美元，同比增长5.54倍；贷款净流入757亿美元，2018年为净流出497亿美元；贸易信贷净流入80亿美元，2018年为净流出245亿美元；其他应收应付表现为净流出168亿美元，2018年为净流入193亿美元。

2020年，由于新冠肺炎疫情在全球范围的大规模传播，世界经济陷入严重衰退，国际金融市场剧烈动荡，我国国内经济和国际收支状况均受到较大影响。但随着我国疫情防控和经济恢复工作的统筹推进，自第二季度起我国主要经济指标显著改善。2020年上半年，我国国际收支基本保持平衡。经常账户顺差765亿美元，与GDP之比为1.2%，继续处于合理区间，充分显示了中国经济的稳定性和韧性。跨境资本流动总体稳定，直接投资和债券投资是主要顺差来源，显示出境外投资者对人民币资产的信心并没有发生改变。外汇储备规模基本保持稳定。2020年6月末，我国对外净资产为2.2万亿美元，较2019年末增长3.6%。2020年下半年，除中国等少数国家外，全球新冠肺炎疫情并未得到改善，经济局势依然严峻，但我国积极应对，加快形成国内国际双循环相互促进的新发展格局，这将是保持我国国际收支基本平衡的坚实基础。2020年，我国经常账户实现顺差2740亿美元，跨境资本流动继续保持平稳，外汇储备略有上升。

本章小结

（1）国际收支是指一国（或地区）居民在一定时期内全部经济交易的货币价值之和。它体现的是一国（或地区）的对外经济交往，是货币的、流量的、事后的概念。

（2）国际收支平衡表是指将国际收支根据复式记账原则和特定账户分类原则编制出来的会计报表。国际收支平衡表的账户可分为经常项目、资本与金融项目、错误与遗漏项目三大类。国际收支平衡表的总额为零。

（3）衡量国际收支不平衡的口径包括贸易账户差额、经常账户差额、基本差额、官方结算差额和综合差额。它们均具有不同的统计含义和分析意义，各国可根据自己的情况采用合适的口径对国际收支状况进行分析。

（4）根据国际收支失衡的原因来划分，国际收支失衡包括临时性失衡、周期性失衡、收入性失衡、货币性失衡、结构性失衡、不稳定性投机与资本外逃造成的失衡六种类型。国际收支出现长期巨额顺差或逆差都会对国民经济产生不利影响。

（5）国际收支的调节机制主要包括自动调节机制和政策引导机制。自动调节机制包括货币—价格机制、收入机制和利率机制，政策引导机制包括需求管理政策、供给管理政策以及资金融通政策。需求管理政策包括财政政策、货币政策、汇率调整政策、直接管制政策以及关税与补贴政策。供给管理政策包括产业政策、科技政策和制度创新政策。

（6）国际收支调节理论主要有弹性论、乘数论、吸收论与货币论四种。

复习思考题

1. 国际收支的基本含义是什么？
2. 国际收支平衡表的各项目间有什么关系？
3. 如何理解国际收支的平衡与失衡？
4. 国际收支失衡对经济有怎样的影响？
5. 简述国际收支不平衡的几种原因。
6. 国际收支失衡的调节措施有哪些？
7. 简述四种国际收支调节理论的政策主张。

进一步阅读文献

1. 保罗・R. 克鲁格曼，莫里斯・奥伯斯法尔德，马克・J. 梅里兹. 国际经济学：理论与政策［M］. 丁凯，等译. 10 版. 北京：中国人民大学出版社，2016.

2. 姜波克. 国际金融新编［M］. 6 版. 上海：复旦大学出版社，2018.

第二章　国际货币体系

本章要点

◎国际金本位制下内外均衡的调节机制是什么？

◎布雷顿森林体系的主要内容、特点是什么？

◎牙买加体系下内外均衡的调节机制是什么？

◎欧洲货币一体化的过程是什么？

现实中并不存在进行国际交易所需的世界中央银行和世界货币。所以，在各国的贸易交往、资本流动、债务清偿等涉及的一系列问题中，有一些是实现内外均衡目标过程中最基本的问题，如货币定值、货币兑换、国际收支的调节、储备资产的选择等。因此，对于国际政策协调来讲，通常需要对这些基本问题做出安排和规定。这一系列制度安排，被称为“国际货币体系”。每一种国际货币体系都有一套规则，有时是法规或者监管，有时是习俗者惯例，在国际金融领域通常称为“博弈规则”。

本章按时间先后顺序，把国际货币体系大体上分为四个阶段，即国际金本位制阶段、布雷顿森林体系阶段、牙买加体系阶段和欧洲货币一体化阶段。通过本章的学习，读者要了解国际货币体系的演变历史，掌握国际金本位制、布雷顿森林体系、牙买加体系的内容、特点和作用，并了解欧洲货币一体化的进展情况。

第一节　国际金本位制

金本位是历史上第一个国际货币体系，它形成于 1879 年，终止于 1914 年第一次世界大战爆发。英国于 1816 年最早实行金本位制，金本位制除了偶尔中断过几次，前后几乎延续了一个世纪。19 世纪 70 年代中期，法国放弃了复本位制，转而支持金本位制；德国放弃了银本位制，利用从1871年普法战争中得到的赔款，选择了金本位制。1879年，美国结束了内战期间暂停的黄金可兑换，回到了金本位制。此时，金本位制才得到了国际认可，它涵盖了当时所有主要工业国家以及大部分较小的农业国。尽管此后出现过中断黄金兑换的威胁，西欧国家和美国仍然保持了长达35年的官方黄金平价。1914年，随着第一次世界大战的爆发，国际金本位制最终解体。

一、金本位制下的国际结算与储备资产

金本位制下，各国货币都规定了含金量，各国货币间的兑换比率由货币的含金量之比所形成的金平价来确定，外汇市场上的汇率水平就围绕着金平价在一定幅度内变动。由于金本位制特定的制度安排，各国间的金平价相当稳定，汇率水平也较稳定，不存在较大的汇率风险。黄金拥有货币的全部职能，即价值尺度、流通手段、支付手段、储藏货币和世界货币职能。

然而，1879—1914年，国际上最重要的债权债务清偿方式并不是使用黄金进行结算。由于当时英国取得了世界经济霸主地位，是全球最大的贸易国和金融资产输出国，伦敦成为世界金融中心，所以英镑是各国债权债务结算的实际使用工具。国际贸易通常以英镑计价，90%以上用英镑结算，许多国家把英镑作为外汇储备资产。理论上，黄金作为唯一的储备资产是最后的国际结算手段，但事实上，英镑和黄金被视为等价的国际储备资产。

二、金本位制下的汇率决定

固定汇率制是指政府用行政或法律手段选择一基本参照物，并维持本国货币与该单位参照物的固定比价。国际金本位制下实行的是严格的固定汇率制，各国货币都代表一定的含金量，含金量之比即铸币平价（mint parity）。两种货币之间的铸币平价决定了其中心汇率水平，市场汇率的波动以黄金输送点（gold point）为上下限。黄金输送点和铸币平价之间的差异取决于黄金在各国间的运输成本。

例如，英镑和美元的铸币平价为1英镑=4.8665美元，英美两国之间运送1英镑黄金的成本为0.02美元，则汇率变动的上下限为：

上限=铸币平价+运送成本

即，1英镑=4.8665+0.02=4.8865美元

下限=铸币平价-运送成本

即，1英镑=4.8665-0.02=4.8465美元

所以，1英镑=4.8865美元是英国的黄金输入点和美国的黄金输出点。在金本位制下，黄金可以在国家间自由输出入，具有国际结算功能，如果汇率过高，那么人们宁可不购置外汇，而改用黄金进行结算；反之则相反。可见，外汇市场上外汇供求不会相差太大，市场汇率可能偏离铸币平价，但始终保持在黄金输送点范围内波动。

三、金本位制下的国际收支调节机制

在金本位制下，内外均衡的实现可以在政府不干预经济的条件下，通过经济的自动调节机制来完成。这一自动调节机制最早由英国学者大卫·休谟于1752年提出，即价格—铸币机制（Price - Specie Flow Mechanism）。

价格—铸币机制发挥对经济的自动调节作用，是以一系列相关规则为保证的。专栏2-1详细列出了罗纳德·I. 麦金农（Ronald I. Mckinnon, 1993）对这一规则的总结。

【专栏2-1】

金本位制下的博弈规则

所有国家

Ⅰ. 本国货币固定在官方黄金价格或铸币平价上，在该平价水平上，国内货币可以和黄金自由兑换。

Ⅱ. 不限制私人公民的黄金出口，也不对经常项目和资本项目交易附加任何其他外汇限制。

Ⅲ. 银行券和铸币发行必须有等值的专用黄金储备作为支撑，活期存款的长期增长以总体黄金储备的可获得性为条件。

Ⅳ. 当由于国际黄金耗尽而出现短期流动性危机时，国内银行可以在较高利率水平上向中央银行自由举借黄金（Bagehot 规则）。

Ⅴ. 如果规则Ⅰ出现暂时性中断，则必须尽快恢复基于铸币平价的可兑换制度。如有必要，可以通过紧缩国内经济的方式实现。

Ⅵ. 共同价格水平（名义锚）由世界范围内的黄金供给和需求决定。

资料来源：MCKINNON R I. The rules of the game：International money in historical perspective［J］. Journal of Economic Literature，1993，3（31）：4。

这主要包括三条规则。第一，政府严格按照金本位制的要求实施货币政策，黄金的自由兑换、自由铸造、自由输出入不受限制，当国际收支变动引起黄金储备变动进而扩张或收缩货币供给量时，政府不准使用冲销措施。第二，不存在国际资金流动。第三，商品价格具有完全弹性。当以上前提均成立时，价格—铸币机制就会对经济内外均衡起到自动调节作用。调节过程如下：假定一国国际收支出现盈余，这就意味着本国存在黄金的净流入。由于本国黄金存量上升，货币供给就会自动增加，从而在商品价格具有完全弹性的情况下，引起国内物价水平上升。在国内物价水平上升后，本国货币的实际汇率升值，本国商品在国外市场上的竞争力就会下降，外国商品在本国市场上的竞争力就会上升，于是进口增加，出口减少，国际收支盈余最终降低至均衡水平。价格—铸币机制的调节过程如图2－1所示。

上述调节机制并没有考虑国际资金流动，当把国际资金流动考虑进来时，这一自动调节机制将得到强化，最终结果是加快国际收支失衡的调整。以国际收支顺差为例，一方面，当国际收支顺差使本币汇率暂时超过黄金输出点时，投机者就会预期市场汇率必然向下调整，将大量资金转移出该国以谋求资产的保值。另一方面，国际收支顺差引起货币供给扩张进而使利率下降，这又会导致谋取高利率的资金流向国外，资金保值或是谋

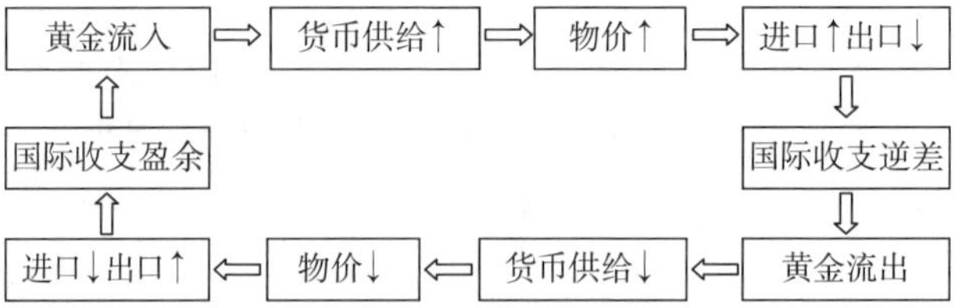

图 2-1　价格—铸币机制的调节过程

取利差的需要都会加快本国资金流出进而改善国际收支失衡。可知，这样的国际资金流动是一种稳定性投机，它有利于减轻汇率波动，加速国际收支恢复平衡。需要强调的一点是，国际资金流动的稳定性作用建立在金本位制具有完全可信性的前提下。

从上述分析可知，在国际金本位制下，内外均衡调节机制具有如下优势。

第一，调节的自发性。大卫·休谟的价格—铸币调节机制告诉我们，当经济出现外部失衡时，完全可以依靠经济的自发力量来调整，而不需要政府采取专门的政策对其加以干涉。

第二，调节的对称性。在国际金本位制下，自动调节机制对国际收支盈余国和赤字国都会产生作用，两国都承担着调节责任。因此，这种调节机制具有对称性，使国际收支失衡能尽快调整过来。

第三，调节的稳定性。在自动调节机制发挥作用的过程中，市场汇率将在黄金输送点范围内有限波动，这就避免了汇率的剧烈波动对经济的过分影响，并且使经济的调节过程始终在稳定的条件下进行。

反之，我们也要看到国际金本位制下这种调节机制的局限性。

第一，它要求各国政府遵守特定的“博弈规则”。这些“博弈规则”已在专栏 2-1 里详细列出，各国政府必须严格按照规则的要求实施货币政策。如果政府对经济进行干预，就要以加速国际收支恢复平衡为目的，而不是反向操作。例如，各国政府可能会出于某种目的设法抵消黄金流动对货币供给的影响，当出现黄金净流入时，为阻止货币供给增加而将这部分黄金冻结起来。这样，就打破了原先的自动调节机制。由于当时并不存在一个国际监督机构，所以各国违反这一规则的情况时有发生，这一现象在国际金本位制的后期越发严重。

第二，当商品价格不具有完全弹性时，这一调节机制也会遭到破坏。前面我们一直假定商品价格具有完全弹性，这样价格便可以灵活调整以适应经济的调节过程，使内部均衡得以维持。如果这一条件得不到满足，当货币供应量变动以调节外部失衡时，国内就会出现严重的失业或通货膨胀问题。当内部均衡问题越来越受到政府的重视时，国际金本位制下的这种自动调节机制的作用就大打折扣了。

第三，在实行国际金本位制这段时期内，内外均衡的实现有其物质基础作为保证，即世界黄金产量能满足世界经济发展对货币供给量的需要。由于货币供给量的增长依赖于黄金产量的增长，当世界黄金产量的增长满足不了世界经济的增长时，金本位制就会面临解体的威胁。

四、金本位制的崩溃

在国际金本位制下，各国均规定了货币含金量，使得货币供给自动和货币需求保持一致，这在很大程度上限制了政府的扩张性货币政策，从而使一国货币的真实价值长期保持稳定。此外，实现金本位制的国家把经济的外部平衡作为经济政策的首要目标，让内部平衡服从于外部平衡。然而，随着历史的发展，维持金本位制的一些必要条件日益遭到破坏。

金本位制的实行极大地促进了资本主义各国的经济发展，但是这种制度安排始终不能摆脱其局限性。从根本上讲，金本位制过于“刚性”，货币供给的增长主要依赖于黄金存量的增长，世界黄金产量的增长跟不上世界经济的增长。此外，各资本主义国家发展极不平衡，较发达国家不断积累黄金。到 1913 年，英国、美国、法国、德国、俄国 5 个国家的黄金存量达到了世界黄金存量的 2/3，这些都削弱了黄金作为国际货币的基础，导致金本位制难以继续维持。

另外，金本位制的运行依赖于“三自原则”，即黄金自由铸造、自由兑换和资源自由输出入。第一次世界大战前夕，一些国家出于备战和扩大政府支出的需要，大量发行银行券和不兑现的纸币，导致兑换黄金越来越困难，从而破坏了自由铸造和自由兑换的原则。许多国家为了防止黄金外流，纷纷限制黄金在国际的自由流动，从而破坏了自由输出入的原则。至此，金本位制的“三自原则”被完全破坏。

在第一次世界大战期间，各国为筹集战争经费发行了大量不可兑换的纸币，结果引发了严重的通货膨胀。在战后国际政局相对稳定后，各国便开始着手恢复金本位制。

此时，世界各国开始实行没有金币流通的金块本位制或金汇兑本位制。其间，实际上只有美国实行的是完全的金本位制，英、法两国实行的是金块本位制，德国、意大利、奥地利和丹麦等30多个国家实行的是金汇兑本位制。此外，一战后国际金本位制面临的历史条件变化还在于：各国越来越重视经济的内部均衡目标，美国、法国更是明确表示将内部均衡目标置于外部均衡目标之上。这使得原有的自发调节机制难以发挥效力，各国越来越不遵守游戏规则，国际金本位制的可信度大大降低。这样带来的严重后果是，原本对金本位制的维持发挥积极作用的国际资金流动，日益演变为破坏金本位制稳定的威胁。例如，当一国国际收支出现逆差时，由于担心政府无法维系金平价而将本币贬值，这样不仅不会有大量资金流入，反而会出现严重的资金外逃，由此产生的国际资金流动进一步恶化了一国的国际收支，由稳定性投机变成不稳定性投机，这加快了金本位制的崩溃。

以上几方面情况说明，随着历史条件的变化，原有的国际金本位制在实现内外均衡的制度安排方面已经不能适应新的情况。于是，当1929—1933年资本主义大危机来临时，在国际资金流动的冲击下，各国纷纷放弃了金本位制，国际金本位制便彻底崩溃了。

第二节　布雷顿森林体系

1929—1939年第二次世界大战爆发的10年间，国际货币金融领域陷入了极度混乱的状态，世界各国经济发展举步维艰，这一状况也使各国意识到建立一个国际货币体系的重要性，从而致力于结束国际经济混乱状态，恢复和发展受战争破坏的各国经济。在战争即将结束时，各国已经展开了重建国际经济新秩序的工作，体现在国际金融领域就是要尽快建立一个稳定的国际货币体系。

第二次世界大战的重要影响之一就是使各资本主义国家的力量对比发生了巨大变化，最典型的例子便是美国取代英国成为新的世界经济霸主。战争结束时，美国生产的工业制成品占世界总量的一半，对外贸易额占世界贸易额总量的1/3以上，对外投资急剧增长，美国一跃成为世界上最大的债权国，黄金储备从1938年的145.1亿美元增加到1945年的200.8亿美元，约占当时资本主义国家总储量的59%。毫无疑问，这些变化为美国推动美元占据世界货币地位创造了必要条件。而老牌资本主义国家英国在战争中遭到了重创。1945年，英国工业产量严重下降，民用消费品产量是1939年的1/2，出口额下降至战前水平的1/3，对外债务高达120亿美元，黄金储备仅仅剩余100万美元，英国被迫将世界第一的位置让给了美国。尽管如此，英镑依然是重要的世界储备货币，国际贸易的40%仍然用英镑结算，伦敦依然是重要的国际金融中心。

英美两国为争夺世界金融领导权，各自基于自身利益提出了对国际货币体系的设计方案，即英国的“凯恩斯计划”和美国的“怀特计划”，由于英美两国实力对比的变化，双方经过数月的讨价还价后同意了以“怀特计划”为主的设计方案。1944年7月，来自44个国家的300多名代表出席了在美国新罕布什尔州布雷顿森林召开的国际金融会议，这次会议通过了《国际货币基金组织协定》和《国际复兴开发银行协定》，总称为《布雷顿森林协定》，这标志着新的国际货币体系——布雷顿森林体系的建立。

一、布雷顿森林体系的主要内容

第一，为使布雷顿森林体系良好地运作，1945年12月一个永久性的国际金融机构——国际货币基金组织成立了。其宗旨是：针对汇率政策、经常项目的支付和货币的可兑换性等问题，制定国际性的行为规则，为成员国调整国际收支不平衡提供资金融通，在一定程度上维护国际金融秩序的稳定。国际货币基金组织的基本职能是向国际收支失衡的成员国提供临时性贷款，以解决成员国暂时性的国际收支失衡问题。它还为国际政策协调提供了一个适当的平台，并且对各成员国的汇率政策进行监督。自此国际货币基金组织成为战后国际货币体系的核心机构。

第二，储备制度。布雷顿森林体系规定以美元作为最主要的国际储备货币，实行美元—黄金本位制。布雷顿森林体系将美元和黄金挂钩，并确定了 1 美元的含金量是 0.888671 克纯金，35 美元等于 1 盎司黄金的官价。美国保证各国政府或中央银行随时可用美元向美国按照官价兑换黄金，同时各国政府也有义务保持市场汇率的稳定。这样，“双挂钩”的规定使黄金和美元同为主要的国际储备资产。

第三，确立了新的汇率制度，即可调整的钉住汇率制度。布雷顿森林体系规定美元与黄金保持 35 美元兑换 1 盎司黄金的固定比价，各成员国货币则与美元保持可调整的固定比价，并且各成员国随时可以用美元向美国政府兑换黄金。如果成员国货币的含金量调整幅度超过 10%，则必须先得到国际货币基金组织的同意，基金组织允许的汇率波动幅度为 ±1%。实际上，除美国外，各成员国汇率在官方平价 10% 范围内的波动可以自行决定，只有当该国国际收支发生根本性失衡时，才允许其改变货币平价。由于各国货币均与美元保持可调整的固定比价，所以各国货币相互之间实际上也保持着可调整的固定比价，整个货币体系因此成为一个固定汇率的货币体系。布雷顿森林体系所规定的上述内容又被称为“双挂钩”体系，即美元和黄金挂钩，各成员国货币与美元挂钩，如图 2－2 所示。

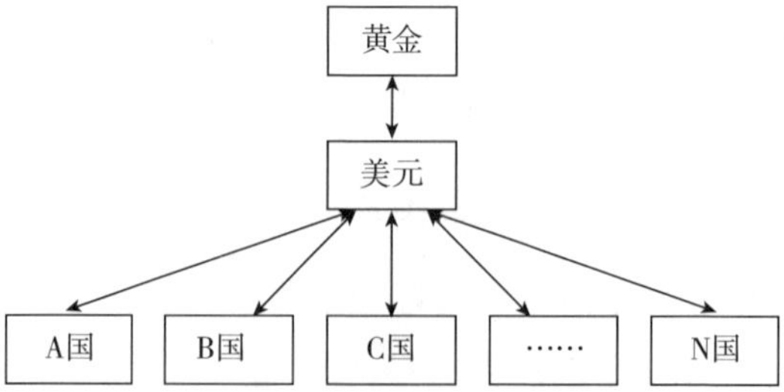

图 2－2　“双挂钩”体系

第四，布雷顿森林体系下内外均衡的调节机制。布雷顿森林体系规定，成员国不得对国际收支经常项目的外汇交易加以限制，不得实行歧视性的货币政策和多重汇率制度，具体规定了两方面内容。首先，采用国际货币基金组织向国际收支赤字国提供短期资金融通的方式帮助其解决国际收支的失衡。《国际货币基金组织协定》第三条规定，成员国份额的25%以黄金或外汇缴存，其余75%的份额用本国货币缴纳。成员国在需要贷款时，可用本国货币向国际货币基金组织按规定程序购买一定数额的外汇，将来在规定的期限内，通过用黄金或者外汇购回本币的方式偿还借用的外汇资金。其次，如果成员国的国际收支发生了根本性的不平衡，则采取调整汇率平价的方式进行调节。

然而，必须认识到在布雷顿森林体系下，美国和其他成员国在实现经济内外均衡上的不对称性。对美国而言，若自身出现了国际收支赤字，它可以简单地以输出美元的方式弥补赤字，这样就避免了汇率波动对内部均衡的影响；而对其他国家来说，当发生国际收支赤字时，第一种可采纳的措施是接受国际货币基金组织的临时性贷款，但是当国际货币基金组织面临多个国家的贷款申请时，可供贷款的资金必定是有限的，并不能使相关成员国的赤字问题得到完全解决。当一国出现长期性的国际收支根本性不均衡时，往往会采用重新规定其汇率平价的方式来调节。而国际收支盈余国的处境就好得多，它可以将国际收支盈余积累的美元兑换成黄金，根本不会对国内经济造成冲击，也就不必担心内外均衡调节问题。因此，许多国家在国际经济交往中尽量追求国际收支盈余，积累美元储备。其目的在于当国际收支出现赤字时，可以用积累的美元储备应付临时性的资金需求，降低恢复经济内外均衡的成本。专栏2－2总结了布雷顿森林体系的核心规则。

【专栏2－2】

1945年《布雷顿森林协定》的精神

Ⅰ. 固定以黄金为基础的国内货币或与黄金挂钩的、作为货币汇率本位货币的官方面值。

Ⅱ. 短期内，保持汇率在1%的票面价值内钉住。但是在长期内，如果国际货币基金组织同意，将单方面放开调整面值的权力。

Ⅲ. 允许用于当前账户交易的货币自由兑换，但是会使用资本控制来限制货币投机。

Ⅳ. 通过使用官方储备和国际货币基金组织贷款来抵消短期收支的不平衡，并从国内货币供给方面通过外汇市场干预产生影响。

Ⅴ. 允许国家宏观经济自治，每个成员国可追求其自己的价格水平和就业目标。

固定汇率美元本位制（1950—1970 年）

除美国外的工业国家

Ⅰ. 以美元固定国内货币的官方面值，并无限制保持汇率在此面值的 1% 范围内。

Ⅱ. 允许用于当前账户交易的货币自由兑换；使用资本控制来隔离国内金融市场，但开始放开国内金融市场。

Ⅲ. 使用美元作为干预货币，并用美国长期国债来保持官方储备。

Ⅳ. 提高保持固定汇率的重要性，使国内货币政策服从于这个目标，同时服从于美国交易商品的价格水平。

Ⅴ. 通过调整国家财政政策限制当前账户的不平衡，以此来弥补私人储蓄和投资之间的缺口。

美国

Ⅵ. 保持外汇市场上的主动性；在没有收支平衡或外汇目标的情况下实行自由贸易。

Ⅶ. 保持美国资本市场对个体居民及外国政府的借款和投资开放。

Ⅷ. 追求建立可交易商品的稳定价格水平的非独立货币政策。

资料来源：MCKINNON R I. The rules of the game：International money in historical perspective［J］. Journal of Economic Literature，1993，3（31）：16。

二、布雷顿森林体系的崩溃

布雷顿森林体系特有的内外均衡调节机制，使美国和其他成员国外部均衡表现形式不一致，两者的矛盾是布雷顿森林体系崩溃的根本原因。

布雷顿森林体系中美国国际清偿力的获得在很大程度上依赖于国际收支逆差，即通过向其他国家输出美元来实现，这将导致对美元信心和清偿力之间的矛盾。美国耶鲁大学教授特里芬（R. Triffin）在他于1960年出版的《黄金与美元危机》一书中，首次提出了这一根本缺陷，人们通常称为“特里芬两难”（Triffin Dilemma）。简单来说，要满足世界经济和国际贸易的发展，国际储备必须得到相应的增长，即要求各国手中持有的美元数量要不断增长，但是若美元输出得太多，其价值将会下降，由此会产生不能兑换黄金的风险，从而导致对美元的信心危机；若美元供给太少，则又会造成国际清偿力不足的问题。对美元信心和清偿力这一对无法解决的矛盾成为布雷顿森林体系瓦解的根本原因。

1950年以来，除了个别年份美国国际收支略有盈余，大部分年份出现了赤字，并且有逐年扩大的迹象。随着国际收支赤字的增加，美国黄金储备也在逐年减少。1949年，美国的黄金储备量为246亿美元，占到当时资本主义世界黄金储备总量的70%左右，此后逐年下降；到1971年美国总统尼克松（Richard M. Nixon）宣布“新经济政策”时，美国的黄金储备只剩下102亿美元，短期外债更是高达520亿美元；到1973年，游荡在国际金融市场上的“欧洲美元”高达1000多亿美元。美元信用严重下降，各国争相向美国兑换黄金，美国又难以应付这种需求，从1960年起，美元危机频繁爆发。每次美元危机爆发的原因都是相似的，即人们对美元和黄金之间的可兑换性产生怀疑，由此引发大量投机者在外汇市场上抛售美元，抢购黄金和经济上升国家的硬通货。在每次美元危机爆发后，美国和其他国家都采取了互相提供贷款、限制黄金兑换、美元贬值等一系列协调措施，但都不能从根本上弥补“特里芬两难”所揭示的布雷顿森林体系存在的根本缺陷。最终，当1973年2月外汇市场再度爆发美元危机时，布雷顿森林体系彻底瓦解了。

【专栏2-3】

从黄金危机到整个体系的崩溃(1968—1973年)

黄金危机的迹象最初出现在伦敦的黄金市场上。1967年底与1968年初，私人投机者由于预期黄金价格可能会上升而开始囤积黄金。当时的观点认为，这是由英镑1967年11月的贬值造成的。但1967年前后，美国货币的急剧扩张与通货膨胀率的上升也影响了投机者的预期。美联储和欧洲各国中央银行大量出售黄金仍无济于事；英格兰银行不得不于1968年3月15日关闭了黄金市场，并于两天后宣布实行黄金市场的双轨制，即官方价格和私人价格并存，私人的黄金买卖可以继续在黄金市场上进行，不过价格将有所浮动。与此相反，各国中央银行仍继续以每盎司黄金35美元的官方价格进行黄金交易。

双轨制的建立是布雷顿森林体系的一个转折点。该体系实行金汇兑本位制的最初目标是通过固定美元与黄金的比价防止通货膨胀。各国中央银行切断了美元和黄金的固定市场价格之间的联系，也就抛弃了布雷顿森林体系固有的反通货膨胀机制。双轨制的实行从整体上来说并未消除对美国的外部限制，因为外国中央银行仍保留以官方价格向美联储兑换黄金的权利。不过此时的官方价格只是中央银行结清账目的一个虚假机制，不再能自动地对世界货币的增长起到制约作用。

虽然1970年美国正处于经济衰退期，但通货膨胀率仍然有所上升。当时，对通货膨胀的预期在经济中已经普遍存在，即使在经济增长放慢时期也会对工资的确定产生影响。不过，总需求的减少确实使美国的经常项目在1970年得到了改善。

这种改善不久就被证明是暂时性的。美国于1971年初公布的国际收支不利的消息导致私人投机者在外汇市场上大量购买德国马克，因为人们相信马克不久将对美元升值。由于对马克的需求巨大，仅在1971年5月4日当天，德国中央银行就不得不购进10亿美元以保持其固定汇率。5 月 5 日清晨，在外汇市场开盘交易的第一个小时内，德国中央银行就买进了 10 亿美元！此时，德国中央银行不得不放弃买进美元的努力，允许其汇率浮动，以避免德国的货币供给以更惊人的速度增加。

几周以后，市场越发相信美元将不得不对欧洲的主要货币贬值——1971 年美国的失业率仍然很高，且与前些年相比物价水平猛增。为了恢复充分就业并保持经常项目平衡，美国政府不得不在一定程度上对美元进行实际贬值。

美元实际贬值可以以两种方式进行。第一种方式是以失业为代价的美国价格水平下降和让外国中央银行持续购买美元所造成的外国价格水平上升。第二种方式是以外币表示的美元名义价格的降低。第一种方式——美国的失业和其他国家的通货膨胀，对政策制定者来说是一个痛苦的选择，因此，市场正确地猜到美元价值的变化势在必行。这种认识导致外汇市场上新一轮的美元抛售，并在 1971 年 8 月达到了顶峰。

然而贬值对于美国来说并非一件易事。对任何其他国家而言，它们只需重新制定对美元的比价就可改变汇率。但是对作为“第 N 种货币”的美元来说，只有其他国家同意将其货币在新的水平上钉住美元，贬值才可能实现。实际上，要实现美元贬值必须所有国家同时同意其货币对美元升值，因此，美国只能通过大量的多边谈判来实现这一点。然而，有些国家并不热衷于这种使本币升值的行为，因为升值会使其本国商品相对于美国商品的价格上升，从而不利于其出口以及和进口竞争的行业的发展。

尼克松总统于 1971 年 8 月 15 日采取了强硬措施。首先，他宣布从此以后美国不再自动地向外国中央银行出售黄金换回美元，从而结束了美国黄金不断外流的局面。这个措施实际上切断了美元和黄金之间仅存的一点联系。其次，他宣布对美国进口的所有商品征收 10% 的附加税，直到美国的贸易伙伴同意其货币对美元升值为止。

1971 年 12 月，美国与其贸易伙伴在位于华盛顿特区的史密森学会（Smithsonian Institution）达成了一个关于汇率重新调整的国际协定。美元对外币平均贬值约 8%，原征收的 10% 进口商品附加税被取消。黄金的官方价格上升到每盎司 38 美元，但这一上调其实对经济没有什么意义，因为美国拒绝继续向外国中央银行出售黄金。《史密森协定》使得金本位制的最后一块阵地也丢失了。

该协定虽然被尼克松总统誉为“世界历史上最有意义的货币协定”，但是不到 15 个月就被撕毁了。1973 年 2 月初，发生了另一次对美元市场的投机性冲击，使外汇市场在美国与其主要贸易伙伴商议支持美元的措施期间关闭。2 月 12 日，美元宣布进一步贬值 10%，不过就在政府宣布恢复外汇市场交易后不久，投机资本又开始了对美元的冲击。3 月 1 日，在欧洲各国中央银行被迫购买了 36 亿美元以防止其货币升值之后，外汇市场再度关闭。3 月 19 日，外汇市场再次开盘交易，日本与大多数欧洲国家的货币相对于美元的价格开始浮动。工业化国家对美元汇率的浮动在当时被看作对难以控制的投机性资本流动做出的暂时性反应。但是，1973 年 3 月的这一系列暂时性调整最终变成了永久性措施，标志着固定汇率制度的破产和国际货币体系一个动荡的新时代的开始。

资料来源：保罗·R. 克鲁格曼，莫里斯·奥伯斯法尔德. 国际经济学：理论与政策［M］. 海闻，等译. 6 版. 北京：中国人民大学出版社，2006。

第三节　当前的国际货币体系

布雷顿森林体系崩溃之后，国际金融领域面临的最重要的问题就是尽快建立新的国际货币体系或者对原先的货币体系进行改革。

1971 年 10 月，国际货币基金组织理事会启动了重新全面研究国际货币体系的任务，并要求执行委员会提出修改《国际货币基金组织协定》的相关建议。1972 年 7 月，国际货币基金组织理事会成立了“二十国委员会”，其任务是研究如何改革当前的国际货币体系，以适应世界经济新的发展状况。1974 年 6 月，该委员会制定出一份“改革纲要”，主要对当前国际货币体系中的汇率、黄金和国际收支调节等重要问题给出了初步建议。1976 年 1 月 8 日，国际货币基金组织各成员国在牙买加首都金斯顿举行了第五次会议，共同商讨对《国际货币基金组织协定》的修改问题，经过一系列的谈判和妥协，在会议结束时各方达成了《牙买加协定》；同年 4 月，又对原有协定进行了第二次修订，修订后的协定于 1978 年 4 月 10 日起生效。这样，布雷顿森林体系崩溃后国际货币体系混乱的局面暂时得到了遏制，一个以《牙买加协定》为基础的新的国际货币体系逐渐形成。

一、牙买加体系的主要内容

牙买加体系的主要内容包括黄金的非货币化、固定汇率和浮动汇率并存、确定特别提款权为储备资产以及资金融通问题等方面。以下做详细介绍。

第一，《牙买加协定》规定了黄金的非货币化。黄金不再与货币直接挂钩，取消黄金官价，国际货币基金组织各成员国可在市场上按市价自由买卖黄金；各成员国之间、成员国与国际货币基金组织之间不再用黄金来清偿债权债务关系，逐渐降低黄金的货币作用；对国际货币基金组织持有的黄金将进行如下处理，在市场上按市价出售黄金总量的 1/6（约 2500 万盎司），另外 1/6 部分按官价归还给各成员国，其余部分（约 1 亿盎司）按投票方式做出处理。

第二，《牙买加协定》追认了浮动汇率的合法性。该协定指出各成员国可以根据本国情况制定相应的汇率制度，前提是所制定的汇率制度是相对稳定的或合理的，但同时必须得到国际货币基金组织的同意和接受相应的监督，以防止各国通过操纵汇率来谋求利益。这样，固定汇率不再是唯一的汇率制度，浮动汇率制度得到了基本认可。

第三，扩大了特别提款权的作用，确定其为储备资产。为了提高特别提款权的地位和增强国际清偿力，增加了国际货币基金组织各成员国缴纳的基金份额，由最初的 292 亿特别提款权增加到 390 亿特别提款权；此外，允许各成员国与国际货币基金组织之间使用特别提款权来进行资金的借贷，以此逐渐加强特别提款权的作用，最终使特别提款权演变为主要的国际储备资产。同时，国际货币基金组织要加强对特别提款权使用的监督和管理。

第四，《牙买加协定》提出扩大对发展中国家的资金融通。国际货币基金组织用出售黄金所得资金建立信托基金（trust fund），以相当优惠的贷款条件将资金贷给贫穷的发展中国家；另外，国际货币基金组织还扩大了信用贷款的限额，将成员国的贷款额度由成员国份额的100%提高到145%，同时把“出口波动补偿贷款”的份额从50%提高到75%。

二、牙买加体系的特点

《牙买加协定》签订以前，国际货币体系已经表现出新的特点，主要包括国际储备多元化、汇率制度多元化和国际收支调节多样化三个方面。

首先，尽管《牙买加协定》提出用特别提款权代替美元作为主要的国际储备资产，然而在现实中实践困难较大。特别提款权是指由国际货币基金组织发行，按份额比例分配给国际货币基金组织成员国的一种账面储备资产，由于发行量较小，在国际储备资产中所占的比重也较小。特别提款权作为一种使用资金的权利，理论上可以同美元、黄金相当，但它毕竟不是现实货币，现实中需要实实在在的货币充当国家间贸易、金融活动的支付手段，因此，特别提款权仅仅被国家之间用于作为债权债务的记账单位，国际交往越来越多地使用主权货币作为支付手段，最终形成了国际储备多元化的格局。在牙买加体系中，黄金已不再是最主要的国际储备资产，但并未被彻底抛弃，仍然作为最后的国际清偿手段和保值手段；美元因为有美国强大的政治经济实力作为后盾，尽管作为主要的国际储备货币的地位有所下降，但仍被各国视为最重要的储备资产，德、日两国经济实力的上升也使得德国马克和日元进入储备货币的行列，欧盟的建立使得欧洲货币单位（欧元）作为储备资产的地位也在不断提高。

其次，各国的具体情况不同，选择的汇率制度也不同。《牙买加协定》的精神在于避免成员国之间发生竞争性的贬值行为。因此，该协定正式认可各成员国可自由安排汇率制度，承认固定汇率制和浮动汇率制并存的局面，这样就进入了以浮动汇率制为主的多种汇率制度并存的时期。主要汇率制度及采用国家数如下：无独立货币的汇率安排（39）、货币委员会安排（8）、其他传统的固定钉住安排（44）、水平波幅内的钉住安排（6）、爬行钉住（4）、爬行区间内浮动（5）、无事先声明汇率路径的管理浮动（33）、独立浮动（47）。①

最后，从国际收支调节来看，各国国际收支调节的政策选择余地变大了。在布雷顿森林体系下，每当成员国国际收支出现失衡时，若是临时性资金短缺，则通过国际货币基金组织贷款来解决失衡问题；若是根本性失衡，则通过改变货币平价的方式加以调整。由于调节渠道有限，调节机制经常失灵，各国国际收支失衡现象依然严重。在牙买加体系下，国际收支的调节方式选择余地较大，各国可通过向国际货币基金组织贷款、调整、汇率机制、调整利率机制、在国际金融市场上融资等方式调节国际收支，因此在牙买加体系下，各成员国国际收支的调节具有较大的灵活性。

三、牙买加体系下内外均衡的调节机制

牙买加体系是在国际资金流动迅速发展、汇率安排多样化的历史条件下建立起来的，这一历史条件的变化带来了这一体制下一系列内外均衡调节机制的变化。牙买加体系下内外均衡的调节机制具有如下特点。

第一，各国在考虑本国经济政策时，将内部均衡放在了首位。布雷顿森林体系从诞生到结束，与各国对内部均衡目标的逐渐重视是分不开的，原因在于在布雷顿森林体系下实行的是可调整的固定汇率制，所以各国都有义务保持汇率水平的稳定。当各国内部经济出现问题时，经济内部调整必须服从于外部均衡的目标，这就限制了各国调节经济内部均衡的手段和能力，内部均衡往往成为实现外部均衡目标的牺牲品。在牙买加体系下，各国对经济内部均衡的调整不再受到外部均衡目标的限制，从而可以按照本国的实际情况制定相应的货币和财政政策。在牙买加体系运行过程中，各国在很大程度上表现出对本国经济内部均衡的关注，外部均衡则依靠市

---

① 保罗·R. 克鲁格曼，莫里斯·奥伯斯法尔德．国际经济学：理论与政策[M]．海闻，等译．6版．北京：中国人民大学出版社，2006：476－478.

场机制自发进行调节。

第二，在实现内外均衡过程中，国际政策协调的地位有所下降。在布雷顿森林体系下，各国通过可调整的固定汇率制度联系起来，汇率稳定这一共同目标必须通过各国之间的协调才能长期维持。在维持这一共同目标的过程中，各种形式的国际政策协调是很常见的，这在一定程度上弥补了布雷顿森林体系在制度设计上的缺陷，使这一体系得以继续维持下去。而在牙买加体系下，各国都不再以经济的外部均衡作为政策目标，反而专注于经济内部均衡问题。例如，促进经济增长、降低失业率、抑制通货膨胀等。虽然国际货币基金组织在国际政策协调中所起的作用有增无减，但是国际政策协调在很长一段时期内仅停留于危机管理等低层次水平上。

【专栏2-4】

浮动汇率美元本位制（1973—1984年）

除美国外的工业国家

Ⅰ. 平缓美元汇率的短期波动性，但是不约定官方面值或者不承诺长期汇率稳定。

Ⅱ. 允许用作当前账户交易的货币自由兑换，同时取消资本账户交易所有剩余的限制。

Ⅲ. 使用美元作为干预货币（用于稳定欧洲汇率的交易除外），并主要以美国长期国债来保持官方储备。

Ⅳ. 修改国内货币政策来支持主要的汇率干预，当国内货币相对于美元疲软时减少货币供给，当国内货币坚挺时扩大货币供给。

Ⅴ. 制定独立于美国的长期国家货币和价格水平目标，并在长期内调整汇率来抵消这些差异。

美国

Ⅵ. 保持外汇市场上的主动性；在未达到收支平衡或外汇目标的情况下实行自由贸易，不需要可观的官方外汇储备。

Ⅶ. 保持美国资本市场对个体居民与外国政府的借款和投资开放。

Ⅷ. 追求独立于其他国家的汇率或货币政策，因而不寻求可交易商品的一般稳定价格水平。

资料来源：MCKINNIN R I. The rules of the game：International money in historical perspective ［J］. Journal of Economic Literature，1993，3（31）：29。

四、对牙买加体系的评价

牙买加体系自1973年成立起，对维持世界经济的正常运行、促进世界经济的发展起到了巨大的推动作用，对该体系的评价，首先应该肯定它对世界经济做出的贡献。

第一，多元化的储备体系在一定程度上缓解了“特里芬难题”。布雷顿森林体系最大的缺陷就是所谓的“特里芬难题”，即美元作为世界货币，不管美国出现国际收支顺差还是逆差，都会给国际货币体系带来不稳定性。美国持续国际收支顺差将造成国际清偿力的不足，其结果是美元荒；美国持续国际收支的逆差将造成对美元的信心下降，其结果是美元灾。在牙买加体系下，为解决上述问题，国际货币基金组织设计出特别提款权，目的是代替美元成为新的国际储备。随着战后其他资本主义国家经济的恢复，日元、德国马克（后被欧元取代）等货币也逐渐成为重要的国际储备货币，国际储备多元化的格局逐渐形成。这一格局对美元的霸主地位是一种挑战，但在调节不同货币的供应量方面具有一定的灵活性，同时相对减少了美元对世界储备体系稳定性的影响。在多元化储备条件下，其他国家货币的稳定性在一定程度上摆脱了美元的影响，多元储备体系还为一国进行外汇管理提供了更多的选择，降低了美元统治下汇率变动带来的风险。对国际货币储备来说，最重要的就是“信心和清偿力”的问题，储备货币多元化可以解决这一矛盾。美元不再是唯一的国际储备货币，如果美国的国际收支持续出现顺差，向世界投放的美元量减少，其他国际储备货币就会代替美元的作用，弥补国际清偿力的不足；即使美国的国际收支持续出现逆差，美元大量外流，由于美元不再直接兑换黄金，挤兑黄金的风险也不会发生。因此，多元化储备制度在世界经济的繁荣和衰退期都具有较强的适应性。

第二，牙买加体系是混合汇率体系，能够对瞬息万变的经济状况做出灵活的反应，有利于国际贸易和金融的发展。首先，混合汇率体系的灵活性使国家可以制定更加灵活和独立的宏观经济政策。与固定汇率制不同，当采用混合汇率体系的国家出现国际收支严重逆差时，不必采取紧缩性宏观经济政策来维持汇率的稳定，即可避免对经济内部均衡造成冲击。其次，主要国家可根据客观经济状况的变化对货币汇率做出灵活调整，因此，可以减少汇率剧烈变动对国际贸易和金融活动的冲击。最后，在以浮动汇率为主导的混合汇率制度下，各国还可以减少维持汇率稳定所必须保留的应急性外汇储备，这有利于提高外汇储备的使用效率。

第三，牙买加体系在一定程度上缓解了布雷顿森林体系下国际收支调节机制失灵的问题。在布雷顿森林体系下，国际收支调节机制有限，仅仅是依靠国际货币基金组织和汇率机制。在牙买加体系下，还可通过利率机制、国际金融市场的媒介作用等来调节国际收支失衡，这就解决了布雷顿森林体系下调节机制单一与失灵的问题，从而对世界经济的正常运转起到一定的促进作用。

然而，尽管牙买加体系在推动世界经济发展方面表现出较强的适应性，但是随着世界经济发展的变化，其缺陷也逐渐显露。

第一，储备货币多元化的货币体系具有内在的不稳定性。美元地位的下降，其他资本主义国家经济的崛起，其他货币地位的上升，这些现象的结果是逐渐形成了以美元为主的多元储备体系。虽然多元储备体系增加了外汇管理的手段、降低了汇率变动风险、提高了国际清偿力，但是其本身存在严重的不稳定性。首先，浮动汇率制使得主要储备货币的汇率经常波动，加剧了国际金融市场的动荡。发展中国家经济基础薄弱，其缺乏应对金融动荡的经验和物质准备，因此，在国际收支出现严重困难时，往往容易成为国际金融炒家攻击的目标。其次，储备货币多样化使得国际金融市场上汇率剧烈变动，短期资金出于套利、避险等目的而流动频繁，各国储备资产管理则是面临更多复杂因素。最后，多元化储备体系并没有从本质上改变一国货币同时作为国际清偿力和主权货币所面临的难题。当作为储备货币应有的目标与实现国内经济均衡的目标发生冲突时，储备货币国往往会选择牺牲他国的利益来保全本国的利益。

第二，在牙买加体系下，汇率波动频繁而剧烈。《牙买加协定》追认了浮动汇率制的合法性，大多数工业化国家选择了浮动汇率制。但实际上，许多国家实行的是有管理的浮动汇率制，并非完全的浮动汇率制。以浮动汇率制为主的多元汇率制度的弊端在于，汇率的剧烈波动使得国际金融市场动荡不安，同时影响国际贸易的发展；浮动汇率制容易引起世界性的通货膨胀，因为汇率下浮将导致出口增加、进口减少，从而使得国内物价上升，大多数国家这样做的后果便是引起世界性的物价上涨；汇率的剧烈变动容易引起国际信用的混乱，因为汇率波动过大，其结果不是债权国蒙受损失，就是债务国负担加剧，甚至引发债务危机。面对这样一个汇率制度多样化的世界，国际货币基金组织放弃了对成员国汇率进行干预的责任，使得竞争性贬值或升值经常发生，国际金融市场更加动荡。

第三，国际收支问题面临更多复杂性。牙买加体系的初衷是建立一个多元化的国际收支调节机制，但该体系多年来的运行表明，其效果与当初的理想相去甚远。在牙买加体系下，国际收支调节机制固然有多种途径，并在一定程度上解决了布雷顿森林体系下国际收支调节单一与乏力的问题，但该体系也存在诸多局限性，没有从根本上解决国际收支失衡严重问题。

首先，在现行体制下，调节国际收支失衡的负担只是由逆差国来承担，无法在制度上帮助国际收支逆差国尽快恢复平衡。这样，许多国家在出现国际收支逆差时，为了不影响经济内部均衡，往往会在国际金融市场上借入短期资金来平衡逆差。如果其他国际收支逆差国都这样做，就会导致其债台高筑，偿债压力越来越大，特别容易遭到国际游资的攻击。其次，国际货币基金组织的贷款机制并不能很好地促进国际收支的平衡。国际货币基金组织往往在成员国出现国际收支严重失衡即将导致债务、金融危机时，才提供短期贷款。这种政策并不能从根本上解决这些国家的国际收支失衡问题，何况面临这些国家的巨额外债，国际货币基金组织的贷款能力是极为有限的。

第四节　欧洲货币一体化进程

正如本章第二节所述，布雷顿森林体系（于1973年瓦解）把各成员国货币与美元相挂钩，这样就间接地使其他任何两国的货币都保持固定汇率。同时，由于布雷顿森林体系自身存在严重的缺陷，最终被以浮动汇率制为主的多元汇率体制取代。然而，在大多数工业化国家采用浮动汇率制的同时，欧盟国家却在实践着相反的道路，即缩小彼此间货币汇率的波动幅度。1999年1月1日欧元的诞生，标志着这一实践达到了更高的层次。

我们想知道，是什么原因使欧洲各国的领导人这么厌恶汇率的剧烈波动，欧洲单一货币是如何诞生的？为准确理解欧洲货币一体化进程，首先必须从20世纪60年代的欧洲货币改革原因说起。

一、欧洲货币改革原因

1969年12月在海牙召开的欧盟首脑会议标志着欧洲货币统一改革的开始。会议决定由卢森堡首相兼财政大臣皮埃尔·维尔纳（Pierre Werner）组织一个委员会，该委员会将制定具体措施消除欧盟内部汇率的波动，集中欧盟货币改革决定权，消除彼此间的贸易壁垒。欧盟国家为何从20世纪60年代末便开始努力寻求货币政策的一致性和汇率的更大稳定性呢？主要基于以下三个原因：一是世界经济形势发生了巨大变化；二是人们希望欧盟能发挥更大的作用；三是汇率的剧烈波动带来不少管理上的问题。

首先，为了提高欧洲在世界货币体系中的地位。1969年发生的货币危机使欧洲国家认识到，美国在面临自身负有的国际货币职责和本国国家利益两者的冲突时，往往将其国家利益放在首位，不惜牺牲其他国家的利益，它们因此意识到必须采取有效的措施维护自身的经济利益，表现在货币问题上就是逐步采取一致行动。

其次，为了把欧洲变成一个真正统一的大市场。尽管1957年《罗马条约》的签订使欧盟建立了关税同盟，但是在欧洲内部，商品和要素的流动仍然存在很大的官方壁垒。欧盟的长远目标是要消除所有壁垒，把欧盟变为一个像美国那样巨大的、统一的大市场。欧洲的政治家认为，汇率的不稳定性，就像官方贸易壁垒一样，是减少欧盟内部贸易的主要原因之一。在他们看来，只有在欧洲国家间建立起固定汇率制度，才能形成一个统一的欧洲市场。

最后，历史明确地告诉了我们为何欧洲货币一体化取得如此快的进展。欧洲大陆历史就是饱受战争摧残的历史。第二次世界大战结束后，许多欧洲国家领导人同意，各国之间的经济合作和一体化是防止20世纪两次世界大战重演的最好保证。因此，欧洲人放弃国家政策主权的意愿反映了绝大多数欧洲人希望将各国结成共同经济利益团体以维持和平的热切愿望。欧洲的许多人希望，欧盟所取得的牢固经济一体化最终会带来某种形式的政治一体化。

二、欧洲货币改革的阶段划分

（一）第一阶段（1972—1978 年）：维尔纳计划

在布雷顿森林体系受到严重冲击的后期，欧共体国家为了减少国际金融市场动荡给该区域经济带来的负面影响，以及为实现欧洲经济一体化的目标，于1969 年提出建立欧洲货币联盟（European Monetary Union，EMU）。1970 年 10 月，以卢森堡首相兼财政大臣维尔纳为首的委员会向欧共体委员会提交了一份《关于在共同体内分阶段实现经济和货币联盟的报告》，即维尔纳计划。该计划建议从 1971 年到 1980 年分三个阶段实现欧洲货币一体化（见表 2－1）。

表 2－1　1971 年的维尔纳计划

阶段	时期	主要目标
第一阶段	1971—1973 年	缩小成员国汇率的波动幅度，着手建立货币储备基金，支持稳定汇率的活动，加强货币与经济政策协调，缩小成员国经济结构差异
第二阶段	1974—1976 年	集中成员国的部分外汇储备以巩固货币储备基金，进一步稳定各国货币间的汇率，使共同体内部的资金流动逐步自由化
第三阶段	1977—1980 年	使共同体成为一个商品、资本、劳动力自由流动的经济统一体，由固定汇率制向统一货币转变，货币储备基金向统一的中央银行发展

然而，维尔纳计划并未顺利实施，最重要的原因是20世纪70年代国际金融市场的剧烈动荡以及欧洲各国间经济发展的不平衡。但是，该计划也取得了一些进展，如欧洲记账单位（European Unit of Account，EUA）的创设。该记账单位创设之后，于1972年开始在各成员国货币间实行可调整的钉住汇率，并限制了它的波动范围；对外则实现联合浮动。当时，参与联合浮动的欧洲六国保持其汇率波动在美元平价的上下1.125%，欧洲六国对外汇率的长期时间序列图就像一条在隧洞中爬行的蛇，故得名“蛇形浮动”。

（二）第二阶段（1979—1998年）：欧洲货币体系

1978年4月在哥本哈根召开的欧共体首脑会议提出了建立欧洲货币体系的动议；同年12月5日，欧共体各国首脑在布鲁塞尔达成协定，于1979年初正式实施欧洲货币体系协定。欧洲货币体系主要由三部分组成：第一，欧洲货币单位（European Currency Unit，ECU）；第二，欧洲汇率机制（Exchange Rate Mechanism，ERM）；第三，欧洲货币合作基金（European Monetary Cooperation Fund，EMCF）。

第一，欧洲货币单位。欧洲货币单位是一篮子货币，被定义为欧洲成员国各国货币的混合加总。1979年首次定义了一篮子货币，1984年希腊的希腊元加入后再次做了定义。1989年，西班牙比塞塔和葡萄牙埃斯库多加入，又一次修订了一篮子货币的定义。《马斯特里赫特条约》于1992年提出禁止对欧洲货币单位做任何进一步的修正。按1989年9月21日的篮子数，一个欧洲货币单位包含0.6242单位德国马克、1.332单位法国法郎、0.08784单位英国英镑等12个国家的货币。在1995年11月6日即期汇率的基础上，欧洲货币单位的价值是1.3046美元。德国在欧洲货币单位中占有最大权重（大约1/3），其次是法国（大约1/5），最后是英国和荷兰（各约1/10）。因为欧洲货币单位是混合货币篮子，所以在各国货币对美元汇率发生变化时其权重仅发生了轻微的变动。1999年之前，欧洲货币单位的存在形式很特殊，没有任何实质的硬币或纸币用于流通。私人居民可以用欧洲货币单位作为银行存款的计价单位，公司可以使用欧洲货币单位开发货单。

第二，欧洲汇率机制。欧洲汇率机制是欧洲各国限制彼此汇率波动计划的核心。每一个加入欧洲汇率机制的国家都同意使其货币围绕一个以欧洲货币单位计价的核心汇率波动（见专栏2－5）。在大多数情况下，各国同意的波动边界为核心汇率的上下2.25%，意大利的波动边界为上下6.00%，后加入欧洲汇率机制的西班牙（1989年6月）、英国（1990年10月）和葡萄牙（1992年4月）也维持在这个浮动边界。

【专栏2－5】

欧洲货币体系的实质：1979年

Ⅰ．以欧洲货币单位——根据各国规模加权得到的一篮子货币为各种汇率固定一个汇率平价。

Ⅱ．将汇率波动限制在中心汇率上下2.25%，以使汇率在短期内保持稳定。

Ⅲ．当汇率波动威胁到两端界限时，强势货币国中央银行必须对弱势货币国中央银行提供自由借款来支持汇率。

Ⅳ．只有在需要重新设置国家物价水平且只有在得到其他欧洲货币体系国家的集体同意时，才能中途调节汇率平价。

Ⅴ．向各国宏观经济政策的集中方向努力，以此来保持长期汇率平价的稳定。

Ⅵ．对经常账户交易保持货币的自由可兑换。

Ⅶ．主要以欧洲货币合作基金的欧洲货币联盟构成外汇储备，并减少美元储备。

Ⅷ．用外汇储备或通过向欧洲货币合作基金以严格的长期借款条件借款来迅速偿还中央银行债务。

Ⅸ．单一国家的货币不可以作为外汇储备货币，而且其他国家的货币政策不可以作为（非对称性地）全体的名义价格指标。

资料来源：MCKINNON R I. The rules of the game：International money in historical perspective［J］. Journal of Economic Literature，1993，3（31）：36。

欧洲汇率机制规定了两条原则来维持汇率的稳定。其一，如果一国汇率波动超出了所允许的浮动界限，无论是2.25%还是6.00%，都必须进行强行干预。其二，如果一国汇率波动超出所允许的最大波动范围的75%，即其偏差上限，那么强势货币国中央银行必须对弱势货币国中央银行提供自由借款来支持汇率。

第三，欧洲货币合作基金。欧洲货币体系的最后一个基石就是欧洲货币合作基金。欧洲货币合作基金通过一系列的循环互换向欧洲各国中央银行发行“官方欧洲货币单位”。各国中央银行被迫用它们的黄金和美元储备的20%来交换“官方欧洲货币单位”。其中，黄金储备按前6个月的黄金平均市场价格或按前一个营业日两笔交易的平均价格定值，美元储备则按市场汇率定值。从此，欧盟中央银行便能够通过动用它们的欧洲货币单位储备来对货币进行干预，维护其稳定。

（三）第三阶段（1989—1998年）：“德洛尔计划”和《马斯特里赫特条约》

1989年，由欧洲委员会主席雅克·德洛尔（Jacques Delors）领导的欧洲议会委员会提出建立一个欧洲经济与货币联盟的建议——“德洛尔计划”。在欧洲经济与货币联盟框架下，一个单独的欧洲中央银行将为一个单独的欧洲货币制定货币政策，由此废除各国货币和各国中央银行的独立责任。

“德洛尔计划”通过三个阶段实现欧洲经济与货币联盟：①欧共体的12个成员国全部加入欧洲汇率机制，通过进一步强化各国货币政策的集中来保证欧洲汇率机制；②缩小欧洲汇率机制允许的波动范围，允许新的欧洲中央银行有更多控制各国货币政策的权力；③用统一的货币取代各国货币，反映所有成员国利益的欧洲中央银行承担制定欧洲货币政策的责任。

鉴于各成员国对“德洛尔计划”的反应各不相同，为实现欧洲经济与货币联盟，欧共体于1991年12月在荷兰的马斯特里赫特峰会上签署了关于欧洲经济与货币联盟的《马斯特里赫特条约》（以下简称《马约》）。《马约》的目标是：最迟在1999年1月1日前建立“经济与货币联盟”（Economic and Monetary Union, EMU)，届时将实现统一的货币、统一的中央银行以及统一的货币政策。另外，《马约》还规定，只有在1999年1月1日达到以下四个标准的国家，才被允许加入EMU：①消费者价格指数不超过三个通货膨胀最轻的欧盟成员国通货膨胀率的1.5%；②当年财政赤字不得超过GDP的3%，累计国债不得超过GDP的60%；③长期政府债券利率不得超过三个通胀率最低国家平均水平的2%；④加入欧洲经济货币联盟前两年的汇率一直在欧洲货币体系汇率机制规定幅度的15%范围内。1993年11月1日，欧共体更名为“欧盟委员会”（以下简称“欧盟”）。芬兰、奥地利、瑞典于1995年加入欧盟，欧盟成员国增加至15个。1995年，《马德里决议》将单一货币的名称定为“欧元”（Euro），欧洲货币一体化进程自此进入了一个稳定发展阶段（见专栏2-6）。

【专栏2-6】

设计并命名一种新的货币

实现《马约》所规定的广泛的货币联盟最不起眼的困难之一，是为新的欧洲单一货币选择外观和名称。但是，在这点上达成共识并不容易。

虽然欧洲各国发行的欧元将在全欧洲范围内流通，就像美国芝加哥联邦储备银行印制的美元会出现在纽约市民的钱包里一样，但是一些国家领导人仍希望在本国中央银行发行的欧元纸币上保留国家标志。特别是英国人坚持要把他们的君主印在其货币上而不管欧洲其他国家怎么做。最后各方终于达成妥协：欧元钞票不能带有国家标志，但是欧元的硬币一面是“欧洲的”，一面是“国家的”，在国家的那一面可以出现发行国的国家标志。

一般的欧元纸币上印有在一座想象的欧洲建筑杰作上的欧盟旗帜。欧盟对这些纸币进行了完整的描述并陈述了其设计缘由（见欧盟官网，http://europa.eu.int/euro/html）。

欧元的纸币共有七种。它们以不同的颜色和大小分别代表500欧元、200欧元、100欧元、50欧元、20欧元、10欧元和5欧元。这些图案带有欧洲传统建筑风格的标志，它们并不代表任何现存的建筑物。窗户和门占据了每张纸币的正面，标志着欧盟内部的开放与合作精神。每张纸币的反面是一座特定时代的桥梁，比喻欧洲人之间以及欧洲与世界其他国家之间的交流。欧元纸币的最终设计于1996年12月在都柏林召开的欧洲议会上通过。所有纸币将带有高级证券的特征。

但是在现在的设计被确定之前，还有一些更奇异的建议。其中包括：在纸币上印上米开朗琪罗的雕塑作品《大卫》，或者印上古希腊神话中被众神之神宙斯（用公牛的形象代表）掠走的腓尼基的公主欧罗巴。

以下是欧盟对于未来的欧元硬币的描述。

有8种欧元硬币，分别代表2欧元、1欧元以及50欧分、20欧分、10欧分、5欧分、2欧分和1欧分。每枚欧元硬币的正面都是相同的欧洲式面孔。各成员国可以在背面以自己的图形装饰硬币。不管硬币上的图案是什么，它们都可以在11个成员国流通。例如，一个法国公民可以在柏林用印有西班牙国王的欧元硬币购买热狗。这些硬币的正面展现了以欧洲旗帜上的星星所附的横断线为背景的欧洲地图。1欧分、2欧分和5欧分的硬币强调了欧洲在全球的地位，而10欧分、20欧分和50欧分的硬币则展现了汇集各主权国家的欧盟。1欧元和2欧元的硬币描绘了无国界的欧洲。最终的图案于1997年6月在阿姆斯特丹召开的欧洲议会上通过。

截至1995年12月“欧元”被确定以前，新货币的名称一直是个问题。我们以前说过，《马约》把新的单一货币称为“欧洲货币单位”，但是大多数的欧洲领导人认为这很容易引起误解，而且在政治上很难接受这样一个已有的货币篮子——一个在当时对德国马克迅速贬值的货币篮子。德国总理科尔提出反对，因为在德语中的“1ECU”的发音很像“一头母牛”。其他名称建议还有法兰克和先令。

对一些国家来说，把新货币命名为“欧元”实际上是一种不情愿的妥协。英国首相抱怨说“欧元”这个名字不能令他血脉通畅（大概是不像英镑那样）。希腊人发现欧元的希腊语发音很像“尿”，但是不管怎样，“欧元”就是欧元了。

资料来源：保罗·R. 克鲁格曼，莫里斯·奥伯斯法尔德. 国际经济学：理论与政策［M］. 海闻，等译. 6 版. 北京：中国人民大学出版社，2006：616－617。

（四）第四阶段：《马约》签订后的欧洲货币一体化进程

1998 年 5 月，欧洲委员会举行会议并做出两个重要决定。第一，确定了符合《马约》条件的 11 个国家为欧元的创始国（德国、法国、意大利、葡萄牙、比利时、西班牙、爱尔兰、卢森堡、荷兰、奥地利、芬兰），欧盟的其余 4 个国家（英国、丹麦、瑞典、希腊）因暂时不愿加入或条件未达标而没有成为欧元的创始国。第二，在原有欧洲货币局制度的基础上成立欧洲中央银行，由荷兰人杜伊森贝赫（Duisenberg）担任首任欧洲中央银行主席。

1998 年下半年，欧洲中央银行致力于最终确定欧洲经济与货币联盟的支付体系，建立银行监督管理规则，转换会计和计算体系，为欧元的运作做准备。1998 年 12 月 22 日，欧洲中央银行帮助 11 个成员国实现了中央银行利率联合下调 3%。这次政策声明杜绝了关于欧洲中央银行一旦取得欧洲经济与货币联盟下的所有实权后将会做出什么投机的猜测。1999 年 1 月 1 日，传统货币对欧元最终不可撤销的集中比例被正式公布（见表 2－2）。

表 2－2　11 个欧盟国家传统货币形式的欧元价值

国家	等值于 1 欧元的货币
奥地利	13. 7603 先令
比利时	40. 3399 法郎
芬兰	5. 54973 芬兰马克
法国	6. 55957 法郎
德国	1. 95583 德国马克

续表

国家	等值于1欧元的货币
爱尔兰	0.787564爱尔兰镑
意大利	1936.27里拉
卢森堡	40.3399法郎
荷兰	2.20371盾
葡萄牙	200.482埃斯库多
西班牙	166.386比塞塔

这种转换在外汇市场交易以及欧洲经济与货币联盟的支付和结算体系的操作中得以顺利实现。欧盟成员国的金融市场以欧元代替它们国家的传统货币后，重新命名了所有的金融证券和金融工具。以欧元标明面值的新债券市场逐渐兴起，而且出现了欧盟内部公司间的跨国合并和收购趋势。实现货币联盟的最后一步就是引进欧元纸币和硬币，撤销各国传统货币的纸币和硬币。这一进程于2002年1月1日开始，到2002年7月1日结束。

欧洲货币一体化进程的完成和欧元的诞生，是具有里程碑意义的事件，不仅对欧盟的政治经济产生了巨大影响，也对世界其他国家的政治经济以及国际金融市场、国际货币体系产生了重大影响。

本章小结

（1）国际货币体系是指对国际政策协调过程中一些基本问题所进行的制度安排。国际货币体系最基本的分类标准包括汇率制度和货币本位。国际货币体系的形成既可以是经济交往中自发形成的一些国际规则，也可以是在短期内通过协商制定的国际准则。

（2）国际金本位制是指各国普遍采用以金本位制为基础的国际货币体系。国际金本位制的特点是“三自原则”，即黄金自由铸造、自由兑换和资源自由输出入。国际金本位制下经济内外均衡的调节机制是价格—铸币机制，但这一调节机制有其特定的历史条件。

（3）二战后建立起来的国际货币体系是布雷顿森林体系，其主要内容可以概括为“双挂钩”制度，即美元和黄金挂钩，其他各国货币和美元挂钩。

（4）现行的国际货币体系被称为“牙买加体系”。该体系是对布雷顿森林体系改革的结果，主要内容有黄金的非货币化、固定汇率和浮动汇率并存、确定特别提款权为储备资产以及资金融通问题。

（5）欧洲货币一体化进程是最令人瞩目的通货区实验。欧共体各成员国于 1991 年签署了《马约》，该条约的签订对欧洲货币一体化进程具有里程碑意义，同时也是国际货币体系发展史上的一个重要事件。

复习思考题

1. 什么是国际货币体系？它有哪些分类标准？其核心问题是什么？
2. 金本位制的内容是什么？
3. 布雷顿森林体系的内容、特点和崩溃的原因是什么？
4. 价格—铸币机制的主要内容是什么？保证其运行的前提条件有哪些？
5. 牙买加体系是如何根据现今的历史条件解决内外均衡实现问题的？
6. 简述欧洲货币体系的主要内容以及欧洲货币一体化的进程。
7. 试分析欧元对未来国际货币体系的影响。

进一步阅读文献

1. 保罗 · R. 克鲁格曼，莫里斯 · 奥伯斯法尔德，马克 · J. 梅里兹. 国际经济学：理论与政策[M]. 丁凯，等译. 10 版. 北京：中国人民大学出版社，2016.

2. 姜波克. 国际金融新编[M]. 6 版. 上海：复旦大学出版社，2018.

第二篇
外汇市场

外汇市场是国际金融学的微观基础，本篇首先详细解释了外汇和汇率的概念，其次介绍了离岸金融市场，最后在此基础上对外汇衍生市场进行了全面分析。这部分内容是国际金融学极具技术性的内容，对学生以后的工作有直接帮助。为了确保与中国经济的密切联系，本篇还加入了大量关于中国外汇市场发展状况的详细介绍。

第三章　外汇与外汇市场

本章要点

◎什么是外汇和汇率？为什么汇率存在两种表示方法？

◎外汇市场交易的重要性有哪些？

◎如何计算即期交叉汇率？

◎如何理解中国外汇市场的发展历史？

本章首先介绍了外汇和汇率、汇率的分类等基本概念；其次介绍了外汇市场交易的特点和外汇市场产生的原因，并探讨了即期交叉汇率的计算方法；最后介绍了中国外汇市场的发展情况，为后几章衍生产品市场工具的分析做铺垫。

第一节　外汇与汇率

一、外汇的概念

外汇的概念有动态和静态之分。动态的外汇是指把一国货币兑换为另一国货币以清偿国际债务的一种金融活动；人们通常所说的外汇是指静态外汇，静态外汇又可以从以下两个方面来进行划分。

（一）广义的外汇

广义的外汇泛指一切对外的金融资产。《中华人民共和国外汇管理条例》第三条规定，外汇是指以外币表示的可以用作国际清偿的支付手段和资产，具体包括：

（1）外国货币，包括纸币、铸币；

（2）外币支付凭证，包括票据、银行存款凭证、公司债券、股票等；

（3）外币有价证券，包括政府债券、公司债券、股票等；

（4）特别提款权、欧洲货币单位；

（5）其他外汇资产。

（二）狭义的外汇

狭义的外汇是指以外币表示的用于国际结算的支付手段。狭义的外汇必须具备三个特征。

（1）必须具有国际性，即必须是以外币表示的金融资产，而以本币表示的金融资产就不是外汇。

（2）必须具有可兑换性，即持有者可自由地将其兑换成其他货币表示的支付手段。

（3）必须具有可偿付性，即在国外能被普遍认可，人们承认其代表一定的价值。

在理解外汇的概念时，应注意以下两点：第一，狭义外汇与外币的区别；第二，广义外汇与狭义外汇的区别，如外汇储备中的黄金储备，属于广义外汇的范畴。

二、汇率标价法

假定一个中国人准备到美国留学，他必须首先把人民币兑换成美元，那么多少人民币可以兑换 1 美元呢？这就是兑换比率，也称为汇率（foreign exchange rate），即以一定单位的一国货币与一定数量的另一国货币相交换的量的比率关系。汇率代表的是一个价格，是以一国货币表示的另一国货币的价格。

当我们到超市购物时，会看到中国超市里商品的价值都是用人民币来衡量的，如 1 瓶啤酒 =3.5 元人民币。我们到饭店吃面条，会问：一碗面多少钱？而不是问：1 元人民币可以买多少面？但由于汇率是两种货币之间的交换比率，是两种货币之间的比价，所以既可以用本币来衡量外币的价值，也可以用外币来衡量本币的价值，即汇率有两种标价方法。

一种是直接标价法，是指用本国货币来表示外国货币的价格。比如，中国银行 2011 年 1 月 3 日人民币对美元外汇牌价是：100 USD = 662.27CNY[①]，即 100 美元的价格为 662.27 元人民币。

另一种是间接标价法，是指用外国货币来表示本国货币的价格，或者说用一定数量的外国货币来表示一定单位的本国货币的价格。比如，国家外汇管理局标出的外汇牌价是：100CNY = 12.326 USD，即用 12.326 美元来表示 100 元本国货币（人民币）的价格，这就是间接标价法。间接标价法下的数值与直接标价法下的数值互为倒数。

用其他国家的货币表示美元的价格，即以一定单位的美元为标准来计算应该兑换多少他国货币，这种标价方法被称为"美元标价法"，称为"纽约标价法"。在美元标价法下，各国均以美元为基准来衡量各国货币的价值；而进行非美元外汇买卖时，则是根据各自对美元的比率套算出买卖双方货币的汇价。除英镑、欧元、澳大利亚元外，国际外汇市场上的外汇标价多采用美元标价法。

三、汇率的种类

（一）按外汇管制的松紧程度来划分

按外汇管制的松紧程度可将汇率分为官方汇率（official rate，也称"法定汇率"）和市场汇率（market rate）。

（1）官方汇率，主要是指官方（如财政部、中央银行或经指定的外汇专业银行）所规定的汇率。外汇管制比较严格的国家通常会禁止自由市场的存在，因而没有市场汇率，官方汇率就是实际汇率。

（2）市场汇率，是指在外汇市场上买卖外汇的实际汇率。外汇管制较宽松的国家，官方汇率往往只是形式，外汇交易均按市场汇率进行。

（二）按外汇资金性质和用途来划分

按外汇资金性质和用途可将汇率分为贸易汇率（commercial rate）和金融汇率（financial rate）。

（1）贸易汇率，是指专门用于进出口贸易货价及从属费用的计价、交

---

① USD 是美元的货币代码，CNY 是人民币的货币代码。

易、结算和结汇的汇率。

（2）金融汇率，是指在国际资金流动、国际旅游业及其他国际非贸易性收支的计算和结汇时所使用的汇率。

【专栏 3-1】

人民币汇率变化简史

由于20世纪70年代初美元的贬值，中国于1972年对人民币汇率进行了调整，1美元可兑换2.2元人民币；到1980年，又调整为\$1 = ¥1.5。但人民币币值上升不利于外汇收支的平衡。为了调动外贸企业出口的积极性，自1981年起中国的汇率体制开始转为双重汇率制。对外公布的外汇牌价分为非贸易汇率与贸易汇率两种，非贸易汇率为\$1 = ¥1.5，贸易汇率为\$1 = ¥2.8。但由于实行双重汇率制不符合国际规范，加之国际货币基金组织要求成员国统一汇率，所以到1985年以后，中国取消了贸易与金融的双重汇率制。1986年，国家允许外汇额度参与调剂，并逐步放松调剂价格管制，由此逐步形成了官方汇率与调剂汇率并存的新双轨制。

1994年，国家外汇体制改革的总体目标是“改革外汇管理体制，建立以市场供求为基础的、单一的、有管理的浮动汇率制度和统一规范的外汇市场，逐步使人民币成为可兑换的货币”。具体包括以下三项措施。第一，实行以市场供求为基础的、单一的、有管理的浮动汇率制。1994年1月1日开始实行人民币官方汇率与外汇调剂价格并轨。第二，实行银行结售汇制，取消外汇留成和上缴。第三，建立全国统一的、规范的银行间外汇交易市场，中国人民银行通过参与该市场交易管理人民币汇率，人民币对外公布的汇率就是该市场所形成的汇率。

2005年，中国人民银行宣布从当年7月21日起，正式在我国开始实行以市场供求为基础、参考一篮子货币进行调节、有管理的浮动汇率制度。人民币汇率从此不再钉住单一美元，中国人民银行将于每个工作日闭市后公布当日银行间外汇市场美元等交易货币对人民币汇率的收盘价，作为下一个工作日该货币对人民币交易的中间价格。

2014 年，中国人民银行宣布自当年 3 月 17 日起，银行间即期外汇市场人民币对美元交易价浮动幅度由1%扩大至2%，即每日银行间即期外汇市场人民币对美元的交易价可在中国外汇交易中心对外公布的当日人民币对美元中间价上下2%的幅度内浮动。外汇指定银行为客户提供的当日美元最高现汇卖出价与最低现汇买入价之差不得超过当日汇率中间价的幅度由2%扩大至3%，人民币汇率双向浮动弹性进一步增强。

2015 年 8 月 11 日，中国人民银行进一步推动人民币汇率的市场化改革，宣布调整人民币对美元汇率中间价报价机制，做市商参考上日银行间外汇市场收盘汇率，综合考虑外汇供求情况以及国际主要货币汇率变化向中国外汇交易中心提供中间价报价。这一改革，使得人民币对美元汇率中间价更能真实反映外汇市场供求变化。

资料来源：朱新蓉．货币金融学［M］．4 版．北京：中国金融出版社，2015：129。

（三）按金融机构报价来划分

按金融机构报价可将汇率分为买入汇率、卖出汇率与中间汇率。商业银行等金融机构既是一国的最大债务人，也是一国的最大债权人。商业银行等金融机构买卖外汇的目的是追求利润，方法就是贱买贵卖，赚取买卖差价，商业银行等机构买进外币时所依据的汇率叫“买入汇率”（buying rate），也称“买价”；卖出外币时所依据的汇率叫“卖出汇率”（selling rate），也称“卖价”。卖出汇率与买入汇率相差的幅度一般在 1‰～5‰，各国不尽相同，卖价与买价之间的差额即商业银行买卖外汇的利润。买入汇率与卖出汇率相加除以 2，则为中间汇率（medial rate）。

【专栏3-2】

人民币汇率中间价

人民币对美元汇率中间价的形成方式为：中国外汇交易中心于每日银行间外汇市场开盘前向外汇市场做市商询价，并将全部做市商报价作为人民币对美元汇率中间价的计算样本，去掉最高报价和最低报价后，将剩余做市商报价加权平均，得到当日人民币对美元汇率中间价，权重由交易中心根据报价方在银行间外汇市场的交易量及报价情况等指标综合确定。

人民币对欧元、日元、英镑和港元汇率中间价由交易中心分别根据当日人民币对美元汇率中间价与上午9时国际外汇市场欧元、日元、英镑和港元对美元汇率套算确定。

人民币对马来西亚林吉特、俄罗斯卢布汇率中间价的形成方式为：交易中心于每日银行间外汇市场开盘前向银行间外汇市场相应币种的做市商询价，将做市商报价平均，得到当日人民币对马来西亚林吉特、俄罗斯卢布汇率中间价。

2020年11月13日中国货币市场网公布的人民币汇率中间价见表3-1。

表3-1　2020年11月13日9时15分人民币汇率中间价

货币	中间价
美元/人民币	6.6285
港元/人民币	0.85485
100日元/人民币	6.3069
欧元/人民币	7.8257
英镑/人民币	8.6973
人民币/马来西亚林吉特	0.62309
人民币/俄罗斯卢布	11.6481

中国货币市场网还给出了2020年10月人民币月平均汇率（见表3-2）及其计算规则。

表 3－2　2020 年 10 月人民币月平均汇率

货币	中间价
美元/人民币	6.7111
港元/人民币	0.86592
100 日元/人民币	6.3823
欧元/人民币	7.9009
英镑/人民币	8.7189
人民币/马来西亚林吉特	0.61860
人民币/俄罗斯卢布	11.5283

根据中国人民银行规定，人民币对美元、欧元、日元、港元、英镑、马来西亚林吉特及俄罗斯卢布的月平均汇率按照式（3－1）计算：

$$\bar{R}_{\text{currency}} = \frac{1}{n}\left(\sum_{1}^{n} r_n\right) \tag{3－1}$$

其中，$\bar{R}$ 为月平均汇率；currency 代表美元、欧元、日元、港元、英镑、马来西亚林吉特及俄罗斯卢布；n 为交易日；r_n 为该货币的第 n 个交易日的中间价。

资料来源：中国货币市场网（http：//www.chinamoney.com.cn/chinese/bkccpr/）。

（四）按外汇买卖的交割期限来划分

按外汇买卖的交割期限可将汇率分为即期汇率与远期汇率。外汇买卖的交割是指购买外汇者付出本国货币、出售外汇者付出外汇的行为。

（1）即期汇率又称“现汇汇率”，是指买卖双方成交后，在两个营业日内办理外汇交割时所用的汇率。

（2）远期汇率又称“期汇汇率”，是指买卖双方事先约定的，据以在未来的一定日期进行外汇交割的汇率。

由于交割日期不同，所以汇率有所不同。

第二节　外汇市场交易

国际经济往来会产生国家间的债权债务关系，进而产生国家间的货币结算与货币收付关系。由于各国货币制度不同，想要让国际清算顺利进行，就必须解决各国不同货币间的兑换问题，即不同货币间的买卖问题。外汇市场就是外汇买卖的交易场所或交易网络。

一、外汇市场概述

（一）外汇市场的产生与发展

外汇市场起源于1973年，而外汇交易却可追溯到中世纪的中东地区，当时该地区的商人已经开始使用票据作为可转换的第三方资金付款单(transferable third - party payments)。从19世纪70年代到1918年第一次世界大战结束期间，在国际经济体系中金汇兑本位制占据了主导地位。在金汇兑本位制下，货币在黄金价格的支持下达到新的稳定阶段。但是，金汇兑本位制也有许多缺点。随着一国经济实力的增强，该国会从国外大量进口商品，直至耗尽支撑该国币值所需的黄金储备，导致该国货币供给量减少，利率上升，经济进入衰退。最终，商品物价跌至谷底，从而对其他国家的吸引力增强，该国出口量开始增长。黄金重新流入该国，该国货币供给量增加，利率下降，经济重新驶入增长轨道。此类“繁荣—衰退”模式（物价—现金流动机制）贯穿整个金汇兑本位制时代，直到第一次世界大战的爆发打断了贸易流通和黄金的自由流动。在第一次世界大战结束之前，外汇市场交易并不是很活跃，外汇市场本身也较为稳定。然而，第一次世界大战后外汇市场的波动性显著增强，投机活动也呈现出迅猛增长态势。此后从1931年到1973年，外汇市场经历了一系列的变化。

1944年7月，《布雷顿森林协定》决定国际货币基金组织成员国货币与美元保持稳定的汇率，并确定35美元兑换1盎司黄金，美元可自由兑换为黄金，美元由此成为关键货币。该协定的目的是抑制由金汇兑本位制造成的经济大起大落模式而引发的经济不稳定，旨在维护稳定的国际经济金融秩序和消除外汇市场的动荡。签约国约定本国货币对美元仅在一个狭窄的幅度内波动，禁止各国通过货币贬值获取贸易利益。但二战后的经济繁荣以及外汇市场上的巨额资本流动使《布雷顿森林协定》所确立的汇率关系受到了冲击。

1971 年，美元对黄金贬值 7.8%；1973 年，美元对黄金再次贬值 10.0%，但美元的再度贬值未能阻止美元危机，西方国家经过协商，决定放弃固定汇率制度改为实行浮动汇率制度。汇率将主要由外汇市场上的货币供给量和需求量调控。目前，主要货币的变动与其他货币的变动不再有关联。汇率的波动吸引了众多参与者进入外汇市场交易，中央银行偶尔会干预汇率水平，但驱动外汇市场的潜在因素主要是供给与需求。汇率的波动使外汇市场获得了迅猛发展。

20 世纪 70 年代初以来，外汇市场在规模、结构和运行上都发生了巨大变化。这种变化也是全球经济结构和金融系统发生的结构性改变所导致的。全球金融市场发生的主要变化有以下几个方面。

（1）国际货币体系已从固定汇率体系转向灵活或浮动的汇率体系。在新的国际货币体系下，各国可以选择使其汇率浮动或者实行其他的汇率制度。世界各国纷纷放松对金融交易的政府管制，国际金融交易开始走向自由化。

（2）储蓄和投资开始转向机构化和国际化。现在，基金经理和机构拥有非常庞大的资金可投资于外汇市场。

（3）多边贸易协定推动了贸易自由化进程，如北美自由贸易协定（NAFTA）。

（4）技术进步使全球市场信息的实时传输成为可能，同时交易变得非常便捷，瞬间即可完成。

（5）新的金融工具不断涌现，金融与经济的理论研究不断发展。

所有这些变化促进了外汇市场的自由化以及国与国之间的合作，提高了交易的效率与市场的有效性，完善了市场交易技术和工具。当前的外汇市场的特点是规模较大、流动性较强。国际清算银行在其发布的报告中指出，2007 年 4 月传统的外汇交易日成交量超过了 3.2 万亿美元，此后，全球外汇市场日均交易量持续增长。《欧元杂志》的年度外汇民意调查结果显示，2008年外汇成交量较2007年增长41%。而到2010年底，全球外汇交易日成交量已逾3.8万亿美元，远远超过了全球贸易额。

（二）外汇市场产生的原因

外汇市场都是用某种货币表示其他货币的价格。一般来讲，一国只使用本国货币作为一般等价物和计价手段。《中华人民共和国中国人民银行法》第十六条规定："中华人民共和国的法定货币是人民币。以人民币支付中华人民共和国境内的一切公共的和私人的债务，任何单位和个人不得拒收。"也就是说，一种货币的使用是与国家联系在一起的。这就为外汇市场的出现创造了必要条件。

假定中国一个出口商出口商品到欧洲某国，中国出口商只接收美元，欧洲进口商只有欧元。要达成这笔交易，欧洲进口商就需要在外汇市场上把欧元兑换成美元。当中国出口商获得美元后，必须把美元兑换成人民币才能支付本国工作人员的工资，在中国购买生产出口品所需的原材料。即出口商仍然需要在外汇市场上把外币兑换成本国货币。

此外，对外投资也需要把本国货币兑换成他国或国际通用货币，这就形成了为进行投资而产生的外汇市场交易。

随着20世纪70年代浮动汇率制度的出现，汇率大幅度波动，外汇交易者面临着巨大的汇率风险，迫切需要外汇市场来为其提供保值的场所。中国于2005年对汇率制度进行了重大改革，扩大了人民币对其他货币的汇率波动区间，而中国对外贸易和对外投资规模较大，需要外汇市场为跨国企业等提供规避外汇风险的工具和手段。

从交易量等方面来看，外汇市场是全球最大的市场，也是全球最重要的市场之一。全球每天外汇交易量远远超过全球每天的资本市场交易量。在经济全球化和金融一体化的当今世界，外汇市场的发达程度反映了一国经济金融的发达程度，从而决定了一国在未来世界经济金融领域的地位。

（三）外汇市场的特点

1. 外汇市场主要是场外市场

也就是说，没有一个具体的场所供外汇交易者进行交易。相反，交易者主要通过电话、电传及网络等方式达成交易。当然，外汇交易也可以在场内进行。中国外汇交易中心是一个有形与无形相结合的外汇市场。

2. 外汇市场是一个24小时不停运转的市场

当一个外汇市场关闭时，另一个外汇市场就开始运行或仍在交易了，见图3－1。

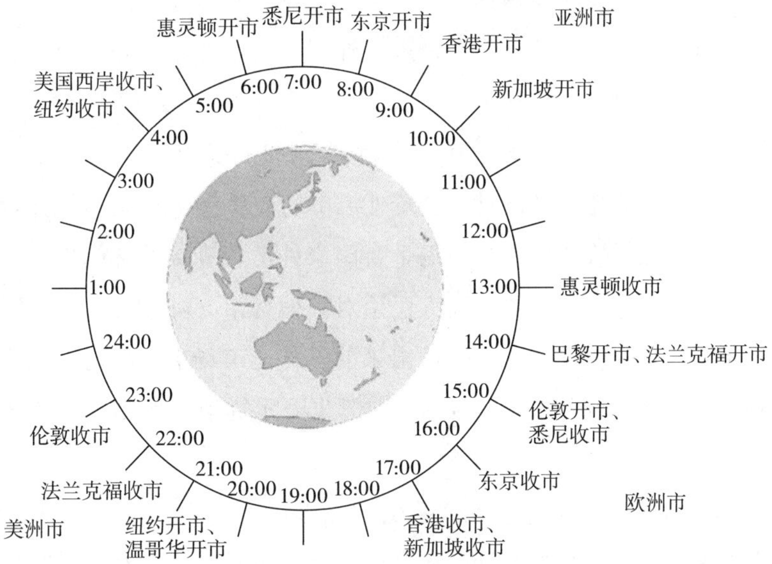

图3－1 世界主要汇市交易时间（北京时间）

由图3－1可以看出，从北京时间5:00起，惠灵顿、悉尼汇市开市，然后东京、香港、新加坡等相继开市；14:00起，欧洲的巴黎、法兰克福、伦敦等也相继开市；至21:00，北美的纽约、温哥华也开市运转，直到第二天4:00北美收市，外汇市场就是这样周而复始地不停运转着。

目前，按日均交易量的大小形成了以下几个大的外汇市场。首先是伦敦外汇市场。伦敦外汇市场的参与者主要是经营外汇业务的银行及外国银行分行、外汇经纪商、其他经营外汇业务的非银行金融机构和英格兰银行等。以北京时间为准，伦敦外汇市场的交易时间从 15:00 至次日的1:00。伦敦外汇市场上的交易货币几乎包括所有的可兑换货币，规模最大的是英镑对美元的交易，英镑对欧元、瑞士法郎、日元的交易次之。其次是纽约外汇市场。纽约外汇市场是全球最活跃、汇价波动最大也是最主要的外汇市场，纽约外汇市场的参与者主要是位于纽约的美国大商业银行、外国银行在纽约的分支行以及一些专业的外汇经纪商。纽约外汇市场不仅是美国国内外汇交易的中心，也是重要的国际性外汇市场。以北京时间为准，交易时间由 21:00 至次日 4:00。纽约外汇市场是除美元以外所有货币的第二大交易市场，这些货币所占的交易比重由大到小依次是欧元、英镑、瑞士法郎、加拿大元、日元等。最后是东京外汇市场、苏黎世外汇市场、新加坡外汇市场和香港外汇市场等。

3. 外汇市场主要采取以美元为中心的报价方法

按照国际清算银行的统计，全球外汇市场交易中 90% 的可兑换货币与美元有关。比如，在中国外汇市场上，国家外汇管理局等部门根据实际情况只给出美元对人民币价格，而人民币对其他货币（如欧元、日元等）的比价是通过各自对美元的比价套算出来的。外汇市场上一般把一国或地区货币对美元的比价叫作“基准汇率”，把非美元货币间的比价称为“套算汇率”或“交叉汇率”。

4. 外汇市场上的交易主体是做市商[①]

根据国际清算银行的统计，在全球，所有外汇交易的 85% 是在做市商之间进行的，而源于真实商业需要的外汇交易不到 15%。外汇市场上大的

① 金融市场有两种交易模式:做市商模式(dealership mode)和以集中竞价为特征的拍卖模式(auction mode)。做市商(market makers)主要是大的银行等金融机构,它们是外汇市场上的组织者和领导者。其主要业务是为买方及卖方进行报价,本身则从买卖差价中获利。因为外汇市场主要是场外市场。做市商类似商品市场上的杂货店,杂货店老板从商品经销商处购入商品,然后把它们销售给最终用户。对于经销商而言,他们所关心的并不是商品本身,而是商品买卖的价差。经销商的媒介作用在于实现商品流通。外汇市场上所实行的做市商制度就类似商品市场上的杂货店制度。做市商不仅买卖外汇,还创造价格。从这里也可以看出,一国银行体系本身不创造价值,银行的利润是一种交易费用。银行利润越大,社会的交易费用越大。一国或地区的 GDP 可分为好的 GDP 和坏的 GDP 两种。坏的 GDP 就是指在 GDP 的构成中,交易费用占比较大。当我们看到新闻报道说某国家政府采取措施限制金融高官的薪酬时,其实是该国政府在采取措施控制社会的交易费用。

交易者主要是银行等金融机构。金融学理论告诉我们，一个社会存在两类人，一类人有余钱但没有投资机会，另一类人缺钱但有投资机会。如何调剂资金余缺呢？在类似中国这样的发展中国家，向银行借款是主要的融资方式。银行既是全社会最大的债务人，也是全社会最大的债权人。或者说银行是一个高级串串（吃过四川串串香的读者应该有体会），它把有余钱的人和缺钱的人串起来，这在金融学上称为“间接融资”。按照美国著名经济学家斯蒂芬·罗斯（Stephen Ross）的观点：“资金从储蓄者到借款者的转移，至少有三种不同的方式，一是直接融资，二是半直接融资，三是间接融资。”所谓“半直接融资”就是“由证券经纪人或交易商协助的金融交易”。外汇市场的交易主要是在交易商协助下实现的货币兑换，属于半直接融资性质。外汇交易主要实行做市商制度，而这种制度就是在以柜台交易为主的外汇市场交易条件下最主要的交易制度，也被实践证明是目前外汇交易最理想的形式。

做市商制度主要有三个作用。一是做市。如果外汇市场出现了过度投机，那么做市商可以通过在市场上采取与其他投资者相反的外汇操作维持价格的稳定，进而降低外汇市场的泡沫成分。二是造市。外汇市场的做市商有时也被称为“造市商”。当外汇市场过于沉寂、交易不活跃时，做市商可以通过在市场上人为地买进、卖出外汇或外汇衍生品活跃外汇市场，带动外汇市场上的人气，增强外汇市场的流动性。三是监市。在外汇做市商行使其权利、履行其义务的同时，可能通过业务活动监控市场的变化，以便及时发现异常并进行纠正，从而为中央银行的公开市场业务和货币政策的执行提供科学的决策依据。外汇市场上大的做市商主要是银行等金融机构，它们从事外汇市场交易的主要目的是吃差价，所以外汇市场上银行等交易商一般是双向报价。比如，在直接标价法下，交易商报出的人民币对美元汇率是：CNY/USD = 6.5885/95。前面较小的数 6.5885 表示交易商买入 1 美元给投资者是 6.5885 元人民币［买入价（bid）］。站在报价者的立场来看，买入价即报价银行或外汇做市商在报价当时愿意买入被报价货币的最高价位。就询价者而言，报价银行所报出的买入价格代表询价者可以卖出被报价币的最高价位。后面较大的数 95 表示交易商卖出（或者是一般投资者向银行买入外币美元）1 美元所得到的人民币为 6.5895 元［卖价（offer）］。从报价者的立场来看，卖价即报价者或做市商在报价当时愿意卖出被报价币的最低价位。从询价者的立场来看，报价银行所报出的卖出价格是询价者可以买入被报价币的最低价位。

买卖之差就是交易商买卖 1 美元所获得的利润（假定没有其他交易费用）。差价的大小取决于交易货币的活跃程度、交易数量的大小等。在上述报价（CNY/USD = 6.5885/95）中，6.58 被称为“大数”（the big figure），是汇率的基本部分，通常不会被外汇交易员报出，因为外汇市场是一个稳定的市场，每天或几天的变化幅度不大。而汇率最后的两个数字被称为“小数”（the small figure），上述例子中交易商报出的买入价 6.5885 后面的 85 就被称为“小数”。而基点（pips 或 base points）是汇率变化的最小部分，通常也称“点”。在上述 5 位有效数字中，从右边向左边数过去，第一位称为“X 个（基本）点”，第二位称为“X 十个（基本）点”，第三位称为“X 百个（基本）点”，依此类推。

（四）交叉汇率的计算方法

我们在介绍外汇市场报价时强调了全球外汇市场上 90% 的可兑换货币交易与美元有关，而非美元货币间的价格是通过各自与美元的价格套算出来的。外汇市场采用这种标价方法有两个原因。第一个原因是复杂性问题。中国银行报出的 2020 年 11 月 13 日外汇牌价见表 3 – 3。由表 3 – 3 可以看出，中国银行只报出各种外汇与人民币之间的价格，而且使用的是直接标价方法，用人民币表示单位外币的价格。中国银行没有给出英镑与其他外汇如英镑对港元或欧元、美元的价格。第二个原因是这种报价方法避免了三角套汇。如果所有货币都能直接相互交易，那么根据美元对人民币的汇率与英镑对美元的汇率可以套算出英镑对人民币的汇率。如果这种三角汇率与外汇市场上直接报出的英镑对人民币汇率差别大到足以弥补交易费用，那么就存在有利可图的套利机会。

表 3-3　2020 年 11 月 13 日中国银行的外汇牌价　　单位：元

货币名称	现汇买入价	现钞买入价	现汇卖出价	现钞卖出价	中行折算价
英镑	866.24	839.32	872.62	876.48	869.73
港元	85.03	84.36	85.37	85.37	85.49
美元	659.36	653.99	662.15	662.15	662.85
瑞士法郎	720.31	698.08	725.37	728.48	724.68
新加坡元	488.38	473.31	491.82	494.27	491.35
瑞典克朗	75.78	73.44	76.38	76.75	76.71
丹麦克朗	104.47	101.25	105.31	105.81	105.11
挪威克朗	71.93	69.71	72.51	72.86	72.25
日元	6.2882	6.0928	6.3345	6.3442	6.3069
加拿大元	500.90	485.09	504.60	506.82	504.40
澳大利亚元	477.23	462.40	480.74	482.87	479.55
欧元	778.53	754.34	784.27	786.79	782.57

资料来源：中国银行官网。

交叉汇率的具体计算方法如下。

第一，假定只存在中间汇率，不存在买卖差价的情况。

比如：£ 1 = $ 1.256，$ 1 = ¥6.658，则£ 1 = 1.256 × 6.658 = ¥8.362。

第二，存在买卖差价情况下的交叉汇率计算方法。

例 3-1　假定中国外汇市场上有一做市商报出了以下两个价格：

£ 1 = $ 1.2554/65；$ 1 = ¥6.6558/78。

那么如何计算以英镑为基准货币、以人民币为标价货币的买卖价格呢？

第一，计算做市商买进 1 英镑的价格。如果交易商想盈利，就必须符合低买高卖的市场法则。按照其他做市商给定的两个价格，既然要买进英镑，我们假定交易商持有 1 元人民币，首先低价买进美元（或者买的美元越多越好），可得 $\frac{1}{6.6558}$ 美元；其次按照£ 1 = $ 1.2554 的价格用 $\frac{1}{6.6558}$ 美元买进越多越好的英镑，得 $\frac{1}{6.6558 \times 1.2554}$ 英镑。由于我们的计算是以英镑为基准货币、以人民币为标价货币的买入价，所以可得英镑买入价: $6.6558 \times 1.2554 = 8.3557$。

第二，计算卖出1英镑的人民币价格，或者称为以英镑为基准货币、以人民币为标价货币的卖出价格。作为交易商，他如果想盈利，就必须符合低买高卖的市场法则。按照其他做市商给定的两个价格，交易商首先用1英镑高价卖出，所以以1.2565美元价格成交对他最有利；其次卖出美元，同样是卖出价格越高越好，所以以6.6578元人民币卖价最划算。由此得出英镑的卖出价格: $6.6578 \times 1.2565 = 8.3655$。

所以，交叉汇率为：£1 = ¥8.3557/8.3655。

例3－2 假定某外汇市场上一交易商报出以美元为基准货币、以丹麦克朗和瑞士法郎为标价货币的汇率如下：

1USD = 6.0342/6.0356 DKK；1USD = 1.2704/1.2709 CHF①。

现计算以瑞士法郎为基准货币、以丹麦克朗为标价货币的交叉汇率是多少？

第一步，计算买入价格。假定交易商持有1丹麦克朗，现用1丹麦克朗买入美元，根据低买高卖原则，结合另一交易商报价，可获得 $\frac{1}{6.0342}$ 美元。再用买入的 $\frac{1}{6.0342}$ 美元去买入瑞士法郎，买入 $\frac{1.2709}{6.0342}$ 瑞士法郎比买入 $\frac{1.2704}{6.0342}$ 瑞士法郎划算，所以得到 $1\text{DKK} = \frac{1.2709}{6.0342}\text{CHF}$。以瑞士法郎为基准货币、以丹麦克朗为标价货币的买入价格为: $1\text{CHF} = \frac{6.0342}{1.2709}\text{DKK} = 4.7480\text{DKK}$。

第二步，计算卖出价格。现在假设交易商持有1瑞士法郎。按照外汇市场上另一交易商的报价，并且依据卖的价格越高越好这一市场原则，首先把1瑞士法郎换成美元，得 $\frac{1}{1.2704}$ 美元；其次把 $\frac{1}{1.2704}$ 美元换成丹麦克朗，得 $\frac{6.0356}{1.2704}$ 丹麦克朗。因此，以瑞士法郎为基准货币、以丹麦克朗为

① DKK是丹麦克朗的货币代码,CHF是瑞士法郎的货币代码。

标价货币的卖出价格为：$1CHF = \frac{6.0356}{1.2704} = 4.7509DKK$。

最终我们得到以瑞士法郎为基准货币、以丹麦克朗为标价货币的买卖价格为：1CHF = 4.7480/4.7509DKK。

第三节　中国外汇市场的发展概况

中国外汇市场经历了从分散的外汇调剂市场到集中统一的外汇市场的发展过程。如今，中国外汇市场已趋于成熟。市场参与者逐步增加，市场交易工具逐渐增多，外汇远期、外汇掉期、人民币利率互换、人民币远期利率协议等都有所发展。具体发展历程简介如下。

一、中国外汇市场的建立

（一）外汇调剂市场的产生与发展

1979 年以前，中国是一个高度集中和封闭的计划经济体制国家，一切外汇收入都必须按照官方汇率出售给国家，一切外汇支出必须在国家计划范围内，即国家实行外汇“统收统支、收支两条线，收支平衡、略有盈余”的管理制度。外汇市场实际上并不存在。1979 年后，我国为了调动企业创汇的积极性及增加国家的外汇收入，对外汇管理体制进行了改革，实行了外汇留成制。企业可以保留部分外汇收入，其余部分以官方汇率出售给国家。在实行外汇留成制度后，有的单位保留了过多的外汇，而有的单位需要用汇却无留成外汇或留成外汇不足，拟进行的外汇支付又不在国家计划安排之内，因而客观上产生了调剂余缺的需要。

为此，国务院于 1980 年 10 月批准开办外汇额度调剂业务，但仅限于中国银行在北京、天津、广州等几个大分行开办调剂业务，交易主体仅限于国内机关、部队、团体和企事业单位，形成了中国外汇市场的雏形。从 1986 年起，国家又允许外商投资企业之间进行外汇调剂，后又扩展到外商投资企业与国内企业之间的外汇调剂业务。

1985 年，深圳首先设立了外汇交易所，专门办理外汇调剂业务，不过只有柜台交易方式。1988 年，上海创办中国首家外汇调剂公开市场，把原来外汇调剂中心的柜台式交易改为竞价交易，允许价格浮动，体现了公开化、市场化的原则，提高了透明度。到 1993 年底，全国共建立了 108 家外汇调剂中心。外汇调剂中心的建立标志着中国外汇调剂市场的形成，并促进了外汇调剂业务的进一步发展。至此，全国已有 80% 的外汇资源由外汇市场配置。

（二）全国统一的外汇市场的形成

外汇调剂市场的建立和发展对于调剂外汇余缺、缓和外汇短缺矛盾、加速外汇资金流通、提高外汇资金使用效益都起到了积极的作用。但是，我们也必须看到，我国的外汇调剂市场仅仅一个初级形式的外汇市场，与国际规范化的、统一的外汇市场相比仍有较大差距。由于各地外汇调剂市场基本上都是按照行政区划设置的，难免存在地区分割、外汇资金的横向流通不畅等弊端。在汇率方面，不但官方汇率与外汇调剂市场汇率并存，而且由于各外汇调剂市场相对独立，各自形成的调剂汇率同样存在差别，客观上形成了多种汇率并存的现象。

长期以来，国际上无论是国际货币基金组织还是关税及贸易总协定（GATT）都认为中国的汇率政策是一种歧视性政策，而中国的汇率政策也成为中国“复关”的障碍之一。因此，为了尽快恢复中国在 GATT 中的缔约国地位，以及充分发挥市场机制的作用并促进中国外汇市场的发展，中国人民银行决定从 1994 年 1 月 1 日起对外汇体制进行改革。这次外汇体制改革实现了汇率并轨，将官方汇率并为外汇调剂市场汇率，同时取消了外汇留成和上缴制度，实行银行结售汇制，实现了经常项目下人民币可兑换。

1994 年 2 月，中国外汇交易中心在上海正式成立。各地原有的外汇调剂中心成为交易分中心，并与中国外汇交易中心实行联网交易。中国外汇交易中心的外汇交易实行分别报价、撮合成交的方式，采取价格优先、时间优先的竞价成交原则。以中国外汇交易中心为核心的银行间网络式的外汇市场包括两个市场：一是批发市场，即各会员银行在全国交易中心的交易市场，银行间外汇市场主要是为银行结售外汇头寸的平补服务；二是零售市场，即银行与客户间的外汇交易市场。

中国人民银行根据前一日银行间外汇市场交易的加权平均价，公布当日人民币对美元、日元和港元三种交易货币的基准汇率。各外汇指定银行以此为依据，在中国人民银行规定的汇率浮动范围（上下0.25%）内自行挂牌、买卖外汇。而银行间的外汇交易允许在公布汇率上下0.30%的幅度内浮动。同时，中国人民银行还在批发市场（中国外汇交易中心）上进行公开市场操作，由于中央银行是中国外汇交易中心的一个普通会员，其买卖外汇的干预行为带有一定的隐蔽性。

二、中国外汇市场的改革与发展

如上所述，中国外汇市场可被划分为两个层次。第一个层次是外汇零售市场，即外汇指定银行与客户之间的交易市场。在银行的柜台上，会出现为各种目的而需要进行外汇交易的企业和个人。目前，外汇指定银行可以为个人提供的业务有：个人结售汇、代客外汇买卖、代客境外理财等。在中国的外汇零售市场上，目前占比较大的是银行与企业间的结售汇交易，下面将着重对这一市场的发展情况做介绍。第二个层次是银行间外汇市场，是指经国家外汇管理局批准可以经营外汇业务的境内金融机构（包括银行、非银行金融机构、外资金融机构以及企业）间通过中国外汇交易中心进行外汇买卖而形成的交易市场。

（一）外汇零售市场的改革与发展

1. 从强制结售汇到意愿结售汇

强制结售汇制度，是指除国家规定的可以保留的外汇外，企业和个人必须将多余的外汇卖给外汇指定银行，外汇指定银行必须把高于国家外汇管理局批准头寸额度之外的外汇在银行间市场卖出。我国自1994年开始施行强制结售汇制度，强制结售汇制度的实施在改革开放初期为我国外汇储备的积累及经济增长做出了一定的贡献。但随着我国经济持续高速增长和国际收支顺差规模的不断扩大，强制结售汇制度带来的弊端越来越受到人们的重视。

在外汇市场上，强制结售汇制度使企业必须将手中外汇按要求的比例结汇，导致外汇市场形成无条件的外汇供给和有条件的外汇需求，使人民币升值压力增大，造成市场上外汇供大于求的局面。从货币政策操作角度来看，在强制结售汇制度下，央行需要买入商业银行售出的外汇，这导致外汇储备的不断增加，同时意味着基础货币的释放。为防止基础货币释放带来流动性过剩问题，央行又需要不断地通过公开市场操作回收资金，这就使央行货币政策的独立性受到很大的制约。

2007年8月13日，国家外汇管理局宣布，即日起境内机构可自行保留经常项目下的外汇收入。这意味着，企业第一次拥有了自主持有外汇的权利，无须按照政策的强制规定，将有限保留之外的外汇出售给国家。在中国实行了13年的强制结售汇制度正式退出了历史舞台，被意愿结售汇制度所取代。2008年8月，修订后的《中华人民共和国外汇管理条例》正式公布施行，明确企业和个人可以按规定保留外汇或者将外汇卖给银行。此后，涉及强制结售汇的规范性文件被宣布废止、失效或修订，实践中不再执行。业内人士认为，新政策的实施将进一步增强境内机构持有和使用外汇的自主性与便利性，有利于境内机构加强资金管理和促进国际收支平衡。从强制结售汇走向意愿结售汇，不仅是结售汇制度的改革，而且是储备制度和储备政策的进步，意味着中国开始扭转“以增长外汇储备为核心”的外汇政策，因此新政策的实施将促进实现真正的“藏汇于民”，这既是1994年以来整个外汇管理体制的重要变革，也是我国外汇管理体制改革迈出的重要一步。

2. 进一步改革远期结售汇业务

远期结售汇业务，是指外汇指定银行和境内机构签订远期结售汇合约，约定将来办理结汇或售汇的外汇币种、金额、汇率和期限，当发生外汇收支时，即按照该远期结售汇合约中确定的币种、金额、汇率办理结汇或售汇。它是企业和银行进行风险管理和资金管理的基本金融工具之一。

1997年，中国银行作为首家试点银行开始试办远期结售汇业务。2003年，试点扩大到中国农业银行、中国建设银行和中国工商银行。2004年，试点范围进一步扩大。2005年8月，中国人民银行再次扩大了开办远期结售汇业务的银行主体范围，放松了开办远期结售汇业务所应具备的资格条件；同时，扩大了远期结售汇的业务范围，规定银行可以为境内机构的全部经常项目交易和部分资本与金融项目交易办理远期结售汇业务。

目前，中国的远期结售汇以实需原则为基础。远期结售汇的币种可以是各种可自由兑换的货币，远期结售汇业务的期限结构、合约展期次数和汇率由银行自行确定。扩大远期结售汇业务范围，对于便利国内经济主体的汇率风险管理、扩大银行的服务范围、培育人民币对外币衍生产品市场等具有重要意义，是加强外汇市场基础建设、完善人民币汇率形成机制的一项重要举措。

3. 允许银行对客户开办掉期业务

从2005年8月2日起，凡获准办理远期结售汇业务6个月以上的银行，向国家外汇管理局备案后即可对客户办理不涉及利率的人民币与外币间的掉期业务。在人民币与外币掉期业务中，境内机构与银行需要在一前一后两个不同的日期，进行两次方向相反的本外币交易。在前一次交易中，境内机构用外汇按照约定汇率从银行换入人民币；在后一次交易中，该机构再用人民币按照约定汇率从银行换回外汇。上述交易也可以按相反的顺序办理。例如，某出口企业收到国外进口商支付的出口货款100万美元，该企业需将货款结汇成人民币用于国内支出，但同时该企业需进口原材料并于3个月后支付100万美元的货款。这样，该企业就可以与银行办理一笔即期对3个月远期的人民币与外币掉期业务：即期卖出100万美元，取得相应的人民币；3个月远期以人民币买入100万美元。通过上述交易，该企业可以轧平其中的资金缺口，达到规避风险的目的。

（二）银行间外汇市场的改革与发展

自1994年建立统一的银行间外汇市场以来，我国外汇市场保持了平稳的运行态势，总体呈现出供大于求的局面。自2005年7月21日起，我国对人民币汇率形成机制进行了改革，实行以市场供求为基础、参考一篮子货币进行调节、有管理的浮动汇率制度。中国人民银行和国家外汇管理局稳步推进人民币汇率机制改革，采取了一系列措施，促进了外汇市场的发展，放宽了汇价管理。汇率机制改革后，人民币汇率总体保持平稳波动，弹性逐渐增强。外汇市场参与主体不断增加，新产品相继推出，交易方式更加灵活，交易量显著增加。2008年，中国外汇市场交易额首次全面超过中国进出口贸易总额，显示出这个市场正逐渐由结售汇头寸平补市场向真正的交易市场发展。

1. 扩大外汇市场主体范围

2005年8月9日，中国人民银行印发了《关于加快发展外汇市场有关问题的通知》，决定推出有关改革措施，进一步推进我国银行间外汇市场的发展。在此之前，银行间外汇市场已运行11年，市场会员数量不断增加，但大多数会员为商业银行，同质性问题较为严重。截至2005年6月底，银行间外汇市场共有会员366家，包括国有商业银行4家、股份制商业银行11家、政策性银行3家、城市商业银行39家、商业银行的授权分行109家、外资银行179家、信托投资公司2家及农村信用联社19家。该通知扩大了即期外汇市场交易主体范围，允许符合条件的非银行金融机构和更多的非金融性企业进入银行间外汇市场。2008年12月6日，国家外汇管理局印发了《关于企业集团财务公司开展即期结售汇业务有关管理问题的通知》，明确规定了财务公司可以申请结售汇业务办理资格，包括申请办理财务公司自身的结售汇业务和对企业集团成员公司的结售汇业务。2015年9月，中国银行间外汇市场开始直接向境外央行（货币当局）和其他官方储备管理机构、国际金融组织、主权财富基金等境外央行类机构开放；2016年1月，向符合条件的人民币购售业务境外参加行开放；2016年9月，银行间外币拆借市场向境外机构开放。扩大外汇市场参与主体范围可以使外汇市场在价格发现、有效配置资源和管理风险上发挥更大的作用，有助于提升市场活跃度、促进外汇市场发展。扩大市场参与主体范围也是完善人民币汇率形成机制的重要举措。

2. 引入询价交易方式

为进一步深化外汇市场建设、为外汇市场主体提供多种可选择的交易模式，国家外汇管理局于2005年11月24日印发《关于在银行间外汇市场推出即期询价交易有关问题的通知》，决定从2006年1月4日起，在银行间外汇市场引入即期询价交易方式，同时保留竞价交易方式。询价交易方式，是指银行间外汇市场交易主体以双边授信为基础，通过自主双边询价、双边清算进行的外汇交易。在即期市场引入询价交易方式后，银行间市场即期会员可自主选择集中授信、集中清算的竞价交易方式或者双边授信、双边清算的询价交易方式。

询价交易是场外外汇市场（over the counter，OTC）的主流交易方式，场外外汇市场具有灵活、成本低、信用风险分散等优点，更好地适应了外汇市场主体多元化、需求多样化的特点，因而在国际外汇市场上得到了迅猛发展。

3. 改革人民币对美元汇率中间价的形成方式

在2005年7月21日人民币汇率形成机制改革实施后，中国人民银行于每个工作日闭市后公布当日银行间外汇市场美元等交易货币对人民币汇率的收盘价，作为下一个工作日该货币对人民币交易的中间价格。在引入询价交易方式后，人民币对美元汇率中间价的确定方式将改进为：中国外汇交易中心于每日银行间外汇市场开盘前向所有银行间外汇市场做市商询价，并将全部做市商报价作为人民币对美元汇率中间价的计算样本，在去掉最高报价和最低报价后，将剩余做市商报价加权平均，得到当日人民币对美元汇率中间价，权重由中国外汇交易中心根据报价方在银行间外汇市场的交易量及报价情况等指标综合确定。人民币对欧元、日元和港元汇率中间价由中国外汇交易中心分别根据当日人民币对美元汇率中间价与9:00国际外汇市场欧元、日元和港元对美元汇率套算确定。

自2006年1月4日起，中国人民银行授权中国外汇交易中心于每个工作日9:15对外公布当日人民币对美元、欧元、日元和港元汇率中间价，作为当日银行间即期外汇市场以及银行柜台交易汇率的中间价。

2014年，中国人民银行宣布自当年3月17日起，银行间即期外汇市场人民币对美元交易价浮动幅度由1%扩大至2%，即每日银行间即期外汇市场人民币对美元的交易价可在中国外汇交易中心对外公布的当日人民币对美元中间价上下2%的幅度浮动。外汇指定银行为客户提供的当日美元最高现汇卖出价与最低现汇买入价之差不得超过当日汇率中间价的幅度由2%扩大至3%，人民币汇率双向浮动弹性进一步增强。

2015年8月11日，中国人民银行进一步推动人民币汇率的市场化改革，宣布调整人民币对美元汇率中间价的报价机制，做市商参考上一日银行间外汇市场收盘汇率，综合考虑外汇供求情况以及国际主要货币汇率变化，向中国外汇交易中心提供中间价报价。这一改革，使人民币对美元汇率中间价更能真实反映外汇市场供求变化。

4. 引入做市商制度

从国际主要外汇市场情况来看，做市商在提供外汇市场的流动性、提高市场交易效率、转移和分担风险、促进市场发展等方面具有重要作用。2002年，我国银行间外汇市场在欧元和港元交易中引入了做市商制度。2005年11月24日，国家外汇管理局发布《银行间外汇市场做市商指引(暂行)》，决定在银行间外汇市场全面正式引入人民币对外币交易做市商制度。

5. 增加外汇市场交易品种和扩大业务范围

我国银行间外汇市场建立之初的交易品种为人民币对美元、港元和日元的即期交易。2002年4月1日，银行间外汇市场推出人民币对欧元交易。2006年8月1日，银行间外汇市场推出人民币对英镑交易，人民币对外币交易的币种增至5个，进一步便利了贸易结算，为市场提供了更多的平盘渠道。

2005年5月18日，我国银行间外汇市场正式推出外币与外币之间的8个“货币对”即期交易，为我国外汇市场新辟了一个外币买卖市场。八个“货币对”即期交易，包括欧元对美元、澳大利亚元对美元、英镑对美元、美元对瑞士法郎、美元对港元、美元对加拿大元、美元对日元和欧元对日元。“货币对”交易实行做市商报价驱动的竞价交易模式。做市商报出各“货币对”的买/卖报价，交易系统从中选取最优的买/卖报价并实时发布，同时将最优的做市商报价与会员银行的交易请求按照“价格优先、时间优先”的原则匹配，并将成交信息实时反馈给交易双方。系统支持点击报价、询价报价和订单报价。外币资金清算遵循“集中、差额”的原则。

在2005年7月21日汇率形成机制改革后，银行间外汇市场于当年8月15日推出外汇远期交易。外汇远期交易方式为询价交易，交易双方通过询价交易系统对交易的外币币种、金额、期限、汇率和交割安排等进行磋商，双边直接办理本外币资金清算。2006年4月24日，银行间外汇市场推出人民币与外币掉期交易，银行在取得人民币外汇远期会员资格 6 个月后自动获准在该市场上开展以套期保值和头寸结构调整为目的的人民币外汇掉期交易。交易和清算方式与人民币远期外汇交易相同。人民币外汇掉期交易推出后深受市场会员欢迎，交易量增长迅速。

中国人民银行于 2007 年 8 月印发了《关于在银行间外汇市场开办人民币外汇货币掉期业务有关问题的通知》，经过系统开发测试和货币掉期交易规则的制定，中国外汇交易中心人民币外汇货币掉期交易系统于当年 12 月 10 日正式上线，且运行平稳。货币掉期交易的推出有助于我国外汇市场形成即期、远期、外汇掉期及货币掉期等从基础到衍生品、从短期到长期衍生品的产品系列，有利于更好地为市场主体提供避险服务。

6. 调整结售汇头寸管理

2006 年初，对做市商施行权责发生制头寸管理试点，允许做市商将远期敞口纳入结售汇综合头寸管理，即银行对客户办理的远期结售汇和银行间远期交易形成的敞口都可以在签约时到即期外汇市场进行平盘。从 2006 年 7 月 1 日起，将权责发生制头寸管理原则推行至全部外汇指定银行。权责发生制头寸管理对进一步发展外汇市场，完善人民币对外币衍生产品交易机制，以及银行加强汇率风险防范、改进风险管理起到了积极作用。

7. 允许在银行间市场引入外汇经纪业务

《货币经纪公司外汇经纪业务管理暂行办法》的发布，规范了货币经纪公司外汇经纪业务，有利于提高衍生产品成交效率、节约银行的人力物力、增强外汇市场衍生产品流动性，也有利于保护商业秘密和维护市场价格的公平。

8. 推出新一代外汇交易系统，加强基础设施建设

作为配合人民币汇率形成机制改革的外汇市场基础设施建设之一，新一代外汇交易系统于 2007 年 4 月 9 日正式上线。新系统采用做市商报价驱动机制为市场提供流动性，可同时支持人民币外汇交易和外币对交易，扩展了竞价和询价交易模式下的交易方式，更好地满足了市场参与者交易的需求，实时反映市场最优报价，交易效率更高，同时也为今后推出其他交易产品预留了空间。

本章小结

(1) 外汇的概念有动态和静态之分。动态的外汇是指把一国货币兑换为另一国货币以清偿国际间债务的一种金融活动；人们通常所说的外汇是指静态外汇，静态外汇又可以从两个方面来进行划分。广义的外汇泛指一切对外的金融资产。狭义的外汇是指以外币表示的用于国际结算的支付手段。

(2) 汇率有两种标价方法。一种是直接标价法，是用本国货币来表示外国货币的价格。另一种是间接标价法，是用外国货币来表示本国货币的价格。

(3) 汇率有多种分类方法。按外汇管制的松紧程度来划分，可分为官方汇率（法定汇率）和市场汇率。按外汇资金性质和用途来划分，可分为贸易汇率和金融汇率。按金融机构报价来划分，可分为买入汇率、卖出汇率与中间汇率。按外汇买卖的交割期限来划分，可分为即期汇率与远期汇率。

(4) 外汇市场就是外汇买卖的交易场所或交易网络。中国外汇市场经历了从分散的外汇调剂市场到集中统一的外汇市场的发展过程。如今，中国外汇市场已趋于成熟。市场参与者逐步增加，市场交易工具逐渐增多，外汇远期、外汇掉期、人民币利率互换、人民币远期利率协议等都有所发展。

复习思考题

1. 为什么汇率存在两种表示方法?

2. 为什么银行买入现汇的价格比现钞的价格高?

3. 外汇市场的特点有哪些?

4. 如何计算交叉汇率?

5. 表3－4是2020年10月1日中国银行报出的外汇牌价，请根据表3－4计算英镑、港元、美元和瑞士法郎等各自的现汇买卖差价是多少?这些差价的不同主要受什么因素的影响?

表 3－4　2020 年 10 月 1 日中国银行的外汇牌价　　单位：元

货币名称	现汇买入价	现钞买入价	现汇卖出价	现钞卖出价
英镑	872.02	844.93	878.44	882.33
港元	87.44	86.74	87.79	87.79
美元	677.72	672.21	680.60	680.60
瑞士法郎	736.18	713.47	741.36	744.53

资料来源：中国银行官网。

6. 请进入中国银行网站（http：//www. bank－of－china. com/），了解中国银行开展的公司金融服务和个人金融服务有哪些？对这些服务的金融术语要熟记并且会应用。

进一步阅读文献

1. 保罗·R. 克鲁格曼,莫里斯·奥伯斯法尔德,马克·J. 梅里兹. 国际经济学:理论与政策[M]. 丁凯,等译. 10 版. 北京:中国人民大学出版社,2016.

2. 姜波克. 国际金融新编[M]. 6 版. 上海:复旦大学出版社,2018.

第四章　衍生外汇市场

本章要点

◎如何理解外汇市场所具有的风险?

◎什么是外汇远期?如何计算远期交叉汇率?

◎什么是外汇掉期(或互换)交易?实际中如何操作?

◎什么是外汇期货?如何利用外汇期货进行套期保值?

◎什么是外汇期权?期权与其他衍生金融工具的本质区别有哪些?如何利用期权工具来规避外汇风险?

外汇衍生品通常是指从基础资产(underlying assets)——主要是汇率中派生出来的金融工具。根据产品形态的不同可以把外汇衍生产品分为外汇远期、外汇期货、外汇掉期和外汇期权等四大类。

远期合约和期货合约都是交易双方约定在未来某一特定时间、以某一特定价格、买卖某一特定数量和质量资产的交易形式。期货合约是期货交易所制定的标准化合约,通常会对合约到期日及其买卖资产的种类、数量、质量做出统一规定。远期合约是根据买卖双方的特殊需求由买卖双方自行签订的合约。因此,期货交易流动程度较高,远期交易流动程度较低。

掉期合约是一种交易双方签订的在未来某一时期相互交换某种资产的合约。更准确地说,掉期合约是当事人之间签订的在未来某一期间内相互交换他们认为具有相等经济价值的现金流的合约。较为常见的是利率掉期合约和货币掉期合约。掉期合约中规定的交换货币若是同种货币,则为利率掉期;若是异种货币,则为货币掉期。

期权交易是买卖权利的交易。期权合约规定了在某一特定时间、以某一特定价格买卖某一特定种类、数量、质量原生资产的权利。期权合同有在交易所上市的标准化合同，也有在柜台交易的非标准化合同。

第一节　外汇市场存在的风险

2005 年 7 月 21 日，中国人民银行对人民币汇率形成机制进行了改革，我国开始实行以市场供求为基础、参考一篮子货币进行调节、有管理的浮动汇率制度。人民币汇率不再钉住单一美元，而是形成了更富弹性的人民币汇率机制。随着我国金融市场的全面开放，我国的汇率制度改革将进一步深化，宏观监管力度、市场对外汇需求的调节作用、人民币汇率的浮动幅度都会加大，汇率风险将更加突出。

在市场经济体制下，一国或地区的货币汇率、利率与商品价格的变动是经常的和不可预测的。而金融变量如汇率和利率以及商品变量如价格的变动等不仅影响投资者或私人的财富和生活水平，而且影响企业的盈利状况。图 4－1 是 2020 年 8 月 11 日至 11 月 16 日美元对人民币汇率走势。从走势日 K 线可以看出，2020 年 8 月 11 日以来，美元对人民币汇率贬值幅度较大，汇率风险较大。

图 4－1　2020 年 8 月 11 日至 11 月 16 日美元对人民币汇率走势

首先，人民币升值可能导致企业出口所获得的利润被汇率蚕食掉，从而不利于企业的进一步发展。其次，人民币持续升值的预期将吸引外商投资中国资产，从而推动资产价格上涨，其产生的“财富效应”将引起国内其他产品价格上涨，使我国面临的通货膨胀压力加大，物价水平上升，利率水平也随之上升，导致资金成本提高，使企业的利润进一步降低。

前面我们介绍了人民币汇率波动的风险，现在的问题是个人和企业如何应对人民币汇率风险？当然，如果我们是预测家或预言家，我们可以不用担心人民币汇率的波动，因为我们可以准确地预测未来。但有效市场理论告诉我们，市场是有效的，价格变动是随机的，对未来价格的最好预测就是今天所形成的价格。因此，没有人能够准确预测汇率的变动。

在国际金融发展历史上，出现了不少汇率理论，后来的金融学家用这些理论来对汇率进行预测。而早期的汇率理论主要从物价水平和相关国家或地区的利率水平角度进行研究分析。比如，购买力平价理论认为，从长期来看，两国货币的汇率变化率取决于两国通货膨胀率水平之差。但这一理论无论是在长期还是短期的实证检验中都不成立。20 世纪 70 年代以后，随着套利资本流动的增加，套利行为决定了短期汇率的变化。利率平价理论认为，两国汇率的变化率取决于两国利率水平之差。如果一国利率水平高于另一国同期利率水平，那么这个国家的货币远期将贴水；反之，如果一国利率水平低于另一国同期利率水平，那么这个国家的货币远期将升水（这也被称为“国际费雪效应”）。这一理论把国与国之间的外汇市场与货币市场联系了起来。但后来的实证金融学家对此进行了检验，结论是汇率的变化不仅受到金融市场利率的影响，还受到预期、投机、流动性和政治因素等的影响。严格地讲，利率平价理论并不成立。而这一理论的不成立，也就直接宣告了用利率平价理论来分析衍生产品市场上如远期汇率、外汇期货价格的局限性，以及用货币互换来解决汇率风险的局限性。正如美联储前主席格林斯潘在 2002 年 7 月所说，与其他经济指标相比较，预测汇率者多，但成功者少，主要原因是汇率是个非常复杂的价格，一方面反映了美元投资和美国出口需求所引起的对美元的需求，另一方面反映了购买海外资产的美国投资者及海外商品和服务进口商对外国货币的需求。因此，汇率变动既取决于对在不同国家投资的相对收益的预期变化，也取决于影响进出口趋势的众多因素。在未来时间里，这些因素的净效果是特别难以预估的，尽管人们常用真实利率差、生产率水平差及长期对外逆差等指标来预测汇率水平，但没有哪一种指标能够连续被用来预测未来相当一段时间的汇率水平，哪怕是一年或两年。“欧元之父”蒙代尔在 2004 年初曾预测 2004 年中欧元对美元的汇率会调整到 1∶1.15。但事实上，到 2004 年 2 月欧元对美元汇率为 1∶1.2930。2003 年，中国石油在香港股票市场上市时，巴菲特买中国石油的价格是每股 1.3 ~2.0 港元，共花了 5 亿美元；到 2007 年，中国石油在中国上海股票市场上市时，巴菲特在香港以每股 14 ~17 港元价格全部清仓中国石油股票。但后来让巴菲特一直耿耿于怀的是，从出售股票后的涨幅来看，他认为自己过早卖出了中国石油的股票。也就是说，市场价格由供求双方所决定，而供求双方又受人们的自身行为影响。人类行为虽然是理性的，但是不可捉摸。没有人能够长期准确地预测市场价格。无论是经济学家，还是伟大的投资家都不例外。

特别是，随着经济全球化、金融一体化的发展，各国之间的经济金融联系变得更加紧密。一国的金融风险很快地向全球金融市场传播。汇率风险的全球化趋势越来越明显。经济和金融危机更加全球化，且破坏力越来越强。1997 年初，韩国上下都在自豪地回顾 30 年来所取得的经济成就，对其所取得的经济奇迹颇感自豪和骄傲。但到了 1997 年底，韩元对美元汇率贬值达 67% 以上，韩国经济陷入一片混乱之中。1994 年底的墨西哥货币危机、1997 年的亚洲货币危机等都反映出汇率风险的巨大破坏力。

既然我们不能预测价格波动，那么最后的方法就是转移风险，把汇率风险转移给能够和愿意承担风险的投资者。在外汇市场的发展历史中，出现了多个金融工具，个人企业可以使用这些金融工具来转移风险。这些金融工具主要是外汇远期、外汇掉期（外汇互换）、外汇期货、外汇期权等。

大约在 12 世纪就出现了远期合约。历史学家认为，期货合约于 17 世纪在日本出现。最著名的期货合约是 17 世纪初荷兰的郁金香期货。当然，期权的出现较晚，不过历史学家认为，早在 17 世纪，阿姆斯特丹就进行过许多商品期货的交易。至于最近出现的多个衍生合约，其实是“古老”的远期、期货和期权等工具的重新组合而已。

【专栏 4-1】

中信泰富外汇风险案例

中信泰富的前身泰富发展有限公司由香港“炒股大王”香植球成立于1985年。公司于1986年通过新景丰公司获得上市地位，同年2月，泰富发行2.7亿股新股给予中国国际信托投资（香港集团）有限公司，使其持有泰富64.7%的股权。自此，泰富成为中信集团子公司。1991年泰富正式易名为“中信泰富”。中信泰富是大型国企中信集团在香港的6家上市公司之一。中信泰富在香港注册，在香港联合交易所上市，并为恒生指数成分股之一。中信泰富最大股东为中国国际信托投资（香港集团）有限公司。2008年10月20日傍晚，香港恒指成分股中信泰富发布公告称，因投资杠杆式外汇产品而巨亏155亿港元！其中包括约8.07亿港元的已实现亏损和147亿港元的估计亏损。受此消息影响，10月21日，该股股价暴跌55.10%。按照10月20日停牌前该股收盘价14.52港元计算，中信泰富的总市值为318.4亿港元。目前，估计的155亿港元亏损总额，相当于其总市值的近50%，按21日收盘价计算，中信泰富的市值蒸发超过一半，一天之内市值从318.4亿港元暴跌至不足143亿港元，已经低于潜在亏损额！

一、解读中信泰富的外汇合约

中信泰富在澳大利亚有一个名为SINO-IRON的铁矿项目，该项目是西澳大利亚洲最大的磁铁矿项目，项目中需要的设备和大量成本支出都必须以澳大利亚元来支付（以下简称“澳元”）。为了降低澳元升值带来的货币风险，公司签订了若干累计期权（accumulator option）的杠杆式外汇买卖合约。

中信泰富主要的澳元合约内容大致如下。

中信泰富与汇丰、花旗和法国巴黎百富勤等外资银行签约承诺，在此后两年多内，每月（部分是每日）以0.87美元/澳元的平均兑换汇率，向交易对手支付美元、接收澳元，最高累计金额可达约94.4亿澳元。市场普遍认为，签约时的澳元市场价要高于0.87美元。这类被称为accumulator的衍生品，在销售时具有很大诱惑力：客户可以在此后几十个月内以低于签约时的市场价格买入澳元，而客户只需送给投行一系列“看跌期权”，这样也能“帮助”投行降价卖给客户澳元。喜欢“占便宜”的客户马上就会被诱惑，丝毫不知道这些期权比所占“便宜”要昂贵得多，也危险得多。这些合约能为中信泰富带来的向上利润有限，而向下亏损却要加倍甚至无限。假如澳元高于0.87美元/澳元，中信泰富会获得利润，但其总利润最多只能有4亿多港元。因为，一旦利润超过一定额度，交易对手就可以选择取消合同。但是，一旦澳元低于0.87美元/澳元，中信泰富就要加倍以0.87美元的高价接澳元仓位，而且没有相应条款给亏损封顶。这些极不对称的条款，在合约签订的那一刻就注定了中信泰富盈利极其有限，甚至有可能蒙受巨额亏损。

图4-2 外汇市场走势

澳大利亚是一个资源十分丰富的国家，近年由于资源需求猛增，对澳元的需求也同步增加，澳元在一定程度上成了大宗商品货币。在全球流动性泛滥、通胀抬头的背景下，从2007年8月中旬开始，原油、铁矿石等大宗商品价格大举上扬，澳元对美元也力挽下行颓势，从2007年的0.80升至2008年中的0.98。但随着次贷危机的进一步扩散，世界经济形势日益严峻，集聚在大宗商品市场的资金火线撤离，全球大宗商品市场一路回落。澳元对美元于2008年7月15日升到最高点0.9848后迅速下跌，中信泰富巨亏就此酿成。

澳元的下跌与其利率变化也有直接关系。澳元除了是大宗商品货币，也是世界上少有的高息货币。20世纪90年代初，澳元存款利率达17%以上。尽管之后的澳元利率一路下行，但并未出现过低于4%的情形。由于全球金融危机的不断深化，澳大利亚开始降息以对冲经济风险，令不少原本准备享受澳元高息的投资者沽出澳元。

此外，澳元下跌还受美元影响。不少投资者认为，金融危机起源于美国，因此处于弱势的美元反弹空间应该有限。但令其没想到的是，欧洲及一些新兴市场受到的冲击更大，美元反而成为国际资本的避风港，令美元对全球其他主要货币持续出现大幅度升值。而全球经济进入衰退期，全球需求减少，又加速了大宗商品价格泡沫的破灭，这对澳大利亚等资源出口国的经济无疑是一大打击，进而导致了这些国家本币的贬值。

中信泰富签订的这类合约，在金融学上被称为“奇异衍生品”。这类衍生品，无论是定价还是对冲机制都很复杂，一般实体企业或机构投资者根本不知道这类衍生品应如何估值，不知道如何计算与控制风险，因此很容易在买进这类衍生品的同时，低估其潜在风险。而作为交易对手的投资银行或商业银行，则拥有大量专业人才，对于衍生品的数学模型有着多年研究，充分掌握了估值与风险对冲技术。因此，交易双方之间存在严重的知识与信息不对称。合约规定，每份澳元合约都有最高利润上限，当达到这一利润水平时，合约自动终止，但如果该汇率低于0.87，则不会自动终止协议。中信泰富必须不断以高汇率接盘，理论上亏损可以无限大。中信泰富手中所有的澳元合约加起来，最高利润总额仅为5150万美元，但最高接盘数量达到了94.4亿澳元。

二、业界的几点质疑

(1) 中信泰富为什么做如此复杂与高风险的交易呢?

(2) 信息披露不及时，是否涉嫌内幕交易?

(3) 公司治理和风险管控能力备受质疑。

首先，据估计，公司的澳洲铁矿石项目目前的资本开支需求约为16亿澳元，在随后的25年经营期内需要大约10亿澳元营运费用。问题是，这两者加起来也不过26亿澳元，为什么中信泰富要冒如此巨大的风险，一次性签下总额高达94.4亿澳元的“魔鬼”条款呢?

其次，假如真为了套期保值，完全可以用最简单的远期等传统合约实现，这样定价会比较简单。

更重要的是，中信泰富的奇异衍生品根本不能“规避澳元上涨风险”，假如澳元真的大幅度上涨，也就是中信泰富最需要依赖此合约时，交易对手却可以取消合约，完全消除其套期保值功能。

据中信泰富主席荣智健透露，该公司高管从2008年9月7日开始发现有关情况，随后公司召开了特别董事会，而审计委员会也被授权开始进行独立调查，同时中信泰富开始向母公司中信集团求助。香港《星岛日报》分析文章认为，中信泰富作为蓝筹股，外界对中信泰富的企业管治素质要求较高，集团高层行事不仅要公正，更要让人看到其公正。此次引致重大亏损的事件，无论从哪个角度来看都绝对是股价敏感消息，没有理由延迟六周才披露。假如为了方便处理部分外汇合约而暂不公布消息，至少也应该把公司停牌，待消息公平地向外公布后再复牌，以免让人质疑有人可以从中取利或规避损失。有香港媒体报道称，中信泰富炒外汇期货出现巨额亏损的消息可能被提前透露，从而使事先获取信息的内幕人士提前沽空，而支撑这种猜测的证据之一是2008年10月澳元大跌以来，公司股票的沽空规模急剧上涨，甚至是出事前的十几倍。

港交所的有关沽空数据也显示，中信泰富股票在2008年9月的沽空数量日平均约为十多万股至数十万股；但10月股份沽空规模显著增加，多个交易日出现逾百万股的沽空，如10月10日沽空数量便达340多万股，停牌前的10月17日也达128万股。因此，市场人士质疑，为何在公司尚未公布投资外汇亏损期间，沽空活动会大幅度增加，会不会存在内幕资金先知先觉而提前布局的嫌疑。

中信泰富主席荣智健在一份个人声明中说："中信泰富目前正在澳大利亚建一个铁矿石项目，为了支付从澳大利亚和欧洲购买的设备和原材料，我们需要澳元和欧元。而为了锁定美元开支的成本，我们集团签订了一些外汇合约。但是，这些外汇合约的签订，没有经过合理的授权，而且这些合约中潜在的最大风险，未被正确地估计到。"

声明指出，这批导致155亿港元损失的外汇合约投资竟然没有通过公司董事会授权审批。授权审批作为公司内部控制中最基本的一项控制原则，应该在公司的所有重大决策中加以执行，更不用说是如此巨大的衍生金融工具的购买。正是中信泰富在这最基本内部控制上的缺失，使这笔远期合约合同的投资行为无法在事前得到有效的管理控制。

三、几点启示

（一）对我国存在外汇敞口企业的警示

对于我国存在外汇敞口的企业来说，这是否意味着无法规避外汇风险？回答当然是否定的。

首先，我们应该清楚，任何风险管理方法都是有代价的，也就是有成本的，因此不能贸然行事。

其次，企业可以选择风险相对较小的衍生产品，如无杠杆的远期外汇合约，或者货币互换等。

最后，远期外汇合约的操作应与实际的外汇需求相结合，衍生品的合约头寸应与实际的业务头寸相接近，这样才不至于带来灾难性后果，不能从投资的角度进行衍生品买卖。事实上，衍生品越复杂，国际机构的金融专业知识与定价能力优势越大，产品设计方之间的竞争越少，设计者的潜在利润越高，而这也意味着买方的风险越大。一般企业购买衍生品进行投机，往往要承受敞口风险，因仓位随市场价格波动而承担风险。专业金融机构在兜售衍生品后，会马上到衍生品所挂钩的基础市场上做一个反向对冲，在这样一套对冲流程的支持下，衍生品销售者就无须承担市场价格波动的风险。更有甚者，有时候国际银行/投行自身需要转移相应的风险时，会通过衍生品将风险转嫁给客户，以避免自身承担风险。中国企业在全球化环境中需要规避相应风险，较好的工具是简单的衍生品，进入复杂衍生品领域只会将自己置于劣势地位。

（二）中国企业家和CFO需要学习如何管理外汇风险

将中信泰富事件放大来看，今天的中国企业所处的情况，相当于20世纪80年代日本外向型企业所遭遇的情况，日本人在那个时候也是赚到了海外订单的钱，积累了大量财富，但是一场突如其来的汇市变革，使他们辛辛苦苦积累的财富被欧美人洗劫了。现在我们的企业面临一个两难的局面，一方面是采取主动方式对冲外汇风险，但是专业人才和知识不足，加上系统配套缺乏，造成做得越多错误越多；另一方面是“一朝被蛇咬，十年怕井绳”，完全摒弃对冲机制，结果接一单损失一单，在年底合并财务报表时，汇率损失简直令人无法接受。

日本企业在经历过20世纪的洗礼后，在驾驭汇率对冲和风险方面，比中国的企业领先一步。例如，松下电器将旗下全球企业的司库管理全部纳入电子系统管理，并为此配置了非常专业的金融人才。因此，中国企业家和CFO还需要树立符合当今时代的新财资思维，掌握新知识，加倍努力，弥补我们在外汇等衍生品方面理论和实战经验的欠缺，并准备为此付出合理的学费。

（三）建立健全企业内部风险管理体系

在经营管理上，企业必须明白，哪些钱是可以赚的，哪些是不可以赚的。有所为，有所不为。以贸易和投资为主的公司，就不应该考虑从金融衍生品上取得收益，而只应该做对冲防止业务上的汇率风险。如果把外汇交易当作一个业务，则应该有“防火墙”制度，可以设立一个独立子公司或事业部，给予一定的额度限制，这个额度以其一旦出现操作失误不致给公司整体业绩带来严重影响为界限，并且在操作上要有内部管理制度约束，类似一个投资委员会的决策机制。中信泰富事件从表面来看是澳元投机失败，但核心的原因仍然是大公司内部风险控制完全失效。而更深层次的原因，就是这类准国有企业的公司治理失效。在公司领导人多年的光环照耀下，公司在做重大决策时，即便是风险巨大也可能没有人敢提任何反对意见。任何投资，尤其是巨额的金融投资，事先都要进行压力测试，要及时止损，这是最基本的常识。

中国的企业经营者现在必须充分意识到外汇汇率波动给企业带来风险的重要性，不可等闲视之，或者等遇到了损失才临时抱佛脚，应该未雨绸缪、提早布局。

应该从公司治理上把财资及风险管理置于与经营同等重要的地位，建立框架制度和实施细则，不可以“老板拍脑门方式”做决策，整个决策、实施和监管流程要纳入制度体系。

资料来源：根据中信泰富官网公开信息整理所得。

第二节　外汇远期和外汇掉期

前面介绍了外汇市场的一些基本概念，从本节开始将分析外汇衍生品市场及外汇衍生品交易。远期合约最为重要，其他衍生品主要是在远期合约基础上发展起来的。远期合约是最古老，也是最简单的合约。一份远期合约要求持有人根据合约规定，在规定日期以某种价格（也被称为“协定价格”或“远期价格”）购买一种资产。比如，有一农民，他现在正准备播种，但是他对种什么农作物举棋不定。如果种小麦，他担心来年收割时小麦价格下跌带来损失。假设市场中的面粉加工厂也担心来年小麦价格上涨将增加不少成本，那么农民就可以与面粉加工厂签订一份协议，规定来年小麦收割时，按照目前确定的价格成交。这样交易双方都不再担心来年的小麦价格波动可能给其带来的风险。这样一份协议就是远期协议。同学们在高中毕业准备填报志愿时，志愿表上大都会列出各高校未来几年的大学学费，这就可以视为高校与即将进入大学的学生签订的学费远期合约。

一、外汇远期交易

（一）外汇远期交易的概念

外汇既可以以即期价格买卖，也可以以远期价格买卖。即期外汇交易是指交割期限一般在成交后两个营业日内进行的外汇买卖。外汇远期交易又称“期汇交易”，是指外汇买卖成交后并不立即办理外汇的具体交割，而是根据合约的规定，在约定的日期按约定价格（约定汇率）办理交割的外汇交易。

假设有一名同学 6 个月后要到英国留学，他需要决定到底是现在购入英镑还是 6 个月后再购入英镑。购买时机的选择既可能带来机会也可能带来风险。如果这名同学现在与银行商量，并与银行签订一份远期协议，6 个月后再按照当前约定的人民币对英镑汇率买进英镑。这一行为过程就是远期协议的运作过程。所以，外汇远期合约实际上是银行专为客户量身定制的。这点与交易所推出的外汇期货合约有着显著区别。远期协议一经签订，将很难更改或转手。

（二）外汇远期交易实例

假定位于成都高新区的一家企业在 2020 年 3 月 1 日从美国进口了一批高科技设备，价值为 1000 万美元，双方约定的付款时间是 2020 年 9 月 1 日，结算货币为美元。

2020 年 3 月 1 日，中国银行报出的外汇牌价如表 4 - 1 所示。

表 4－1　2020 年 3 月 1 日中国银行外汇牌价　　单位：元

货币	现汇买入价	现钞买入价	现汇卖出价	现钞卖出价	基准价	中行折算价
100 美元	697.79	692.11	700.74	700.74	700.66	700.66

资料来源：中国银行官网。

该企业可以在 2020 年 3 月 1 日买进 1000 万美元，然后存入银行。共花费 7006.6 万元人民币（不考虑其他交易成本）。但该企业财务人员认为，目前受新冠肺炎疫情影响，美国经济下滑还可能进一步加剧，市场担心美元会继续贬值，同时人民币升值预期强烈。该企业该如何利用中国银行的远期结算业务规避风险？

假定中国银行 2020 年 9 月 1 日的远期汇率是 100 美元兑换 684.98 元人民币。该企业可以与中国银行签订一份半年到期的、汇率为 100 美元 = 684.98 元人民币的远期合约。这样该企业到期需支付 6849.8 万元人民币。与现有汇率相比，远期合约节省了 156.8（7006.6－6849.8）万元人民币。

可能有人会问：为何要与银行签订远期合约，为何不直接等到 2020 年 9 月 1 日以即期汇率再向银行购进美元？反正市场预期人民币对美元要升值。如果你这样做了——没有与银行签订远期协议，那么你就是在赌博，在投机。用国际金融学标准术语来讲，就是存在一个美元敞口头寸。如果不用远期合约轧平这一头寸，企业就得承受美元价格波动所带来的风险。

（三）远期汇率的报价

前面介绍即期汇率时我们了解到外汇交易商会在外汇交易市场上报出两个价格，即买入价与卖出价。远期汇率也存在买入价与卖出价。远期汇率报价方法有两种，即完整汇率报价法和远期差价报价法。

1. 完整汇率报价法

所谓完整汇率报价法又称“直接报价方法”，是指直接将各种不同交割期限的远期买入价、卖出价等完整地报出。这种方法有利于进出口商了解远期汇率的升贴水情况。比如，2020 年 11 月 16 日中国银行报出的远期外汇牌价采用的就是这种方法（见表 4－2）。

表 4－2　2020 年 11 月 16 日中国银行人民币远期外汇牌价　　单位：元

		美元	欧元	日元	港元	英镑	瑞士法郎	澳大利亚元	加拿大元
1 个月	买入	658.59	778.64	6.28	84.74	868.49	721.23	478.36	500.80
	卖出	661.88	787.47	6.35	85.54	877.73	728.22	484.95	506.49
3 个月	买入	662.82	784.93	6.33	85.29	874.28	727.37	481.61	504.18
	卖出	666.17	793.82	6.40	86.10	883.61	734.47	488.30	509.89
6 个月	买入	666.84	791.19	6.37	85.80	879.68	733.62	484.75	507.28
	卖出	670.18	800.17	6.44	86.62	889.19	740.84	491.44	512.98
9 个月	买入	670.49	797.38	6.41	86.28	884.81	739.85	487.69	510.18
	卖出	674.03	806.63	6.48	87.13	894.55	747.26	494.60	516.07
12 个月	买入	674.65	803.95	6.47	86.80	890.14	746.26	490.89	513.15
	卖出	678.29	813.31	6.54	87.67	900.00	754.10	497.81	519.41

资料来源：中国银行官网。

2. 远期差价报价法

在国外比较发达的外汇市场上，远期汇率报价主要采用掉期率报价法（掉期内容在后文介绍），该报价法不是直接公布远期汇率，而是只报出即期汇率和远期差价。这种情况下，远期汇率的标价方法是仅标出远期的升水数或贴水数。在采用直接标价法情况下，远期汇率如果是升水，则在即期汇率的基础上加上升水数，即为远期汇率；如果是远期贴水，则在即期汇率的基础上减去贴水数，即为远期汇率。若采用间接标价法情况则正好相反，远期汇率如果是升水，则在即期汇率的基础上减去升水数，即为远期汇率；如果是远期贴水，则在即期汇率的基础上加上贴水数，即为远期汇率。

远期汇率也有买入价和卖出价，所以远期汇率的升水数或贴水数，也有大、小两个数。无论是直接标价还是间接标价，只要点数是小数在前、大数在后，即小/大，比如 20/30，那么在即期汇率买卖价格上直接加上即可；反之，点数是小数在后、大数在前，即大/小，比如 50/30，那么在即期汇率买卖价格上直接减去即得远期汇率价格。

例 4－1　假定在我国外汇市场上美元对人民币远期报价（直接标价）是：

USD/CNY 即期汇率　6.6848/6.6858

美元 3 个月点数　　248/ 238

3 个月远期汇率　　6. 6600/6. 6620

结论：远期美元将贴水。即直接标价法下，大数在前、小数在后表示远期外汇贴水（远期外汇更不值钱）；反之，如果小数在前、大数在后则表示远期外汇升水（远期外汇更值钱）。比如：

USD/CNY 即期汇率　6. 6848/6. 6858

美元 3 个月点数　　238/ 248

3 个月远期汇率　　6. 7086/6. 7106

在间接标价法下：

例如，在伦敦外汇市场上（间接标价），

EUR①/USD 即期汇率　1. 4815/1. 4825

美元 3 个月点数　　216/ 206

3 个月远期汇率　　1. 4599/1. 4619

结论：间接标价法下，大数在前、小数在后表示远期美元将升水（在伦敦外汇市场上美元是外汇，在远期美元更值钱）。

如果汇率是以如下点数给出，即，

在伦敦外汇市场上（间接标价），

EUR/USD 即期汇率　1. 4815/1. 4825

美元 3 个月点数　　206/ 216

3 个月远期汇率　　1. 5021/1. 5041

结论：在间接标价法下，如果远期点数是小数在前、大数在后，那么表示外汇（美元）远期将贴水。

（四）远期交叉汇率的计算方法

远期交叉汇率的计算原理与即期交叉汇率的计算原理相同，都是低买高卖原则在外汇交叉汇率上的应用。但远期交叉汇率必须首先把即期汇率调整为远期汇率，其次以此远期汇率为基础计算远期交叉汇率。下面通过两个实例来介绍远期交叉汇率的计算原理。

---

① EUR 是欧元的货币代码。

例 4－2 假定外汇市场上有某个做市商给出以下货币汇率信息。

即期汇率：USD/CHF 1.5750/60； USD/JPY[①] 127.20/30。

远期差价：3 个月远期点数为 CHF 152/155； JPY 15/17。

请计算以瑞士法郎为被报价货币（或基准货币）、以日元为报价货币（或标价货币）的 3 个月远期交叉汇率是多少？

解：首先计算出瑞士法郎和日元对美元的 3 个月远期汇率。因为 3 个月点数都是小数在前、大数在后，所以直接加在即期汇率两边即可。

CHF 3 个月远期汇率为：（1.5750＋0.0152）/（1.5760＋0.0155）＝1.5902/1.5915。

JPY 3 个月远期汇率为：（127.20＋0.15）/（127.30＋0.17）＝127.35/127.47。

第一步，计算买入瑞士法郎的日元价格。

假定用 1 日元来购入美元。根据其他做市商（或交易商）给出的报价，可买入 $\frac{1}{127.35}$ 美元。然后用所得美元买入瑞士法郎，即得：$\frac{1.5915}{127.35}$ 瑞士法郎。由于我们是以瑞士法郎为被报价货币，所以交换得买入价格：$1JPY=\frac{1.5915}{127.35}CHF \Rightarrow 1CHF=\frac{127.35}{1.5915}=80.0189JPY$。

第二步，计算卖出瑞士法郎的日元价格（卖出刚才买进的瑞士法郎可以收回的日元数量）。

由于刚才买进了瑞士法郎，为了买回日元，应根据其他交易商给出的汇率，先买入美元，得 $\frac{1}{1.5902}$ 美元；然后用 $\frac{1}{1.5902}$ 美元买进日元（根据市场法则，买的日元越多越好），得 $\frac{127.47}{1.5902}$ 日元。即得以瑞士法郎为被报价货币、日元为报价货币的卖出价格为：$1CHF=\frac{127.47}{1.5902}=80.1597JPY$。

总结：以瑞士法郎为被报价货币、以日元为报价货币的远期交叉汇率

---

① JPY 是日元的货币代码。

为：1 CHF =80.0189/80.1597 JPY。

请读者注意，我们给出的远期交叉汇率计算方法与国内大多数教材不同，国内大多数教材是死记硬背型，不利于开启读者的智慧。我们这里给出的方法是一种原理，掌握了它就可以举一反三。不过请读者思考我们给出的原理到底是如何得到的。①

例 4-3 假定外汇市场上有某个做市商给出以下货币汇率信息，即

即期汇率②：GBP/USD 1.8470/80；

AUD/USD 0.7240/50。

远期差价：GBP 3 个月点数 192/188；

AUD 3 个月点数 183/179。

请计算以英镑为被报价货币、以澳大利亚元为报价货币的 3 个月远期交叉汇率是多少？

解：先计算 3 个月货币的远期汇率。由于 GBP 与 AUD 的 3 个月远期差价都是大数在前、小数在后，所以远期汇率都是两边相减即可。

GBP 3 个月远期汇率为：（1.8470 - 0.0192）/（1.8480 - 0.0188）= 1.8278/1.8292。

AUD 3 个月远期汇率为：（0.7240 - 0.0183）/（0.07250 - 0.0179）= 0.7057/0.7071。

第一步，计算买入（英镑）价格。

假定有 1 澳大利亚元，根据其他交易商给出的汇率（买入的美元越多越好）得 0.7071 美元，然后用所得美元去买入英镑，得 $\frac{0.7071}{1.8278}$ 英镑。所以得出以英镑为被报价货币（基准货币）、以澳大利亚元为报价货币（标价货币）的买入价格为：$1AUD = \frac{0.7071}{1.8278}GBP \Rightarrow 1GBP = \frac{1.8278}{0.7071}AUD =$

① 有读者可能会有疑问，如计算交叉汇率 CHF 的买入价格时，先用 1 日元去买美元，我们如果根据其他交易商给出的汇率是不可能买到美元的，因为这是其他交易商的买价（买入美元）。不过请注意，我们不是向其他交易商购买美元。而是根据其他交易商给出的价格来计算交叉汇率，目的是不让其他交易商到报出交叉汇率的交易商处套利。

② GBP 是英镑的货币代码，AUD 是澳大利亚元的货币代码。

2.5849AUD 。

第二步，计算卖出价格。

先根据其他交易商给出的价格用 1 英镑去买入美元，要买入的美元越多越好，得 1.8292 美元；然后用所得美元去买澳大利亚元，仍然是越多越好，得：$\frac{1.8292}{0.7057}=2.5920$ AUD。

总结：以英镑为被报价货币（基准货币）、以澳大利亚元为报价货币的 3 个月远期交叉汇率为：1GBP = 2.5849/2.5920 AUD。

（五）外汇远期的定价——利率平价①

外汇是金融资产，外汇的远期定价主要依据金融工程学中的无套利定价思想。比如，同一资产在两个不同市场上进行交易，但各个市场上的交易价格不同。这时交易者就可以在一个市场上低价买进，然后立即在另一个市场上高价卖出。由于供求法则，低价市场上需求增加，价格就会上升；而高价市场上由于供给增多，价格又会下跌。因此，市场价格由于套利行为又重新回到均衡价格的状态。这就是无套利定价思想。读者如果逛过超市，就知道有的超市会承诺如果本超市商品价格比其他超市高就赔多少。这中间也包含着无套利定价思想。对同一个商品面而言，如果不考虑交易费用，其价格应保持一致。

利率平价在即期和远期货币市场以及国内外证券市场间建立了某种联系。利率平价的成立依赖于一个原则，即风险等各方面相同的两笔投资具有相同的回报率。为了推导利率平价，这里假定存在完全资本市场。假定一位投资者将 1 元人民币投资于某种中国证券，其利率水平为 i ，到期一次性支付本息（投资 1 年），则这笔投资的最终收益为：$1\times(1+i)$ ；同

① 利率平价理论是一个极为重要的国际平价条件。此理论来自无套利定价思想。实际上，现代金融工程学中的无套利定价思想非常简单，投资者唯一需要确定的是：当市场中其他资产价格给定的时候，某种资产的价格应该是多少，才能使市场中不存在套利的机会？公式的具体推导过程是不用自己的资金，而是通过使用借入资金（从货币市场上借入）进行套利。在借入资金成本与套利所获得的收入间进行权衡。无套利定价思想类似谚语“没有免费的午餐”：如果“有免费的午餐”就有套利机会；如果“没有免费的午餐”就没有套利机会。不过有些学者不同意这一观点。有兴趣的读者可以参阅相关文献。

理，假定该投资者可以把1元人民币按照当前的人民币对欧元的即期汇率 S_t（直接标价法，€1 = ¥S_t）兑换成欧元 $\frac{1}{S_t}$，然后将所得欧元投资购买某种德国证券。该证券同一段时期的利率水平为 i^*。与此同时，这位投资者按照当前的远期汇率 F_t（以欧元为单位货币兑换人民币——中国为本国的直接标价法）出售德国证券投资的全部收入（本金和利息）。这笔德国投资的最终收益可表示为：

$$1 \times \frac{1}{S_t} \times (1 + i^*) \times F_t \tag{4-1}$$

再假定以上的两种证券除了计值货币不同其他各方面完全一致，最终，套利将使两笔投资获得同等的回报，表示为：

$$1 \times \frac{1}{S_t} \times (1 + i^*) \times F_t = 1 \times (1 + i) \Rightarrow \frac{(F_t - S_t)}{S_t} = \frac{(i - i^*)}{(i + i^*)} \tag{4-2}$$

式（4-2）左边是用百分比表示的外币远期升水，右边是用百分比表示的利率差。

如果 $F_t > S_t$，则表示欧元在远期市场上的价格较为昂贵，定义为欧元远期升水；如果 $F_t < S_t$，则定义为欧元远期贴水。

$$1 \times \frac{1}{S_t} \times (1 + i^*) \times F_t = 1 \times (1 + i) \Rightarrow \frac{F_t}{S_t} = \frac{(1 + i)}{(1 + i^*)} ① \tag{4-3}$$

例4-4 已知美国年利率为3.0%，日本年利率为0.5%。假定当前汇率（即期汇率）为1USD = 104JPY，到期时间为6个月，则日元对美元的远期汇率为：

---

① 在由张光平先生所著《人民币衍生产品》（上册）一书中，该公式为：$F_t = S_t e^{(i-i^*)t}$，其中 F_t 为远期汇率，S_t 为即期汇率，i 为本国年利率，i^* 为外国年利率，t 代表以年为单位的远期合约到期时间。两者是一个意思，以下是推导过程：

$$\frac{F_t}{S_t} = \frac{(1+i)}{(1+i^*)} \Rightarrow \ln\frac{F_t}{S_t} = \ln(1+i) - \ln(1+i^*) = i - i^* \Rightarrow F_t = S_t e^{i-i^*}$$

［因为当 $i \to 0$ 时，$\ln(1+i) \sim i$；当 $i^* \to 0$，时 $\ln(1+i^*) \sim i^*$］

$$\frac{F_t}{S_t} = \frac{(1 + i \times \frac{1}{2})}{(1 + i^* \times \frac{1}{2})} \Rightarrow F_t = 103.846$$

利率平价表明：若利率较高的货币远期汇率回落，则该货币远期贴水；若利率较低的货币远期汇率上升，则该货币远期升水。原因在于无套利定价思想：只有高利率的货币远期汇率贴水才能抵消投资者持有高利率货币所获得的利率收益，或者只有低利率货币远期升水才能弥补投资者持有低利率货币所造成的利差损失。

$$\frac{F_t}{S_t} = \frac{(1 + i)}{(1 + i^*)} \Rightarrow f = \frac{F_t - S_t}{S_t} \approx i - i^* \Rightarrow i = i^* + f \qquad (4-4)$$

利率平价表明：如果要投资于国外，则既要考虑外国的收益率，也要考虑汇率风险。如果利率平价等式成立，那么此时远期外汇市场出清，两国间资金不再流动，投资者实施的任何套利活动都不可能获利。远期汇率的决定是以即期汇率为基础，并根据两国货币利率变化而进行不断调整的过程。

现在介绍存在买卖差价的情况下远期汇率的决定问题。为简化起见，假定只存在中间利率。

例 4－5　已知美国年利率为 4.0%，中国年利率为 6.0%。假定当前汇率（即期汇率）为 1USD＝6.8350/70CNY。有一进口商 6 个月后需要 200 万美元，故而向中国银行某分行购买 6 个月期、金额为 200 万的远期美元。中国银行某分行应如何报价?

因为中国银行某分行卖出了 6 个月期的远期美元，所以为了规避汇率风险，中国银行某分行需向我国外汇市场上其他报价银行（如工商银行）买入同样数量的即期美元，以便 6 个月后进行交割。但由于即期中国银某该分行用高利率的人民币买入低利率的美元，从而放弃了高利率的人民币，带来了利息损失，损失为：

$$6.8370 \times (6\% - 4\%) \times \frac{6}{12} = 0.06837 \text{（元人民币）}$$

为转嫁损失，中国银行某分行在向该进口商报远期美元价格时，会提高报价，以便将损失转嫁给进口商。中国银行某分行卖出6个月远期美元的汇率为：$6.8370+6.8370\times(6\%-4\%)\times\frac{6}{12}=6.9054$，即1美元=6.9054元人民币。

请读者思考，为何美元的远期汇率为升水？（答案：因为根据利率平价，低利率国家的货币远期升水。）

反之，如果中国银行某分行购买6个月远期美元（注意这里的购买是出口商有远期美元，从而卖给中国银行某分行所出现的情况。不是中国银行某分行向另一报价行购买。如果在外汇市场中国银行某分行向另一报价行购买，公式也成立）而不是刚才的卖出远期美元，情况会怎样呢?

由于中国银行某分行购买了6个月远期美元，为规避远期美元贴水，则需向外汇市场上另一交易商（可能是外汇银行）卖出相同金额的即期美元。由于中国银行某分行卖出了低利率的货币（4%）而持有高利率（6%）的人民币，则获得了利息上的收益，共计：

$$6.8350\times(6\%-4\%)\times\frac{6}{12}=0.06835\text{（元人民币）}$$

又因为外汇市场上存在着激烈的竞争，所以中国银行某分行在向该出口商报出远期美元价格时，必须提高远期美元的报价，以便将增加的利息收益转让给卖出远期美元的进口商。中国银行某分行买入6个月远期美元的汇率为：

$$6.8350+6.8350\times(6\%-4\%)\times\frac{6}{12}=6.9034\text{（元人民币）}$$

综上，中国银行某分行向进出口商报出的远期汇率为：USD/CNY = 6.9034/54。

由例4-5我们很容易推出存在外汇远期买卖差价情况下的远期汇率决定公式。令S_a表示直接标价法下外汇交易商报出的即期汇率买价（买入外币），S_b表示直接标价法下外汇交易商报出的即期汇率卖价（卖出外币）；F_a表示直接标价法下外汇交易商报出的远期汇率买价（买入外币），F_b表示直接标价法下外汇交易商报出的远期汇率卖价（卖出外币），则公式为：

$$F_a = S_a \times \frac{(1 + i \times \frac{T}{360})}{(1 + i^* \times \frac{T}{360})}\ ;\ F_b = S_b \times \frac{(1 + i \times \frac{T}{360})}{(1 + i^* \times \frac{T}{360})} \quad (4-5)$$

我国外汇交易中心（货币市场）2020 年 11 月 16 日上海银行间同业拆放利率（Shibor）见表 4－3。

表 4－3　2020 年 11 月 16 日上海银行间同业拆放利率　　（%）

期限	拆放利率
1 个月	2.6820
3 个月	3.0020
6 个月	3.0580
9 个月	3.1690
1 年	3.2070

资料来源：上海银行间同业拆放利率官网。

西方国家基础利率主要以伦敦银行同业拆放利率为准。伦敦银行同业拆放利率是指欧洲货币市场上，银行与银行之间的一年期以下的短期资金借贷利率。

伦敦银行同业拆放利率有两个：拆进利率（bid rate）表示银行愿意向他方借款的利率，拆出利率（offered rate）表示银行愿意为他方提供贷款的利率。同一家银行的拆进利率和拆出利率相比较，拆进利率永远小于拆出利率，其差额就是银行的收益。在美国市场上，一般是拆进利率在前、拆出利率在后，如 3.25/3.50；而在英国市场上，一般是拆出利率在前、拆进利率在后，如 3.50/3.25。但意思一样，都表示“我的年借款利率为 3.25%，我的年贷款利率为 3.50%”。下面我们将给出报价存在买/卖差价情况下的远期汇率计算公式。

这里还是假定计算人民币对美元的远期汇率，并且假定在我国货币市场上交易商均是按买/卖报价。令 $S_b(t)$ 表示直接标价法下 t 时刻即期买入外汇美元的汇率，$S_a(t)$ 表示直接标价法下 t 时刻即期卖出外汇美元的汇率，记为 $S_b(t)/S_a(t)$。假定 i_b/i_a 表示我国货币市场上以本币表示的拆进/拆出（买/卖）年利率，i_b^*/i_a^* 表示英国银行同业拆借市场上美元的拆进/拆出（买/卖）年利率。

继续假定有一中国投资者希望在中国货币市场上和英国银行同业市场上进行套利，那么他有两种方法。

（1）借入人民币。

该中国投资者可以在 t 时刻借入 $\frac{1}{(1+i_a\times\frac{T}{360})}$ 元人民币，到期即 $t+T$ 时刻偿还 1 元人民币。由于该中国投资者可以投资于英国银行同业市场，所以其可以利用借入的人民币买入即期美元，卖出远期美元，在 $t+T$ 时期，该中国投资者可以获得美元利息收入，折算成人民币为：

$$\left[\frac{1}{(1+i_a\times\frac{T}{360})}\times\frac{1}{S_a(t)}\times(1+i_b^*\times\frac{T}{360})\right]\times F_b(t,T) \qquad (4-6)$$

为满足均衡条件（不存在套利机会），则一定存在：

$$\left[\frac{1}{(1+i_a\times\frac{T}{360})}\times\frac{1}{S_a(t)}\times(1+i_b^*\times\frac{T}{360})\right]\times F_b(t,T)\leqslant 1$$

$$\Rightarrow F_b(t,T)\leqslant S_a(t)\times\frac{(1+i_a\times\frac{T}{360})}{(1+i_b^*\times\frac{T}{360})} \qquad (4-7)$$

（2）借入美元。

该中国投资者可以在 t 时刻借入 $\frac{1}{(1+i_a^*\times\frac{T}{360})}$ 美元，到期即 $t+T$ 时刻偿还 1 美元。该投资者可以利用借入的美元购买即期人民币，卖出远期人民币，在 $t+T$ 时期，该中国投资者可以获得人民币利息收入，折算成美元为：

$$\left[\frac{1}{(1+i_a^*\times\frac{T}{360})}\times S_b^*\times(1+i_b\times\frac{T}{360})\right]\times\frac{1}{F_a(t,T)} \qquad (4-8)$$

为满足均衡条件（不存在套利机会），则一定存在：

$$\left[\frac{1}{(1+i_a^*\times\frac{T}{360})}\times S_b^*\times(1+i_b\times\frac{T}{360})\right]\times\frac{1}{F_a(t,T)}\geqslant 1$$

$$\Rightarrow F_a(t,T) \geqslant S_b(t) \times \frac{(1 + i_b \times \frac{T}{360})}{(1 + i_a^* \times \frac{T}{360})} \qquad (4-9)$$

二、外汇掉期

外汇掉期（foreign exchange swap）是最主要的传统外汇衍生品。货币掉期是常用的货币保值工具，可以用来控制中长期汇率风险，通过把以一种外汇计价的债务或资产转换为以另一种外汇计价的债务或资产，来达到规避汇率风险、降低成本的目的。

（一）外汇掉期的概念

外汇掉期交易，是指在确定的时间内，把一定数量（外汇掉期合约的名义金额）的两种货币以确定的汇率进行交换，同时还设定在某一未来时间（掉期到期日）对同等数量的两种货币，以另一个确定的汇率进行反向交易。如果外汇掉期首次交易时间是在现在，则称此种掉期为“现—远掉期”；如果外汇掉期首次交易时间是在未来某一时间，就称为“远—远掉期”。

（二）外汇掉期应用举例

例 4-6 一跨国公司现需要一笔 500 万美元的款项，并占用 120 天。120 天后该公司会有一笔 500 万美元的收入进账。为了立即得到这笔资金，该公司可以向银行申请 120 天的美元贷款，但成本很高；还可以与中国银行某分行签订一笔外汇掉期交易。具体交易过程如下。

（1）该跨国公司以商定的汇率 \$100 = ¥682.40 向中国银行某分行支付等值 500 万美元的人民币，即 500 × 6.824 = 3412（万元人民币）。同时中国银行某分行支付 500 万美元给该公司。

（2）假定双方商定的掉期点数为 -100 点，那么掉期率为 6.824 - 0.01 = 6.814（元人民币/美元），该跨国公司将在 120 天后以该汇率换回人民币。120 天后，该公司向中国银行某分行返还 500 万美元，而中国银行某分行只需向该公司支付 3407 万元人民币。

（3）公司在掉期交易开始时向中国银行某分行支付了 3412 万元人民

币，而掉期交易结束时拿回的是3407万元人民币。差额是3412－3407＝5（万元人民币）。之所以公司少得5万元人民币，主要是因为这120天中、美两国利率间存在差异和人民币升值。

（三）外汇掉期点数的计算

外汇掉期点数计算如下所示：

$$\frac{F_t}{S_t}=\frac{(1+i)}{(1+i^*)}\Rightarrow \text{掉期点数为 } \Delta F=F_t-S_t=S_t\times\frac{(i-i^*)}{(1+i^*)} \quad (4-10)$$

三、货币掉期

（一）货币掉期出现的市场基础

哈耶克（Hayek）认为，市场的发展往往是无序的。这一观点对互换市场的出现有一定的启示作用。假定某人是成都人，在成都拥有一套120平方米的住房，但他准备到美国纽约去读书，时间为3年，纽约不提供住房，而且读完后他还得回来。在国外读书是一件好事，但最让这个人头痛的是如何解决纽约的住房问题。假定他碰巧遇见了一个纽约人。两人之间有很多相似之处，他也刚好要来成都留学，而且更巧的是这个纽约人在成都留学的学校离这个成都人的住房很近。他也刚好待3年，成都学校也不提供住房。而且这个纽约人也在纽约有一套120平方米的住房，他的住房也离这个成都人在美国纽约读书的学校很近。到此为止希望两人能够把各自的住房交换住3年。当这个成都人这样想的时候就意味着互换思想萌芽了。

同样，在货币掉期出现之前的一段时间，市场上存在着交易双方同意对金融支付额进行较长期限交换的思想。

我们假定有一家中国的跨国公司在美国有一个子公司，目前急需500万美元的投资，但由于中国的资本管制，严禁外汇在最近流出国内，该中国跨国公司不能向它的子公司提供美元贷款。那么该中国跨国公司该如何为子公司提供所需资金呢？

该中国跨国公司可以安排在美国的跨国公司向该子公司提供贷款，与此同时，该中国跨国公司向该美国跨国公司在中国的子公司提供人民币贷款。这种双向贷款（double loan）有时又称“背对背贷款”（back - to - back loan）或平行贷款（parallel loan）。

按照同样的思路，众所周知，中国到目前为止仍然对资本项目实行严格管制。我们假定一个美国跨国母公司的子公司在中国积累了大量的利润，这一利润远远超过了该子公司在中国进行再投资所需的数额。该子公司非常希望把利润兑换成美元汇回美国跨国母公司。但由于存在资本管制，该子公司要汇回美元相当困难。在这种情况下，该子公司可以选择向一家法国跨国公司在中国的子公司提供人民币贷款，然后该法国子公司的母公司再向美国母公司提供贷款，这就很好地解决了这一问题。

我们再回到掉期的定义上。货币掉期又称“货币互换”。它是指筹资者之间相互以一种固定利率计息的货币与另一种固定利率计息的相同期限、等值资金债务的货币进行交换的一种新型外汇交易业务。

世界上首次货币互换发生在1981年8月。当时世界银行非常希望筹集到固定利率的德国马克和低利率的瑞士法郎，但它无法直接通过发债来筹集。由于世界银行具有AAA级信用评级，能够从美国市场筹集相当低廉的美元，它希望通过筹集美元资金然后换取IBM公司的德国马克和瑞士法郎。当时经过所罗门兄弟公司的安排，世界银行将它2.9亿美元金额的固定利率债务与IBM公司已有的瑞士法郎和德国马克的债务进行了货币互换。

（二）货币互换应用实例

假定中国工商银行与日本瑞穗银行都可以在美元市场和瑞士法郎市场上发行期限为10年的债券。两家银行在两个市场上的相对借款成本如表4－4所示。

表4－4　中国工商银行与日本瑞穗银行在两个市场上的相对借款成本　（%）

	美元市场	瑞士法郎市场
中国工商银行（年利率）	10.0	5.0
日本瑞穗银行（年利率）	13.0	6.0
借款成本差	3.0	1.0

之所以中国工商银行在两个市场借款都具有绝对优势（低利率成本），主要是因为其信用等级比日本瑞穗银行高。但中国工商银行在两个市场的优

势是不同的。在美元市场上，中国工商银行相比日本瑞穗银行具有3%的利率优势，而在瑞士法郎市场上，中国工商银行与日本瑞穗银行的利差只有1%（6% -5%）。我们发现，中国工商银行在美元市场上具有比较优势，而日本瑞穗银行在瑞士法郎市场上具有比较优势。根据国际贸易理论中的比较优势原理，中国工商银行和日本瑞穗银行都可以通过借入各自具有比较优势的货币进行交换，这样就能够获得低成本的外汇资金，从而使得交易双方均从中获益。

货币互换交易步骤具体如下（见图4 -3）。

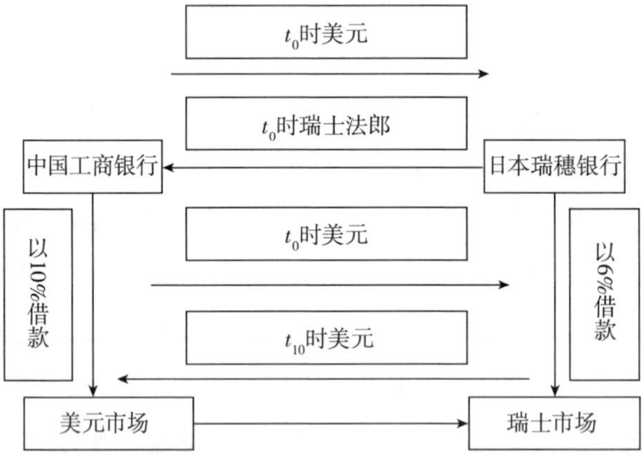

图4 -3　货币互换交易步骤

第一步，在 t_0 时，中国工商银行发行一笔10年期、利率为10%、金额为1亿美元的债券；日本瑞穗银行发行一笔10年期、利率为6%、金额为1.5亿瑞士法郎的债券。又假定 t_0 即期汇率为1美元 = 1.5瑞士法郎。这样这两笔贷款在本金上是相等的。

第二步，中国工商银行把它的1亿美元资金借给日本瑞穗银行，收取年固定利率为12.5%的利息；而日本瑞穗银行把它的1.5亿瑞士法郎资金借给中国工商银行，收取年固定利率为6.5%的利息。从 t_0 到 t_{10} 年，中国工商银行和日本瑞穗银行既要按照互换协议的规定相互支付利息，又要对原发行的债券支付利息。

第三步，在 t_{10} 时，互换合约到期，中国工商银行和日本瑞穗银行首先相互支付最后一笔利息，其次把原先的本金交换回来，最后用这笔本金去偿还各自未偿付的负债。

四、利率互换

利率互换一般是市场上一定期限的浮动利率［实际中一般是6个月的伦敦同业拆借利率（LIBOR）］与一个固定利率的交换；或者是交易双方互换两种不同的浮动利率。即所谓利率互换是指互换双方在外币币种相同、等额本金的基础上互换不同形式的利率的一种外汇交易业务。

利率互换之所以出现，是因为比较优势理论在起作用（比较优势理论被认为是较为正确和有效的经济学贸易理论）。我们通过举例来分析利率互换是如何进行的。假定市场中存在两家中国国有大银行——中国工商银行和中国银行。两者都可以发行人民币固定利率债券或者人民币浮动利率债券（见表4－5）。在固定利率债券市场上，中国工商银行和中国银行的年借款利率成本分别是9.0%和10.5%。而且两者可以发行以上海银行间同业拆放利率Shibor为基准利率的浮动利率债券。假定中国工商银行的融资成本是6个月Shibor＋0个（基本）点，而中国银行融资成本是Shibor＋50个（基本）点［1个（基本）点＝0.01%］。

假定每半年支付一次利息，每6个月重新确定一次浮动利率水平。

表4－5　利率互换

	中国工商银行	中国银行
固定利率融资成本（年利率）	9.0%	10.5%
浮动利率融资成本	Shibor＋0%	Shibor＋0.5%

在本例中，中国工商银行在固定利率信贷市场和浮动利率信贷市场上都享有绝对优势。中国工商银行在两个市场上都可以比中国银行以更好的条件借入资金，主要原因是我们假定中国工商银行的不良贷款比率比中国银行低，中国工商银行信用风险水平比中国银行低。

但是我们发现中国工商银行在两个市场上的优势是不同的。在固定利率市场上，中国工商银行的利率成本比中国银行低1.5%；在浮动利率市场上，中国工商银行的利率成本优势仅为0.5%。所以，按照比较优势理论，中国工商银行在固定利率市场上有比较优势，而中国银行在浮动利率市场上有比较优势。因此，中国工商银行在固定利率债券市场上借款，中国银行则在浮动利率市场上借款，然后进行互换，结果双方都可以获益。

利率互换具体步骤如下（见图4－4）。

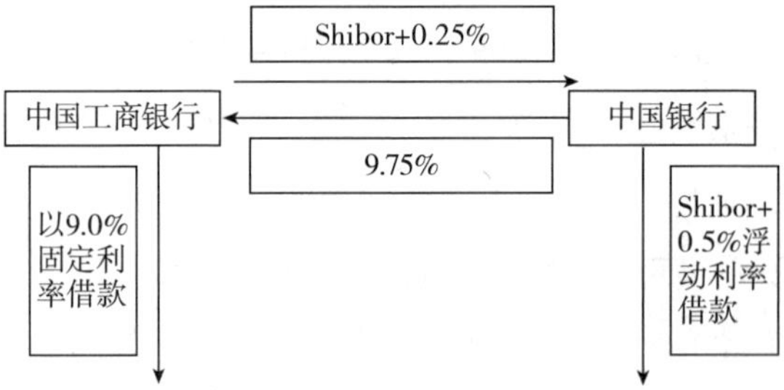

图4－4　利率互换步骤

假定在 t_0 时，中国工商银行发行一笔10年期、固定利率为9%、金额为10亿元人民币的债券；而中国银行从银行获得金额为10亿元人民币的贷款、浮动利率为6个月的Shibor＋0.5%。由于两者本金相同，所以可以进行利率互换。中国工商银行同意向中国银行支付Shibor＋0.25%的利息，而中国银行同意向中国工商银行支付9.75%的利息。从 t_0 年到 t_{10} 年，中国工商银行和中国银行按照互换协议相互支付利息，此外它们还要对发行的原始债务支付利息，在 t_{10} 时互换合约到期，中国工商银行和中国银行交换最后一次利息，中国工商银行偿还到期债券的本金，而中国银行偿还银行贷款。

利率互换的结果是，中国工商银行向中国银行支付Shibor＋0.25%的利息，此外还要对其发行的固定利率债券支付9.0%的利息，同时从中国银行收取9.75%的利息。其净利息成本为Shibor－0.5%。这样与直接借入浮动利率借款相比，中国工商银行节约成本为0.5%。

而中国银行要向中国工商银行支付9.75%的利息。此外它还要对其未偿付的浮动利率债务支付Shibor＋0.5%的利息，同时它从中国工商银行处收入Shibor＋0.25%的利息，其净成本为10.0%，与直接借入固定利率资金相比，中国银行可以节约0.50%的成本。

因此互换交易使两家银行的资金成本都减少了0.5%。

第三节　外汇期货

第二节在介绍远期汇率时举了一个例子。有一个农民正准备播种，但拿不定主意该种小麦还是其他农作物。因为他担心如果种小麦，来年在收割时小麦价格下跌将带来损失。于是他与面粉加工厂签订了一份远期协议，从而锁定了远期小麦的价格。但如果未来（比如6个月后）小麦价格大涨，农民就有很大动机违约。外汇远期也存在类似风险，如当1美元=6.886元人民币时一个投资者签订了一份远期协议，以协议价格1美元=6.886元人民币买进100万美元，期限为一年。如果一年后汇率变为1美元=6.486元人民币，假定你是该投资者，你一定很后悔签订了这份协议，因为你可以在即期市场上以更低的价格买进美元［与远期相比可以节约近(6.886－6.486)×100=40（万元人民币）］。

首先，远期交易存在较大的违约风险，应该如何规避其中存在的风险？解决办法之一是，只与那些品质高尚的人签订远期协议或者只与信誉卓著的大公司签订远期协议。外汇远期市场交易主体是各大银行，而各大银行本身就是信誉卓著的公司，这就降低了违约风险。所以从交易量来看，外汇远期市场远大于外汇期货市场。

其次，远期交易存在远期合约的非标准化风险。这一情况在远期外汇市场上同样存在。

20世纪70年代，随着布雷顿森林体系的崩溃，特别是1971年12月13日，布雷顿森林协议的正式废除，国际外汇市场发生了重大变化，浮动汇率制时代到来，外汇市场上汇率波动剧烈，众多公司特别是跨国公司必须学会如何利用外汇市场进行套期保值。芝加哥商业交易所于1972年5月正式推出了7种外汇期货合约，主要是：英镑、加拿大元、德国马克、意大利里拉、日元、墨西哥比索和瑞士法郎。

一、外汇期货的含义

外汇期货（foreign exchange futures）是指交易双方在未来某一日期以既定汇率交割一定数量外汇的标准化合约。

二、外汇期货交易的特征

（1）外汇期货交易具有一定标准数量的合约单位。特定货币的每份期货合约的数量相等，如芝加哥商业交易所交易的欧元，其合约面值为12.5万欧元。

（2）外汇期货合约具有标准的合约月份和到期时间。比如，芝加哥商业交易所交易的欧元，都是季度性的合约，即交易时间为3月、6月、9月和12月。比如，现在是2011年1月13日，那么离现在最近的是2011年3月的合约；两个月后的第三个星期三，该合约就会到期。3月合约到期后，6月的合约就成为最近的合约，同时2012年3月的合约也会挂牌上市交易，成为最远的合约。

（3）外汇期货合约交易对每日汇率变动的幅度设有最低的限制。最低变动价位（minimum fluctuation tick）是指标的货币汇率变动一次的最小幅度。比如，欧元的基本点是0.0001美元，代表它的最小变动价位是0.0001美元。

（4）实行每日价格最大波动限制。外汇期货交易是保证金交易，存在较大的杠杆效应。为防止汇率剧烈波动，主要外汇期货交易所都采取了一定程度的涨跌停板制度，即采取每日价格最大波动限制，一旦价格波动超过该幅度，交易就会自动停止。比如，巴西商品和期货交易所规定，其美元合约每日价格与前一日的结算价相比，涨跌幅度不能超过7.5%。

三、外汇期货与外汇远期合约的区别

尽管期货合约和远期合约都是在当前达成的、在未来一定日期交割的协议，但两者之间存在重要区别。

第一，分散交易与集中交易的不同。

外汇远期合约主要是银行间或银行与客户间进行的双边交易。特别是，银行间远期交易主要是通过电话等方式进行的，一般不存在某个特定的交易场所；但外汇期货交易一定是在外汇期货交易所内进行的，即外汇期货交易都是集中交易。

第二，定做交易和标准化交易的不同。

外汇远期交易内容主要是银行根据顾客（如出口商或进口商等）的要

求专门制定的，因此外汇远期交易可以灵活地满足客户的差异化要求，期限长短也是根据客户要求来决定的；与此相反，期货合约交易都是高度标准化的，除价格外，期货合约的所有条款都是预先规定好的。比如，芝加哥国际货币市场（International Monetary Market，IMM）外汇期货合约中的欧元合约为 1.25 万欧元。因此，只要投资者买入欧元期货，每张合约的金额就都是固定的 1.250 万欧元，如果投资者需要 2.5 万欧元，就要买 2 张合约。

第三，远期交易对手的风险与期货交易的清算中心制度的区别。

在外汇远期市场上，远期交易发生在银行与银行间或银行与客户间，交易双方都将承担交易对手的信用风险和违约风险。因此，银行等交易商在签订远期协议之前必须对对手进行信用评估；而期货交易中，交易双方都是与期货交易所进行交易，把期货交易所作为交易对手方，而不是由双方直接进行交易，所以期货交易所必须随时准备履行期货合约。期货交易所把所有期货合约的交易对手风险都标准化了，从而便于买卖双方之间进行交易。期货交易的这种交易特征使得外汇期货交易几乎不存在交易对手的信用风险和违约风险。

第四，远期交易的现金结算和期货交易的逐日盯市制度的区别。

远期合约与期货合约的另一个显著区别是合约结算的时间。一般来讲，外汇远期合约在到期之前不存在资金的流动，只在合约到期时才发生现金（或一定数量的外汇）的结算。举例说明，假如有个出口商与外汇指定银行签订了一份 3 个月到期、金额为 200 万美元的远期美元卖出协议，协定价格为 \$ 1 = ¥6.586。目前是 2020 年 11 月 30 日星期一，签订远期协议时不需要资金的流动。3 个月后该远期合约到期，需要进行结算或交割，有两种方式可以进行：一种是如果假定 3 个月后到期的人民币对美元汇率为 \$ 1 = ¥6.686，那么银行支付出口商（6.686 − 6.586）×200 = 0.100 × 200 = 20（万元人民币）；另一种是到期时出口商直接把得到的 200 万美元卖给银行收回 658.6 万元人民币即可。

现在通过例子来分析期货合约的逐日盯市制度。

假定目前仍然是 2020 年 11 月 30 日星期一，某投资者购买了芝加哥国际货币市场的英镑期货合约一份，合约数量为标准数量 62500 英镑，假定价格是£ 1 = $ 1.3560，逐日盯市制度的运作情况见表 4 -6。

表 4 -6　逐日盯市制度的运作

时间	12 月 1 日	12 月 2 日	12 月 3 日	12 月 4 日
头寸	多头（买入 1 份）	多头持有	多头持有	多头持有
持有价格	£ 1 = $ 1.356	£ 1 = $ 1.366	£ 1 = $ 1.360	£ 1 = $ 1.356
结算价格	£ 1 = $ 1.366	£ 1 = $ 1.360	£ 1 = $ 1.356	£ 1 = $ 1.360
浮动盈亏	+0.010	-0.006	-0.004	+0.004
初始保证金	$ 2800	$ 2800	$ 2800	$ 2800
维持保证金	$ 2100	$ 2100	$ 2100	$ 2100
保证金账户余额	$ 2800 +625 = $ 3425	$ 2800 +625 - 375 = $ 3050	$ 3050 -250 = $ 2800	$ 3050
保证金账户盈亏情况	$ 625（盈利）	$ -375（亏损）	$ -250（亏损）	$ 250（盈利）

保证金交易是期货交易得以正常运作的灵魂。保证金是用来确保期货买卖双方履约并承担价格变动风险的一种财务保证。保证金又分为初始保证金和维持保证金，初始保证金又称“原始保证金”，是交易者新开仓时必须按照各类合约规定向期货公司的清算部门交纳的资金（可以是现金，也可以是其他债券等），比如 IMM 规定一份英镑期货合约的初始保证金是 2800 美元。投资者只要满足了初始保证金要求就可以进行英镑期货合约交易。所谓维持保证金，是指保证金账户在经过期货公司逐日结算后必须维持一定比例的最低金额。如果期货价格发生有利于投资者的变化，那么该投资者就可以取出所盈利的资金；如果期货价格的变化不利于投资者，那么当保证金账户资金低于维持保证金时，投资者必须追加保证金，否则将被期货公司强制平仓。

按照 IMM 的规定，英镑期货合约的初始保证金为 2800 美元，维持保证金为 2100 美元。在 2020 年 12 月 1 日这天，英镑价格上升，在收市时£ 1 = $ 1.366，以此作为结算价格，期货公司结算部门为该投资者计算出来的结果是：如果该投资以这个价格出售该期货合约，那么其账户盈利 625 美元，因此该投资者账户余额为 3425 美元。该投资者可以取走该盈利 625 美元。12 月 2 日这天，英镑价格下跌，这对于期货多头来讲不是一个好消息，因此多头亏损 375［（1.366 - 1.360）×62500 = 0.006 × 62500 = 375］美元。

依此类推，可以知道后两天的交易和盈亏情况。从该例子可以看出，期货交易所每天都在计算保证金账户余额，这就是所谓的期货交易的逐日盯市制度。

四、外汇期货的定价

如果利率是非随机的，则期货价格应该与远期价格一致；但即使利率是随机的，远期价格与期货价格也只有细微差别，因此期货合约可以用利率平价理论进行定价。

假定 t 时刻达成在 $t+T$ 时刻交割的期货合约的价格为 $Z(t,T)$，则通过利率平价理论，有：$\frac{Z(t,T)}{S_t}=\frac{(1+i\times\frac{T}{360})}{(1+i^*\times\frac{T}{360})}$，当 $T\to 0$ 时，$Z(t,T)=S_t$。即合约到期时，期货价格与到期日现货价格趋同。

例 4-7　欧元当前汇率是 1.280 美元/欧元，美国和欧盟的年利率分别是 1.50% 和 2.05%，则 3 个月美元/欧元的期货价格为：

$$\frac{Z(t,T)}{1.28}=\frac{(1+0.015\times\frac{3}{12})}{(1+0.0205\times\frac{3}{12})}\Rightarrow Z(t,T)=1.278\text{ 美元/欧元}$$

五、外汇期货交易应用举例

期货市场所提供的经济功能之一是套期保值。期货交易的对象并不是商品（标的物）的实体，而是商品（标的物）的标准化合约。期货交易的目的是转移价格风险或获取风险利润。进行外汇交易的主体有两类，一类是套期保值者，这类主体通常利用期货市场规避现货可能具有的外汇风险；另一类是投机者，利用期货价格的变动来获取利益。外汇期货套期保值的原理是：现货市场价格与期货价格一般受相同因素的影响，两者价格的变动是同一方向的，即现货价格上涨期货价格也会上涨。当某投资者在现货市场上持有现货时，为防止未来因价格下跌而遭受损失，就会在期货市场上卖出期货合约。如果未来现货价格下跌，那么该投资者通过期货市场平仓获得的利润可以弥补现货市场的亏损。所以对套期保值者来说，其参与期货市场不是为了赚钱，而是为了规避风险。

（一）空头套期保值

空头套期保值又称“卖出套期保值”，即持有外汇现货的交易者，在期货市场上做一笔空头交易（在期货市场上卖出）。以防止现货头寸价格下跌遭受损失。

假定中国长虹公司在美国的子公司需要母公司提供500万美元的资金，期限为5个月。也就是说子公司向母公司借500万美元，5个月后再归还。于是长虹母公司就在现货市场上用人民币购买了500万美元，然后汇给了子公司。为了规避由此产生的外汇风险，长虹母公司在外汇期货市场上进行了空头套期保值，其运作过程如表4－7所示。

表4－7　空头套期保值的运作过程

	外汇现货市场	外汇期货市场
2020－12－01	买入500万美元，即期汇率为＄1＝￥6.658。支付3329万元人民币	卖出5份7月到期的美元期货合约，每份100万美元，共500万美元，期货价格为＄1＝￥6.656
2021－06－01	卖出子公司汇回的500万美元，假定汇率为＄1＝￥6.558，母公司收入人民币3279万元	买入5份7月到期的美元期货合约，每份100万美元，共500万美元，期货价格为＄1＝￥6.556
盈亏情况	现货亏损：3329－3279＝50（万元人民币）	（6.656－6.556）×500＝0.1×500＝50（万元人民币）

从该案例可以看出，由于美元对人民币贬值，所以长虹公司现货市场交易发生亏损50万元人民币；但由于参与了期货交易，所以长虹母公司从期货市场上盈利50万元人民币。但如果长虹公司没有参与期货交易，就会亏损50万人民币。

这里要注意，期货市场有个很重要的术语叫“平仓”。本例中2020年12月1日卖出5份7月到期的美元期货合约，每份100万美元，到2021年6月1日必须买入5份7月到期的美元期货合约进行平仓。关于平仓处理的原因，我们可以再回忆远期交易的情况。远期交易是交易双方今天达成的、未来一定时间再交割某种商品的协议。当你与另一方签订远期协议时一定不要忘记到期必须出现金购买或给商品。而期货交易起源于远期交易，或者说本质上期货交易是远期交易的标准化，即期货交易仍然是远期交易。当你在期货市场上卖出了一份期货合约时，一定有另一方买进了你卖出的这份合约。只有当你再买进该期货合约时（类似你不愿意签订这份远期合约了），才表示这份期货合约失效了，你的义务也就解除了。在实际生活中，当我们向别人承诺做某事时，一定要记住“平仓”。

（二）多头套期保值

多头套期保值（Long Hedge），又称买入“套期保值”。对于那些在国外有负债或将来某一时间必须支付外汇的进口商而言，为避免因所支付的外汇升值而造成损失，可以先在外汇期货市场上买进同等金额的外汇期货合约（期限要匹配，或大致匹配）来规避外汇汇率上升所造成的损失。

六、外汇期货市场的经济功能①

外汇期货交易所提供的经济功能与外汇远期合约所提供的经济功能并没有本质上的区别。这两类合约都允许现货市场上的交易者持有外汇的长头寸和短头寸。如果外汇期货的交易双方都是套期保值者，那么通过期货合约，交易双方都认为自己面临的外汇风险有所降低。因此期货市场的主要功能是套期保值。但期货合约只能转移风险，而不能消除风险。因为外汇风险源自经济的内部，源自未来外汇变动的不确定性，这种不确定性是内生的，所以只有套期保值者的市场是不完全的市场。期货市场还需要愿意承担风险的投机者，使套期保值者在期货市场上把风险转移给投机者。

外汇期货市场还有一个重要的经济作用是价格发现。价格发现，是指透过期货市场去了解未来现货的价格。外汇期货交易是在交易所集中进行

---

① 外汇市场上的投机者通过承担套期保值者转移出来的风险而获利。在现代信用经济条件下，创造价值的方式有多种：劳动创造价值、节约创造价值、承担风险创造价值等。投机的定义是根据对市场的判断，利用市场出现的价差进行买卖，从中获得利润的交易行为。但投机者和投资者没有本质区别。关于这一点请参考金融市场学中对资产的定义。

的交易，交易所作为一种有组织、规范化的统一市场，聚集了大量的买者和卖者，通过公开、公平、公正的竞争形成价格，它基本反映了真实的外汇供求关系和外汇价格未来的变化趋势。

第四节　外汇期权

前面介绍了几个传统的外汇衍生产品：外汇远期、外汇互换和外汇期货等。传统外汇衍生产品的主要作用是帮助企业规避汇率风险。但企业在使用这些传统的衍生产品时存在一些困难或问题。在当前国际金融市场上，政府对外汇市场的干预和大量的货币投机行为是引起汇率变动的主要因素之一。汇率的过度变动使得企业面临过大的汇率风险。因此外汇市场上出现了一些传统衍生产品，如外汇远期、外汇互换等。但由于远期交易期限短，一般是在一年以内，企业不能用它来规避长期汇率风险。此外，外汇远期汇率的价格主要根据利率平价理论来确定，而利率平价理论只找到了影响汇率变动的一个因素——两国利率差，其他许多影响汇率变动的因素没有反映在汇率模型中，所以使得根据利率平价理论来确定远期汇率也存在较大的汇率风险。由于外汇期货采用逐日盯市制度，企业在使用其产品时需要较强的流动性，所以参与期货交易需随时关注自身的资金流动性满足与否的问题。外汇市场的金融产品创新为企业规避汇率风险提供了更多选择，而在这些新的产品创新中，期权无疑是一个很好的金融工具。

一、外汇期权的含义

期权是一种很特殊的金融合约，当你买入某种期权后，只有当你愿意的时候你才可以执行该合约，你也可以放弃不执行。也就是说，别人给你做某事的权利，但你没有必须履行的义务。

最早的期权合约被认为出现于17世纪初荷兰投机郁金香时期，那时郁金香生产者为了确保他们生产的郁金香卖个好价钱，并且不用担心郁金香价格下跌所导致的损失，就买进郁金香看跌期权，即以一定价格卖出一定数量郁金香的权利。

现代意义上的金融期权最初出现于英国伦敦股票交易所推出的股票期

权。1973 年，芝加哥期货交易所推出了美国的股票期权。随着浮动汇率制度的出现，柜台外币期权逐渐被推出。1982 年，美国费城股票交易所推出了交易所外汇期权。

外汇期权又称“货币期权”，是一种选择权合约，其持有人即期权买方享有在合约期满（欧式期权）或合约有效期内任意时间（美式期权）以协定价格买入或卖出一定数量的某种外汇资产的权利；而期权卖方在收取期权费后，有义务在买方要求执行合约时卖出（或买入）合约规定的特定数量的某种外币资产。

例 4－8　假设 2020 年 11 月 9 日汇丰控股（HSBC Holdings）与一家企业达成了一笔一年期的美元对人民币期权交易。假定该企业卖出一份面值为 100 万美元、执行价为 1 美元＝6.68 元人民币的美式期权合约（看跌期权），期权费为 0.01 元人民币/美元，假定不存在其他交易费用。则意味着该企业为其美元收入买了一份保险，当一年内美元对人民币汇率高于 6.69（6.68＋0.01），即美元升值时，该企业将放弃行权，损失的只是期权费，金额为 1（0.01×100）万元人民币。如果一年内人民币对美元升值到 1 美元＝6.58 元人民币时（美元贬值），该企业就可以以执行价格卖出 100 万美元，获得 667（6.68×100－0.01×100）万元人民币，与没有购买期权相比，多赚 9（667－658）万元人民币。

从该例可以看出，看跌期权实际上是现货多头的保险。因为如果基础资产美元价格下跌，看跌期权的买方还可以以执行价格卖出基础资产美元，从而规避了美元价格下跌的风险。当然，如果基础资产价格上涨，就无须执行该合约，损失的仅是保险费（期权费）。这一点与远期交易不同，远期交易者虽然可以规避价格下跌的风险，但是如果价格上涨，远期交易者就不能享受价格上涨带来的好处。通过期权交易，交易者不仅可以规避价格下跌的风险，还可以享受价格上涨带来的好处。

二、外币期权市场

外币期权市场主要有交易所的货币期权市场和银行同业间的货币期权市场（OTC）两类。比如，纽约、伦敦和东京的外汇期权市场主要属于银行同业间市场；而费城和芝加哥的外汇期权市场就属于交易所期权市场。其他国家或地区的外汇期权市场也主要属于这两类之一。外汇期权市场上交易的货币种类较少，主要是几种国际货币，比如美国的外汇期权市场主要有欧元、英镑、日元、澳大利亚元等；美国费城交易所现货期权的交易单位是国际货币市场期货合约的一半，即英镑外汇合约为£ 31250，欧元为€ 52600等（见表4－8）。而且绝大多数交易所外汇期权合约的到期时间与国际货币市场外汇期货到期时间相对应。即外汇期权合约的到期时间也是3个月、6个月、9个月和12个月。

表4－8　美国费城股票交易所外汇期权合约交易货币单位

货币种类	合同规格
欧元 EUR	52600 EUR
英镑 GBP	31250 GBP
瑞士法郎 CHF	62500 CHF
加拿大元 CAD	50000 CAD
日元 JPY	6250000 JPY
澳大利亚元 AUD	50000 AUD

三、外汇期权交易的类型

根据期权交易的场所、交易者权利、执行时间和复杂程度等，可以将期权分为以下几种类型。

（一）根据期权交易场所的不同划分

根据期权交易场所的不同，外汇期权可分为交易所交易期权和场外柜台交易期权（有的也称为“银行间市场”）。交易所交易期权在期权到期日、名义本金、协定价格、保证金等方面都是标准化的，外汇期权交易双方只需确定合约的价格和数量；而场外柜台交易期权主要是由银行售给客户，可以满足客户在日期、数量和币种等方面的特定需求。

（二）根据外汇期权赋予交易者的权利不同划分

根据外汇期权赋予交易者的权利不同，外汇期权可分为看涨期权（call）和看跌期权（put）。看涨期权是指在特定的时间内，期权买方享有按某一特定的价格（特定汇率）[这一价格被称为“协定价格”或“执行价格”（strike price/exercise price）] 买进特定数量外汇的权利，但不负有必须买进的义务。而看跌期权是指在某给定时间内（或到期日）按照事先约定的执行价格卖出某一特定数量外汇的权利。比如，假定某投资者买入协定汇率为1欧元=1.280美元的3个月期欧元看涨期权（美式），期权费为1欧元=0.020美元，期权合约的名义价值为100万欧元。那么该投资者就可在3个月期限内的任意时间以协定价格（1欧元=1.280美元）买进100万欧元。如果市场汇率为1欧元=1.380美元，那么该投资者就可以获得8 [（1.380-1.280）×100-100×0.02] 万美元的收益；如果市场汇率低于1欧元=1.280美元，那么该投资者就放弃行权。反之，如果投资者看空欧元，就可以卖出欧元的看跌期权。比如，投资者以执行价格1欧元=1.280美元买进欧元看跌期权，当市场汇率低于1欧元=1.280美元，如1欧元=1.180美元时，该投资者可以在市场上以1欧元=1.180美元的价格买进100万欧元，然后卖给看跌期权的卖方，从而获利8 [（1.280-1.180）×100-100×0.02] 万美元。因此，当你看空欧元，认为欧元处于下跌趋势时，就应该买进欧元看跌期权；如果你认为欧元处于上升趋势，即欧元对美元升值，就应该买进欧元看涨期权。

（三）根据期权的执行时间的不同划分

根据期权的执行时间不同，外汇期权可分为欧式外汇期权和美式外汇期权。如果期权只能在到期时间执行，那么这种外汇期权就是欧式外汇期权，当然欧式外汇期权同样有欧式看涨期权和欧式看跌期权；如果期权不但能在到期日执行，而且能在期权到期之前任意时间执行，那么这种期权就是美式外汇期权。这里要注意，虽然在美国交易所交易的主要是美式外汇期权，但是美国也有欧式外汇期权。而欧盟不仅有欧式外汇期权也有美式外汇期权。也就是说，美式外汇期权和欧式外汇期权的划分不是以国家为界。另外，从欧式外汇期权与美式外汇期权的定义中我们也不能想当然地认为美式外汇期权一定比欧式外汇期权好，欧式外汇期权虽然只能在到期日行权，但是欧式外汇期权的期权费支出较少。

（四）根据期权的复杂程度等的不同划分

根据期权的复杂程度等不同，外汇期权可分为外汇现货期权（option on spot foreign currency）、外汇期货期权（option on foreign currency futures）及期货式期权（option on futures）。

所谓外汇现货期权，是指设在外汇之上的期权合约。外汇现货期权把外汇作为基础资产，当行使这种期权时，转让的是即期外汇。比如，假定存在一份人民币对美元的期权合约，美元的买入期权可以使期权买方有权（在到期日或之前）以 1 美元 =6.886 元人民币的价格买入 1 万美元。

而外汇期货期权是建立在标的期货基础之上的。或者说这种期权的购买者有权在到期日或之前，以协定汇率买入或卖出一定数量的某种外汇期货合约，即买入看涨期权以使期权买方按协定汇率取得外汇期货的多头地位。目前，外汇期货期权主要在芝加哥商品交易所交易，也曾在伦敦国际金融期货交易所交易（到目前为止，外汇期货期权主要是美式外汇期权）。当外汇期货看涨，期权的买方行使期权时，可以从期权出售方获得标的期货合约的多头再加上期货价格超过执行价格的超额现金。

比如，某投资者拥有一个 2021 年 3 月第三个星期三到期的期货期权，期权执行价格是 1 美元 =6.668 元人民币，现在期货价格是 1 美元 =6.768 元人民币，那么该投资者现在行权就可以获得 1 美元 =6.768 −6.868 =0.1 元人民币的利润。

在浮动汇率制度下，汇率本身波动性较大，导致外汇期权的价格具有较大波动性或不确定性，如果期权本身也可以像期货一样进行交易，就可以规避期权价格波动带来的风险，这就是期货式期权。也就是说，期货式期权更像是期货交易。期货式期权的交易双方都要交纳保证金，类似普通期货合约的交易情况。期货式期权与期货期权的区别主要是期货期权的买者必须向卖者支付期权费，但期货式期权的买者不是交期权费，而是交保证金。

例如，假定某投资者以£ 1 = ＄1.35 的执行价格买入一个总额为£ 25000 的期货式卖出期权，又假定期权价格在此时为£ 1 = ＄0.0265，总价值为：$25000 \times 0.0265 = \$662.50$。如果期权价格后来上升到£ 1 = \$0.0375，则总价值为：$25000 \times 0.0375 = \$937.50$。所以期权买方获得净现金流入：$937.50 - 662.50 = \$275$。卖方的现金净流出也为 \$275。

但要注意的是由于外汇期权涉及的执行价格是两种货币的价格——汇率，所以如果一种货币看涨，另一种货币就看跌。比如，人民币/美元汇率的看涨期权，其实就是美元看涨同时人民币看跌。

四、外汇期权的定价

（一）外汇期权的定价原则①

外汇期权的定价原则仍然是无套利定价思想，至于该公式的推导过程，有兴趣的读者可以参考《金融工程学》等教材。一般教材给出的是欧式外汇期权定价公式。欧式外汇期权定价比美式容易。在到期日，欧式外汇期权的价值等于其内在价值。内在价值是指期权协定价格与现行市场价格之间存在的有利于买方的差额，也是期权买方行使期权所能获得的利润。对于看涨期权来说，如果期权的协定价格比即期汇率低，此时看涨期权就是实值期权，期权就处于盈利状态（in the money）；对于看跌期权来说，当外汇期权合约的协定汇率高于标的外汇的即期汇率时，看跌期权也是实值期权。如果外汇即期汇率和协定汇率相等，此时期权就处于平价状态（at the money）；如果外汇期权买方行权会导致损失，那么此时的期权就被称为“虚值期权”（out of the money）。对于看涨期权来说，当外汇期权合约的协定价格高于标的外汇的即期汇率时，由于履约可能使买方遭受损失，此时该看涨期权就是虚值期权；同样，对于看跌期权来说，当外汇期权合约的协定价格低于标的外汇的即期汇率时，由于履约可能使买方遭受损失，此时该看跌期权就是虚值期权（我们这里只以现汇期权为例）。

（二）决定期权费（期权价格）的因素

期权费是由期权买方支付给卖方的费用，也是期权买方为取得期权合

① 期权定价模型主要有三类：一是分析类，比如布莱克－斯科尔斯期权定价模型及其推广；二是数值型，又可进一步分为三个大系，即二叉树模型、有限差分模型和蒙特卡罗模型；三是由 Lionel Macmillan 最先提出，用来分析美式期权定价的模型，被称为“分析近似类模型”。

约赋予的权利所付出的代价。无论期权合约是否被执行，期权费均归期权卖方所有。期权费等于期权的内在价值与时间价值之和。期权费主要受以下 6 种因素的影响。

1. 外汇的当前汇率

当前汇率是决定期权费的主要因素之一。对于看涨期权来说，如果执行价格确定，那么当前汇率越高，看涨期权的期权费就越高。比如，存在一份美式欧元看涨期权，其执行价格是 1 欧元 = 1. 180 美元，如果当前汇率为 1 欧元 = 1. 280 美元，那么期权买方立即执行合约就可获利 1 欧元 = 0. 100 美元；同样地，如果当前汇率为 1 欧元 = 1. 380 美元，那么期权买方立即执行就可获利 1 欧元 = 0. 200 美元。既然当前汇率越高期权买方获利越多，那么期权买方支付给卖方的期权费也越高。

2. 期权合约的执行价格

执行价格与市场当前汇率之差决定了期权的内在价值。对于同样的当前汇率，执行价格越高，看涨期权被执行的可能性就越小，卖方履行义务的可能性减少，从而买卖双方达成合约的期权费也就越低。对于看跌期权来说，执行价格越高被执行的可能性就越大，所以期权费也越高。比如，某一投资者买入一份欧元看跌期权，当前汇率为 1 欧元 = 1. 180 美元。我们比较执行价格分别为 1 欧元 = 1. 280 美元和 1 欧元 = 1. 380 美元两种情况，不难看出，执行价格越高买方获利越多，从而期权费也越高。

3. 本国利率水平

利率是货币资金的成本。在其他条件不变的情况下，本国利率相对于外国越高，本币越应该升值。对于本币的看涨期权来说，利率越高其期权费就应当越高。

4. 外国货币的利率

在其他条件不变的情况下，外国货币的利率高低直接反映了本币远期的升贴水幅度，而外汇远期的升贴水幅度也反映了当前汇率与未来相比的高低程度，从而影响外汇期权的价格。

5. 期权合约的到期时间

在其他条件不变的情况下，期权到期时间越长，外汇价格变动的可能性就越大，期权价格也就越高。因为期权合约时间越长，期权买方盈利的机会就越多，其所支付的期权费也就越高。从期权卖方角度来看，期权时间越长，卖方遭受损失的可能性就越大，故所需的补偿就越多，需要的期权费就越多。对于美式外汇期权来说，由于买方执行合约的机会增多，所以期权费较欧式外汇期权要高。

6. 外汇的波动率

外汇的衍生产品主要是为了规避汇率波动风险而设计的，外汇汇率波动率越大，波动幅度越宽，市场对期权的需求就越多，期权费也就越高。反之，一种货币的波动率越低，该种货币变化幅度越小，市场规避该货币汇率风险的动机就越低，需求越低，相应地，价格也就越低。

外汇的波动率有两种：一种是历史波动率，另一种是隐含波动率。历史波动率是对汇率过去波动程度的一种描述，历史波动率是期权定价的重要参考变量，但不是决定性变量，期权市场参与者将历史波动率作为期权定价的依据。

历史波动率的计算方法有以下两种。

（1）如果知道每一天外汇的汇率，那么可以用 $\ln\frac{s_t}{s_{t-1}}$ 计算出每日收益率，然后根据样本均方差公式计算出每日收益率的均方差，再计算出年波动率。

其中，年波动率 = 日波动率 × $\sqrt{年工作日数}$。

（2）另一种方法是直接算出历史波动率：

$$\sigma = \sqrt{\frac{1}{n-1}\sum_{i=1}^{n}(S_i - \bar{S})^2} \tag{4-11}$$

其中，σ 是外汇汇率的历史波动率；S_i 是 i 时刻的即期汇率，$\bar{S}$ 为样本期内的平均汇率；n 为样本容量。

（三）外汇现货期权的定价公式

1973 年 4 月 26 日，芝加哥期权交易所正式诞生。同年，举世公认的期权定价理论由布莱克－斯科尔斯（Black & Soholes）正式提出。1982 年加曼（Garman）等首次将布莱克－斯科尔斯期权定价模型扩展到外汇现货期权市场上。根据加曼等的理论，欧式外汇现货看涨期权的价格为：

$$C = Se^{-r_f\tau}N(d_1) - Ke^{-r\tau}N(d_2) \qquad (4-12)$$

其中，$$d_1 = \frac{\ln(\frac{S}{K}) + (r - r_f + \frac{1}{2}\sigma^2) \times \tau}{\sigma\sqrt{\tau}} \qquad (4-13)$$

$$d_2 = d_1 - \sigma\sqrt{\tau} \qquad (4-14)$$

式中，S 为外汇现货汇率（直接标价法）；K 为期权执行价格（直接标价法）；r 为本国年利率；r_f 为外国年利率；τ 为以年为单位的期权到期时间；σ 为外汇的历史波动率（也可表示隐含波动率）；$N(\cdot)$ 为标准正态分布的分布函数（可以直接查表）。而欧式外汇现货看跌期权的价格为：

$$C = -Se^{-r_f\tau}N(-d_1) + Ke^{-r\tau}N(-d_2) \qquad (4-15)$$

由于用历史波动率算出的外汇期权价格是按照历史会重演的逻辑推导出来的，而现实生活中历史往往不会简单地重演，所以我们会用到隐含波动率。如何计算隐含波动率呢？

由式（4-13）和式（4-15）可知：期权定价方程有 6 个变量。而一个方程只能确定一个未知变量。当我们已知 C 后，就可以推算出波动率 σ 。通过期权公式推算出的波动率就叫隐含波动率①。现代计算机数学工程可以很方便地计算出隐含波动率 σ 并且会显示隐含波动率曲面。

（四）期权的风险参数

布莱克-斯科尔斯期权定价公式中共有 6 个变量，而一个方程只能确定一个变量。除期权价格外，剩下 5 个变量都是决定或影响期权价格的因素，但重要程度各不相同，并且影响程度依赖于其他几个变量。比如，波动性的增加将增加期权的价格，但这个增加程度对期限不同的期权影响又不一样：对即将到期的期权，影响要小些；对期限较长的期权，影响相对

① 根据公认的期权定价公式，我们需要知道汇率的历史波动率 σ 。但如果历史波动率 σ 有用，我们就要假定前提：历史会重演。但是在人类历史上，有谁见过历史重演？我们只知道自然界会按照自己的规律轮回转换。康德说的“人的理性为自然界立法”。但到了 20 世纪中后期，人类理性实现了惊险的一跳，最后人类还是用自己的理性给自己的行为立法了。金融学上的各种对金融工具的计算公式如雨后春笋般涌现。不过希望通过几个数学公式就给定人类行为所产生的价格，的确是个最大胆的决定。

要大些。期权价格对不同参数的敏感性也被称为“期权的风险参数”。风险参数主要有5个，分别以不同的希腊字母来表示。即：

1. Delta（期权虚实度）

Delta就是外汇期权价格的变化相对于外汇本身价格（或外汇期货期权的期货价格）变动的百分比。由于期权定价公式中有多个变量，所以就把期权价格对现货价格变化的偏导数，即单位现货价格变化导致期权价格变化的幅度称为“期权的虚实度”。公式为：

外汇现货看涨期权的虚实度 = $e^{-r_f \tau} N(d_1)$　　(4-16)

外汇现货看跌期权的虚实度 = $-e^{-r_f \tau} N(-d_1)$　　(4-17)

由于 $r_f \tau \to 0$，所以 $e^{-r_f \tau} \to 1$。即外汇现货看涨期权的虚实度→$N(d_1)$①，外汇现货看跌期权的虚实度→$-N(-d_1)$。而 $N(d_1)$ 是看涨期权被执行的可能性，$N(-d_1)$ 是看跌期权被执行的可能性。所以期权虚实度也被称为“期权被执行的可能性”。

我们用股票来说明Delta的应用，如果某只股票的看涨期权的Delta为50，则表示当股票上涨1元时，看涨期权将上涨0.5元；而如果某只股票的看跌期权的Delta为-50，则表示当股票上涨1元，看跌期权将下跌0.5元。

2. Vega（波动率敏感性）

Vega是衡量期权对波动性变化的敏感度的一个指标。期限较长的期权对波动性的变化更敏感，因此有更高的Vega。

3. Rho（利率敏感性）

Rho是指期权价格对无风险利率变化的敏感程度。利率是货币的价格。所以Rho在实际外汇期权投资中较为重要。一般来说，距离到期日越远，期权对利率的变化就越敏感，Rho也就越大。

4. Theta（时间敏感性）

随着到期日的临近，期权的时间价值会减少，这个减少率就是Theta。

---

① 符号“→”表示“趋近”，或者表示“等价”。

5. Gamma (虚实度的敏感性)

Gamma 是指 Delta 对外汇现货变化的敏感程度。在实际操作中，Gamma 是一个衡量风险大小的方法，如果是一个负的 Gamma，则暗示有一个正的 Delta。

五、外汇期权交易

(一) 外汇看涨期权买卖双方损益情况

现在通过例子来具体分析外汇看涨期权交易买卖双方的损益情况。

例 4－9 假定中国外汇市场上存在美元等外汇期权合约。又假定一名外汇交易者买入一份美元看涨期权，合约本金是 10 万美元，支付的期权费为 1 美元＝0.01 元人民币，执行价格为 1 美元＝6.50 元人民币，那么期权买卖双方的损益情况可以通过分析得之，见图 4－5。

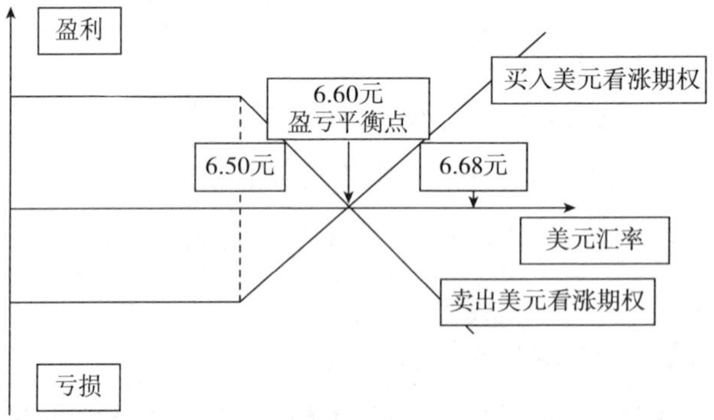

图 4－5 外汇看涨期权交易损益

当美元对人民币汇率升至 1 美元＝6.68 元人民币时，期权买方有权按执行价格为 1 美元＝6.50 元人民币买入 10 万美元，则他将获得的利润为：(6.68－6.50－0.01) ×10＝1.70 万元人民币。从这个例子我们可以看出期权交易的杠杆性质：如果投资者认为美元对人民币即将升值，可以直接买进现货 10 万美元，那么需要 65 万元人民币（假定没有其他交易费用），收益率为：$\frac{66.8-65.0}{65.0}\times 100\% = 2.8\%$。

若购买期权，则其收益率为：$\frac{1.70}{0.01\times 10}\times 100\% = 1700\%$。$0.01\times 10 =$

0.10 万元人民币乃期权费。由此可知，投资期权的收益率远高于直接买入现货的收益率。

当汇率为 1 美元 =6.50 +0.10 =6.60 元人民币时，即市场价格 = 执行价格 + 期权价格时，期权持有者将处于盈亏平衡点。

当汇率低于执行价格 1 美元 =6.50 元人民币时，期权买方放弃执行该期权合约，损失的是期权费 1000 元人民币。

从这个例子可以看出，期权买方的损失是有限的，最多是期权费 1000 元人民币，而其收益是无穷的，如果美元对人民币为 1 美元 =20 元人民币（读者相信会出现这种情况吗？至少短期不可能出现这么大的波动），期权买方的收益就变为：(20 −6.50 −0.10) ×10 =134 万元人民币。

如果美元继续升值，那么期权买方的收益会更大。由于期权交易市场仍然是零和博弈的市场，一方的盈利就是另一方的亏损，所以对于看涨期权的卖方来说，其收益有限（期权买方支付的期权费），而亏损可能无限。既然如此，假定市场交易者都是理性的，那么谁还会这么“傻”去做期权的卖方呢？

其实外汇期权的卖方也是外汇现货的持有人。一方面，当外汇美元升值时，卖出看涨期权的投资者在期权市场是亏损的；另一方面，该投资者持有的美元在赚钱，损失可以和现货利润相互抵消，从而看涨期权的卖方也可能没有任何损失。而且存在这样的情况，如果美元对人民币的市场汇率为 1 美元 =6.70 元人民币，而执行价格为 1 美元 =6.50 元人民币，那么在协定价格上的看涨期权 1 美元有 0.20 元人民币的内在价值。如果能以 0.40 元人民币卖出，则 1 美元就可以获利 0.20 元人民币（期权的时间价值）。当然，如果只持有外汇美元而不卖出看涨期权合约可能得到更多的利润。但期权卖方不介意这点多余的利润，因为无论美元发生怎样的变化，期权卖方都能获得出售看涨期权的期权费，代价只是在外汇美元上涨时他放弃一部分收益而已。

（二）外汇看跌期权买卖双方损益情况

例 4 −10 假定中国外汇市场推出了美元对人民币的期权交易（在

岸）。又假定一名投资者买入一份美元看跌期权，合约金额为 10 万美元，支付的期权费是 1 美元 =0.01 元人民币。执行价格为 1 美元 =6.50 元人民币。外汇看跌期权买卖双方的损益情况如图 4 –6 所示。

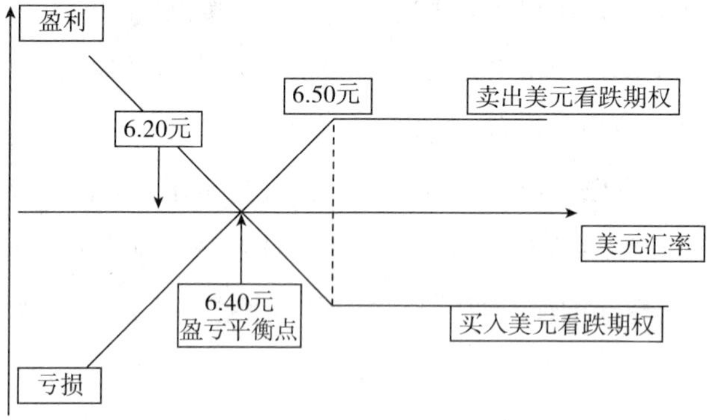

图 4 –6　外汇看跌期权交易损益

当美元即期汇率下跌至 1 美元 =6.20 元人民币时，由于该期权买入者有权按照 1 美元 = 6.50 元人民币卖出美元，所以他将获得的利润为（6.50 –6.20 –0.01）×10 =2.90 万元人民币。投资收益率为：$\frac{2.90}{0.01 \times 10} \times 100\% = 2900\%$。

如果美元对人民币升值，则该投资者将放弃行权，损失的是期权费。与看涨期权类似，看跌期权的买方损失有限，收益无限；而看跌期权的卖方收益有限，损失可能无限。请读者分析思考，什么类型的交易者会卖出看跌期权呢？

（三）外汇期权在国际贸易招投标中的应用

国际贸易招投标是一种国际上普遍运用的、有组织的市场交易行为，是国际贸易中一种商品、技术和劳务的买卖方法。在商业贸易特别是在国际贸易中，大宗商品的采购或大型建设项目承包等，通常不采用一般的交易程序，而是按照预先规定的条件，对外公开邀请符合条件的国内外制造商或承包商报价投标，最后由招标人从中选出价格和条件优惠的投标者，与之签订合同。在这种交易中，采购商（或采购机构）进行的业务是招标，承包商（或出口商）进行的业务是投标。下面我们用例子来分析期权在招投标应用中的优势所在。

例 4－11　假定中国某军工企业参与国外投标销售某尖端武器，价值 1000 万美元。2020 年 2 月投标，8 月开标。假定当前汇率是 1 美元 = 6.560 元人民币。又假定 2 月银行给定的 8 月到期远期汇率也是 1 美元 = 6.560 元人民币。为避免中标时美元贬值，该军工企业可以与中国某银行签订远期协议，卖出远期美元。但如果该军工企业没有中标，则将承担卖出远期美元的风险。该企业可选择的较优策略是向银行买入 8 月到期的美元看跌期权，即买入美元的卖权。假定协定汇率是 1 美元 = 6.564 元人民币，期权费为 1 美元 = 0.006 元人民币。则该军工企业到 8 月开标时可能面临以下几种情况。

情况一：公司中标，同时美元贬值。

假定 8 月开标时公司中标，获得 1000 万美元。但外汇市场上 8 月的即期汇率为 1 美元 = 6.460 元人民币，美元贬值。期权也刚好到期（欧式期权）。由于汇率变动与公司预期一致，所以公司选择执行期权，按协定汇率 1 美元 = 6.564 元人民币卖出 1000 万美元，得：1000 × 6.564 = 6564 万元人民币。扣除期权费：1000 × 0.006 = 6 万元人民币，得 6558 万元人民币。如果该公司没有与银行签订期权协议，那么按照 8 月即期汇率卖掉 1000 万美元，只能得到：1000 × 6.460 = 6460 万元人民币。显然该军工企业由于参与了期权交易，多得 6558 − 6460 = 98 万元人民币（假定没有其他交易费用）。

情况二：公司中标，但美元升值。

假定公司中标时 8 月市场汇率是 1 美元 = 6.678 元人民币，即美元升值。由于此时公司直接在即期市场卖出美元更有利，所以该公司将放弃执行期权，损失期权费 6 万元人民币。

如果公司与银行参与了远期交易，远期汇率为 1 美元 = 6.560 元人民币。显然进行期权交易比远期交易多赚：（6.678 − 0.006 − 6.560）× 1000 = 112 万元人民币。

情况三：公司未中标，同时美元贬值。

假定 8 月开标时公司没有中标。但外汇市场上 8 月的即期汇率为 1 美元 = 6.460 元人民币，美元贬值。虽然公司没有中标，没有获得美元，但该公司可以在现货市场以 1 美元 = 6.460 元人民币买进 1000 万美元，然后再以协定价格 1 美元 = 6.564 元人民币卖给银行，获得利润：（6.564 − 6.460）×1000 = 104 万元人民币（这里不用扣除期权费）。

情况四：公司未中标，同时美元升值。

假定 8 月开标时公司没有中标。但外汇市场上 8 月的即期汇率为 1 美元 = 6.660 元人民币，美元升值。由于公司没有美元，又因为美元升值，公司放弃行权，所以公司仅仅损失 6 万元人民币的期权费。

总结：从以上案例可以看出，在四种情况中有三种情况对公司有利。公司参与期权交易获利的概率达 75%。

【专栏 4－2】

国家外汇管理局批准开展人民币对外汇期权交易

2011 年 2 月 16 日，国家外汇管理局发布《关于人民币对外汇期权交易有关问题的通知》（以下简称《通知》），批准中国外汇交易中心在银行间外汇市场组织开展人民币对外汇期权交易。《通知》自 2011 年 4 月 1 日起施行。《通知》主要内容包括：一是明确产品类型为普通欧式期权；二是规定客户办理期权业务应符合实需原则；三是对银行开办期权业务实行备案管理，不设置非市场化的准入条件；四是将银行期权交易的 Delta 头寸纳入结售汇综合头寸统一管理。国家外汇管理局表示，《通知》的发布，有利于形成完整的期权市场结构，完善国内外汇市场人民币对外汇衍生产品体系，进一步提升企业、银行等市场主体规避汇率风险便利性，有利于不断推进国内外汇市场发展，充分发挥市场在资源配置中的基础性作用。从《通知》来看，“银行只能办理客户买入外汇看涨期权或看跌期权业务，除对已买入的期权进行反向平仓外，不得办理客户卖出期权业务”。业内人士分析，这说明，期权业务在开展初期，不能用于投机，只能用于企业真实贸易项目下的对冲汇率风险。

资料来源：国家外汇管理局官网。

本章小结

本章是国际金融市场学中最重要的内容，首先介绍了外汇市场所具有的风险；其次介绍了规避汇率风险的几个衍生金融工具，即外汇远期、外汇期货、外汇掉期（或互换）和外汇期权。学习本章后，读者可以更好地利用外汇市场金融工具来达到规避汇率风险的目的。

复习思考题

1. 如何理解外汇市场所具有的风险？请举例说明我国跨国企业所面临的主要外汇风险有哪些。

2. 远期外汇买卖是如何产生的？请说明外汇远期和外汇即期的关系。

3. 假定中国外汇市场上有一做市商报出了以下两个价格：

£ 1 = $1.2545/55，$1 = ￥6.6521/68。

那么如何计算以英镑为基准货币、以人民币为标价货币的买卖价格呢？

4. 什么是外汇掉期（或互换）交易？

5. 什么是外汇期权？期权与其他衍生金融工具的本质区别有哪些？请举例说明如何利用期权工具来规避外汇风险。

进一步阅读文献

1. 刘园,吴莹. 外汇交易与管理[M]. 3 版. 北京:首都经济贸易大学出版社,2020.

2. 王应贵,甘当善. 外汇市场透视[M]. 北京:清华大学出版社,2006.

3. 郑振龙. 金融工程[M]. 4 版. 北京:高等教育出版社,2016.

第五章　离岸金融市场与衍生产品

本章要点

◎什么是离岸金融市场和在岸金融市场?

◎欧洲货币市场是如何出现的?

◎欧洲货币市场和欧洲债券市场的特点与区别有哪些?

◎如何理解人民币衍生产品的出现?

◎人民币外汇远期与掉期交易的区别有哪些?

◎什么是人民币无本金交割远期和掉期交易? 国外是如何利用人民币无本金交割远期和掉期交易进行交易的?

本章首先介绍了离岸金融市场（offshore finance market）和在岸金融市场（onshore finance market）的定义及区别；其次介绍了欧洲货币市场的出现等基本内容；最后介绍了欧洲债券市场的一些基本情况。本章内容对深刻理解人民币离岸金融市场及其特点等具有较为重要的现实意义。

离岸金融市场形成于20世纪50年代末。早期主要是以金融市场所处的位置来划分离岸金融市场与在岸金融市场。比如，在英国伦敦金融市场上出现了美元的借贷业务。按照属地原则，美元已经不在美国国界管辖范围内，所以这就叫美元的离岸市场。但现在已经扩展到主要以金融监管环境而不是位置来区分了。具体来讲，所谓离岸金融市场，是指这一市场主要为非居民提供境外货币借贷或投资、贸易结算、外汇黄金买卖、保险服务及证券交易等金融业务和服务的一种国际金融市场，亦称“境外金融市场”。其特点可简单概括为市场交易以非居民为主，基本不受所在国法规和税制限制，并可以享受税收方面的优惠待遇，资金可自由进出。离岸金融市场是一种无形市场，除有些买卖债券的离岸金融市场有固定的交易场所外，其他基本上都是以运营网络形式存在的无形市场。离岸金融市场用现代化的通信工具，联通了遍及全球的境外货币、资金供求者，其货币流量之大和对国际经济影响之深是任何一国的国内金融市场和其他类型的金融市场无法比拟的。① 比如，香港目前加快了步伐发展人民币离岸金融中心，其目的就是把贸易项目和人民币直接投资项目以及人民币外商直接投资（FDI）项目的部分人民币资金留在香港，在香港市场上开展人民币的借贷业务。

目前，全球离岸资金约 29 万亿美元，当中大部分为美元，其次是欧元。如果人民币想要国际化，而且成为主要的离岸资金（排名处于第三），那么离岸人民币资金可能需要高达 10 万亿元，中央政府也能因此获得大量的铸币税。而在岸金融市场主要指传统的国内金融市场。

第一节　欧洲货币市场

一、欧洲货币市场概述

早期的欧洲货币市场主要指欧洲美元市场，是主要经营欧洲美元和欧洲一些主要国家进行境外货币交易的国际资金借贷市场。这里所谓的“欧洲”一词，不是具体地名，而是指“非国内的”“境外的”“离岸的”等意思。

欧洲美元是指存放在美国境外各银行（主要是欧洲银行）内的美元存款，或者从这些银行借入的美元贷款。比如，英国伦敦商人银行中的美元存款和向商人银行申请的美元贷款。根据定义，这种美元与美国国内流通的美元是同一种货币。

当时欧洲其他货币，有欧洲英镑、欧洲德国马克等。它们的性质与欧洲美元相同，都是指在本国境外的该国货币资金。比如，中国银行存放在英国银行的德国马克存款或英国银行对瑞士公司提供的法国法郎贷款，就叫作“欧洲法郎”。

---

① 黄钰．上海离岸金融市场法制保障研究[C]//黄钰，李军，吴弘．2010 年政府法制研究．太原：山西出版集团，2010：36－37.

二、欧洲货币市场的形成和发展

首先是在第二次世界大战期间曾经出现过苏联拥有的美元存款被扣押的情况。因此，在二战结束后，苏联担心财产被没收，就将其在美国的美元财产（比如存款）存入英国伦敦和法国巴黎的苏联国有银行分支行。这样欧洲就出现了美元存款，或者说出现了欧洲美元的供给。朝鲜战争爆发后，美国冻结了中国在美国的资产。这使一些社会主义国家把美元存款转移到欧洲等地。其次是在 1958 年，欧洲各国普遍放松了外汇管制，英国英镑也恢复了对外的可兑换，私人可以保存美元，而不必卖给中央银行。这也增加了欧洲美元的私人存款数量。加之美国银行的监管措施有助于为欧洲美元市场提供大量的美元供给。美国的联邦储备 Q 条例规定了银行对各种存款所支付的利率上限，而且不允许对活期存款支付利息，使大批美国国内存款转移到欧洲货币市场上以寻求更高的投资回报。

另外，二战以后，作为老牌资本主义国家的英国不甘心自己的衰退。英镑与美元一起充当国际储备货币，但一段时间以后，英国的对外贸易收支差额以及总的经济形势一直不稳定，工业基地遭到破坏，储备明显不足。1956 年，苏伊士危机中埃及总统提出的运河国有化引起英国等国对埃及的攻击，结果英镑持有人开始抛弃英镑转而购买美元。这使得英格兰银行很难维持布雷顿森林体系的规则。当时美国联邦储备也抛弃了英镑，这一举措主要是为了向英国施加压力，迫使英国从埃及撤退。1957 年，英镑危机爆发。英镑危机的直接后果是英格兰银行采取措施禁止对外发放英镑贷款，该行认为只要外国人手中没有英镑，就不会拿英镑来兑换美元，英镑对美元汇率就可以维持。因此，该行一方面对英镑区以外地区的英镑贷款实施严格的外汇管制，另一方面却准许伦敦的商业银行吸收美元存款并发放美元贷款，从而在伦敦开放了以美元为主体的外币交易市场，这就是欧洲美元市场的起源。

另外，欧洲美元市场的迅速发展有以下几个原因。

（1）从需求角度来看，由于美国的利息平衡税和外国信贷管制增加了利息费用，限制了从美国借贷的能力，外国公司和美国的对外公司就转向了欧洲美元市场。

（2）从供给角度来看，特别是美国联邦储备 Q 条例，规定了对美元存款的最高利息限额，使得人们不愿到美国存款（美国人自己也不愿意在美国银行存款）。1966 年，当市场利率大于 Q 条例规定的限额时，人们不愿意继续拥有美元存款，而是取出来购买国库券和商业票据，使美国商业银行没有了美元来源，产生了所谓的“脱媒”现象。

（3）欧洲一些主要国家开始解除外汇管制，并实行各国货币自由兑换。西欧主要国家从 1958 年 12 月开始，允许出口商和银行拥有外币资金，主要是美元资金。当时，美元是国际上主要的支付与储备货币，西欧各国解除对外汇的管制，就意味着各国货币可以自由兑换美元。这些措施使得欧洲银行的美元存放业务迅速增长，同时促进了美国银行的分支机构大量增加。进入 20 世纪 70 年代以后，欧洲货币市场进一步发展，无论是资金供应还是资金需求都在迅速增加。

三、欧洲货币市场的特点

欧洲货币市场是一个有很大吸引力的市场，这个市场与西方国家的国内金融市场以及传统的国际金融市场有很大不同，关键在于这是一个完全自由的国际金融市场，主要有如下特点。

（1）欧洲货币市场经营非常自由。由于欧洲货币市场是一个不受任何国家政府管制和税收限制的市场，所以经营非常自由。例如，借款条件灵活、借款不限制用途等。因此，这个市场不仅符合跨国公司和进出口商的需要，而且符合许多西方国家和发展中国家的需要。

（2）欧洲货币市场资金规模极其庞大。欧洲货币市场的资金来自世界各地，数额极其庞大，各种主要可兑换货币应有尽有，故能满足各种不同类型的国家及其银行、企业对不同期限与不同用途的资金的需要。

（3）欧洲货币市场资金调度灵活、手续简便，有很强的竞争力。欧洲货币市场资金周转极快，调度十分灵活，因为这些资金不受任何管辖。这个市场与西方国家的国内市场及传统的国际金融市场相比，有很强的竞争力。

（4）欧洲货币市场有独特的利率体系，其存款利率相对较高，放款利率相对较低，存放款利率的差额很小，这是因为它不受法定准备金和存款利率最高额限制。因此，欧洲货币市场对存款人和借款人都更具吸引力。

（5）欧洲货币市场是一个“批发市场”。其经营以银行间交易为主，银行同业间的资金拆借占欧洲货币市场业务总量的很大比重；它也是一个批发市场，由于大部分借款人和存款人是一些大客户，所以每笔交易数额都很大，一般少则数万美元，多则可达到数亿美元甚至数十亿美元。

第二节　欧洲债券市场

欧洲债券市场是在离岸金融市场上进行长期债务工具发行和交易的市场，它是国际中长期资金市场的重要组成部分。欧洲债券市场发展的必要条件是各国监管制度的差别、日益增加的资本流动性和远程计算机互联网所提供的便利。

一、欧洲债券市场的产生

二战后所形成的布雷顿森林体系规定：美元与黄金挂钩，其他国家货币与美元挂钩。这一体系使得其他国家在协议成立初期就面临美元短缺。美国一方面鼓励欧洲团结起来发展经济，向美国出口获得美元；另一方面扩大对欧洲的直接投资。这些措施使得到20世纪50年代末60年代初欧洲美元就足够了。欧洲领导人开始关注欧洲美元与美国所拥有的黄金的关系。为了消除人们对美国国际收支持续恶化的担心，肯尼迪总统提议美国于1963年实施利息平衡税（IET），规定对美国发行的外国债券交易征收消费税。债券期限不同税也不同。征税使得外国人在美国借款的实际费用提高了大约1%。虽然费用不算高，但利息平衡税在购买债券时需要全额支付，所以抑制了美国的外国债券市场（扬基债券市场）的发展。这就诱使外国借款人转移到了离岸地区，在英国伦敦和卢森堡建立了一个以美元为面值的债券市场。第一个欧洲债券是以英国商人银行为主承销商，在英国发行的以美元计价的意大利高速公路债券。这种欧洲债券虽然是以美元为面值，但它不是在美国证券法律下注册的，也不向美国投资者发行。因此，其不需要满足美国市场对信用评级和信息披露的要求。所以，欧洲债券的发行成本更低（相对于在美国发行债券）；另外，由于不需要披露信息，投资者够隐藏身份，所以对于那些不愿意透露身份等信息的投资者来说，欧洲债券是一个较好的投资对象。

二、欧洲债券市场的构成

（一）欧洲美元债券市场

欧洲美元债券是指在美国境外发行的以美元为面额的债券。欧洲美元债券在欧洲债券中所占比例最大。

欧洲美元债券市场不受美国政府的控制和监督，是一个完全自由的市场。欧洲美元债券的发行主要受汇率、利率等经济因素的影响。欧洲美元债券没有发行额度限制，只需要根据各国交易所上市规定，编制发行说明书等书面资料。与美国的国内债券相比，欧洲美元债券具有发行手续简便、发行数额较大的优点。欧洲美元债券的发行由世界各国知名的公司组成大规模的辛迪加认购团完成，因而其较容易在世界各地筹措资金。

（二）欧洲日元债券市场

欧洲日元债券是指在日本境外发行的以日元为面额的债券。欧洲日元债券的发行无须经过层层机构的审批，但要得到日本大藏省的批准。发行欧洲日元债券不必准备大量的文件，发行费用也较低。

欧洲日元债券的主要特点如下。

（1）债券发行额较大，一般每笔发行额都在200亿日元以上。

（2）欧洲债券大多与互换业务相结合，筹资者首先发行利率较低的日元债券，其次将其调换成美元浮动利率债券，从而以较低的利率获得美元资金。

（三）欧洲德国马克债券市场

欧洲德国马克债券是指在德国境外发行的以德国马克为面额的债券。欧洲德国马克债券在欧洲债券总额中的比重也呈不断增加趋势，其原因主要是德国经济实力的日益增强和德国马克的日益坚挺。

三、欧洲债券市场的特点

欧洲债券市场有以下几个特点。

1. 债券的发行者、债券面值和债券发行地分属于不同的国家

例如，A 国的机构在 B 国和 C 国的债券市场上以 D 国货币为面值发行的债券，即为欧洲债券。这个债券的主要发行人是各国政府、大型跨国公司或大型商业银行。

2. 债券发行方式以辛迪加为主

债券的发行方式，一般由一家大型专业银行、大型商业银行或投资银行牵头，联合十几家或数十家不同国家的大银行代为发行，大部分债券是由这些银行买进，然后转到销售证券的二级市场或本国市场卖出。

3. 高度自由

债券发行一般无须经过有关国家政府的批准，不受各国金融法规的约束，所以比较自由灵活。

4. 不影响发行地国家的货币流通

发行债券所筹措的是欧洲货币资金，而非发行地国家的货币资金，故这个债券的发行，对债券发行地国家的货币资金流动影响不大。

5. 货币选择性强

发行欧洲债券，既可在世界范围内筹资，也可安排在许多国家出售，还可以任意选择发行市场和债券面值货币，筹资潜力很大。如借款人可以根据各种货币的汇率、利率和其他需要，选择发行欧洲美元、英镑、德国马克、瑞士法郎、日元等任何一种或几种货币的债券，投资者亦可选择购买任何一种债券。

6. 债券的发行条件比较优惠

其利息通常免除所得税或者不预先扣除借款国家的税款。此外，它的不记名发行方式还可使投资者逃避国内所得税。因此，该债券对投资者极具吸引力，也使筹资者能够以较低的利息成本筹措资金。

7. 安全性较高，流动性较强

欧洲债券市场的主要借款人是跨国公司、各国政府和国际组织。这些

借款机构资信较高，故对投资者来说比较安全。同时，该市场是一个有效的和极具活力的二级市场，持券人可转让债券取得现金。

8. 市场反应灵敏，交易成本低

欧洲债券市场拥有 Euroclear clearance system Ltd 及 cedelS. A. 两大清算系统，从而使该市场能够准确、迅速、及时地提供国际资本市场现时的资金供求和利率汇率的动向，缩短债券交割时间，减少交割手续。世界各地的交易者可据此快速进行交易，极大地降低了交易成本。

9. 金融创新持续不断

欧洲债券市场是最具活力的市场之一，它可以根据供求情况，不断推出新的或组合产品，并以此把国际股票市场、票据市场、外汇市场和黄金市场紧密地联系在一起，有力地推动了国际金融一体化与世界经济一体化。

第三节　人民币衍生产品

“衍生产品”这个词主要是指在基础资产之上的一种派生物。比如，我国在 20 世纪 80 年代初的计划经济时代曾出现过粮票。粮票代表着在一定条件下可以获得特定数量的某种粮食的权利。这种权利逐渐从它所代表的粮食商品中衍生出来，作为一种特殊商品成为交易的对象（在粮票黑市上），所以粮票就是一种衍生产品。但若此种衍生产品存在的前提条件丧失，如粮食的供给体制一旦由计划转向市场，粮食的衍生物——粮票就会变得一文不值。因此，衍生产品既有可能带来收益，也存在很大的风险。

根据产品形态的不同可以把金融衍生产品分为远期、期货、期权和掉期四大类。

远期合约和期货合约都是交易双方约定在未来某一特定时间、以某一特定价格、买卖某一特定数量和质量资产的交易形式。期货合约是期货交易所制定的标准化合约，对合约到期日及其买卖的资产种类、数量、质量做出了统一规定。远期合约是根据买卖双方的特殊需求由买卖双方自行签订的合约。因此，期货交易流动程度较高，远期交易流动程度较低。

掉期合约是一种由交易双方签订的、在未来某一时期相互交换某种资产的合约。更准确地说，掉期合约是当事人之间签订的在未来某一期间内相互交换他们认为具有相等经济价值的现金流的合约。较为常见的是利率掉期合约和货币掉期合约。掉期合约中如果规定的交换货币是同种货币，则为利率掉期；如果规定的是异种货币，则为货币掉期。

期权交易是买卖权利的交易。期权合约规定了在某一特定时间、以某一特定价格买卖某一特定种类、数量、质量的原生资产的权利。期权合同包括在交易所上市的标准化合同，以及在柜台交易的非标准化合同。

人民币衍生产品（RMB derivative products）主要是指从传统的基础金融工具（比如汇率）中衍生发展出来的新金融产品，其主要形式有人民币远期和掉期、人民币期货及人民币期权等。根据外汇衍生产品交易市场，可将其划分为离岸市场产品和在岸市场产品。离岸市场又可以细分为离岸的场内交易市场（transaction on exchange）和场外交易市场或柜台交易。离岸的场内交易市场主要是指2006年8月芝加哥商品交易所推出的人民币期货和期权交易，而离岸的场外交易市场主要包括在中国香港、新加坡和世界其他地区的离岸市场进行的人民币远期、掉期、互换和期权交易等。人民币衍生产品在岸市场可被细分为零售市场和银行间市场。零售市场主要指银行或者其他金融机构与客户进行的基于人民币的外汇衍生产品交易，这包括1997年银行开办的远期结售汇业务、2005年出现的银行与客户间的人民币掉期业务以及银行对个人的外汇理财产品等。银行间市场建立于1994年，建立之初的主要功能是为外汇指定银行提供平补结售汇头寸余缺，并提供清算服务。到目前为止，银行间市场主要交易的人民币外汇衍生产品有：2005年8月开始的人民币远期外汇交易；2006年4月推出的人民币对外币的掉期交易；2007年8月17日推出的人民币对外币的交叉货币利率互换（也称“银行间外汇市场人民币外汇货币掉期交易”，本质上是利率互换业务）；2011年4月1日推出的人民币对外汇期权交易；2011年12月1日推出的人民币对外汇期权组合业务。

到2019年底，中国银行对客户市场和银行间外汇市场已经有外汇远期、外汇掉期、货币掉期和期权等四类人民币外汇衍生产品。国家外汇管理局统计数据显示，2019年，各类人民币外汇衍生产品累计交易量超过

17.7 万亿美元，与上年规模基本持平。

一、人民币外汇远期

前面我们介绍了外汇远期的定义，外汇远期交易又称“期汇交易”，是指外汇买卖成交后并不立即办理外汇的具体交割，而是根据合约的规定，在约定的日期按约定价格（汇率）办理交割的外汇交易。外汇远期是最基本的外汇衍生品，不仅可以用于对外汇进行套期保值，还可以用来投机。外汇远期市场是开放经济体不可或缺的外汇市场组成部分。

（一）人民币外汇远期市场的发展历史

我国外汇交易中心于 1994 年初推出了外汇即期交易，1995 年又正式试行人民币外汇远期交易。1997 年 1 月 18 日，中国人民银行颁布了《人民币远期结售汇业务暂行管理办法》，规定允许境内银行试点远期结售汇业务。但银行开办外汇远期交易应按照真实需求的原则，为客户经常项目下的贸易业务以及部分资本项目下的业务提供人民币远期外汇买卖，客户需要提供所需的全部有效凭证进行套期保值。1997 年 4 月 1 日，中国银行首次开办了人民币外汇远期业务，这是我国外汇衍生产品市场发展的一个重要里程碑，从而使我国进出口企业和其他公司对外汇进行套期保值以规避外汇汇率风险成为可能。在 2002 年以前，中国银行一直是境内唯一得到授权开展此项业务的银行。2002 年，中国建设银行、中国农业银行获准开办远期结售汇业务。2003 年，中国工商银行正式获准办理此项业务。至此，加上最先试点的中国银行，四大国有商业银行都获得了开办这项业务的资格。从 2004 年初到 2005 年初，交通银行、招商银行和中信实业银行等共 7 家本地银行获准开办人民币远期结售汇业务。自 2005 年 7 月 21 日汇率改革后，我国的外汇远期市场在市场深度、交易方式、交易制度、交易主体和业务范围等各方面进行了较大的改革。

2005 年 8 月，我国启动了银行间远期外汇市场，该远期市场的启动为实现外汇价格发现功能创造了必要条件，从而使银行可以对结售汇头寸进行调节和风险管理。2005 年 9 月，国家外汇管理局又发文调整银行结售汇周转头寸管理办法，实行结售汇综合头寸管理，控制上限，且规定下限不低于零，银行对超过上限的多头或空头须在银行间外汇市场卖出或买进，至此，人民币远期市场才开始了真正意义上的发展。再加上2005年8月推出的银行对客户外汇掉期业务，以及2006年4月推出的银行间外汇掉期业务，进一步活跃了远期交易。自2006年7月1日起，国家外汇管理局将所有外汇指定银行的结售汇综合头寸调整为依照权责发生制原则进行管理，从而打通了即期外汇市场与人民币远期市场，基于利率平价的远期定价机制得以建立。2006年10月，针对不少境内机构私自参与离境无本金交割远期（Non - Deliverable Forward，NDF）外汇市场，为保护在岸远期市场的健康发展，国家外汇管理局发文重申禁止境内企业进入NDF市场。此后，人民币在岸远期市场才得以快速发展。

（二）中国银行开办远期业务内容简介

前面介绍过，中国银行是我国第一家开办人民币远期结售汇业务的银行。下面介绍人民币远期结售汇业务。①

1. 产品说明

远期结售汇业务是指客户与银行签订远期结售汇协议，约定未来结汇或售汇的外汇币种、金额、期限与汇率，到期时按照该协议约定的币种、金额、汇率办理的结售汇业务。

2. 产品特点

远期结售汇业务采取实需原则，实行一日多价。该产品可以使客户于当前锁定未来汇率，即锁定了未来成本或收益，起到保值避险的作用。此外，远期结售汇产品还可以与其他产品组合。如“汇利达”业务，即“存人民币 + 贷美元 + 远期售汇”业务组合，此产品推出的背景为客户当期有美元需求，但账户现有资金为人民币。利用远期美元售汇贴水价格大幅度偏离利率平均价格而节省成本。

3. 产品期限

客户可在银行办理7天以内任意期限的远期结售汇业务（包括标准期限和非标准期限），同时还可以办理择期业务。标准期限的远期交易分为7

① 资料来源：中国银行官网的公开资料。

天、20 天、1 个月、2 个月、3 个月、4 个月、5 个月、6 个月、7 个月、8 个月、9 个月、10 个月、11 个月、12 个月等，非标准期限的远期交易可以根据客户需求任意选择。择期交易期限由择期交易的起始日和到期日决定，起始日和到期日的确定应以上述远期期限为标准并与远期期限的任何一档相吻合，择期交易的最长期限为 1 年。2020 年 11 月 16 日中国银行人民币远期外汇牌价见表 5 - 1。

表 5 - 1　2020 年 11 月 16 日中国银行人民币远期外汇牌价　　单位：元

		美元	欧元	日元	港元	英镑	瑞士法郎	澳大利亚元	加拿大元
7 天	买入	657.18	776.68	6.27	84.56	866.71	719.38	477.33	499.79
	卖出	660.30	785.12	6.33	85.33	875.60	725.83	483.67	505.14
1 个月	买入	658.59	778.64	6.28	84.74	868.49	721.23	478.36	500.80
	卖出	661.88	787.47	6.35	85.54	877.73	728.22	484.95	506.49
3 个月	买入	662.82	784.93	6.33	85.29	874.28	727.37	481.61	504.18
	卖出	666.17	793.82	6.40	86.10	883.61	734.47	488.30	509.89
6 个月	买入	666.84	791.19	6.37	85.80	879.68	733.62	484.75	507.28
	卖出	670.18	800.17	6.44	86.62	889.19	740.84	491.44	512.98
9 个月	买入	670.49	797.38	6.41	86.28	884.81	739.85	487.69	510.18
	卖出	674.03	806.63	6.48	87.13	894.55	747.26	494.60	516.07
12 个月	买入	674.65	803.95	6.47	86.80	890.14	746.26	490.89	513.15
	卖出	678.29	813.31	6.54	87.67	900.00	754.10	497.81	519.41

资料来源：中国银行官网。

注：①表中数字代表每 100 单位外币兑换的人民币；②以上人民币牌价系当日市场收盘价，仅作参考。

4. 申请条件

（1）经常项目下，凡根据《结汇、售汇及付汇管理规定》可办理结售汇的外汇收支均可办理远期结售汇业务。客户在远期结售汇交易到期进行交割时，需提供结售汇业务所要求的全部有效凭证。

（2）资本项目下的远期结售汇限于以下方面：

偿还中国银行自身的外汇贷款；

偿还经国家外汇管理局登记的境外借款；

经国家外汇管理局登记的境外直接投资外汇收支；

经国家外汇管理局登记的外商投资企业外汇资本金收入；

经国家外汇管理局登记的境内机构境外上市的外汇收入；

经国家外汇管理局批准的其他外汇收支。

例5－1 某公司是一家大型纺织出口企业，2004年10月，该公司向中国银行咨询远期保值业务。该公司将于2004年11月与一日本客户签订一笔价值800万美元的远期出口合同。考虑到所收货币非本国货币，希望中国银行提供保值工具。根据该公司的实际情况，中国银行建议其在签订出口合同的同时叙做远期结汇业务，使公司预先锁定换汇成本，避免在远期美元收入的过程中因汇率波动而造成汇兑损失。2004年11月1日，该公司与中国银行叙做了期限为10个月的800万美元的远期结汇业务，成交汇率为1美元＝8.1728元人民币。2005年9月2日，该公司在收到日本客户的美元货款后，立即办理交割手续。当天即期结汇价为1美元＝8.0787元人民币，因此，该公司叙做远期结汇业务比办理即期结汇业务增加收益752800元人民币。

二、人民币外汇掉期

（一）外汇掉期简介

我们在前面介绍外汇掉期时给出了外汇掉期的定义，即外汇掉期交易是指在确定的时间内，把一定数量（外汇掉期合约的名义金额）的两种货币以确定的汇率进行交换，同时还设定在某一未来时间（掉期到期日）把同等数量的两种货币，以另一个确定的汇率进行反向交换。一般来讲，在前一次货币交换行为中，一方按照约定汇率用外币向另一方换入本币；在后一次货币交换行为中，该方再按照另一约定汇率用本币向另一方换回第一次换出的等额外币。掉期交易与即期交易和远期交易的区别主要表现在：即期交易与远期交易是单一的，要么做即期交易，要么做远期交易，两类交易不会同时进行，因此，通常把它们称为“单一的外汇买卖”，主要用于银行与客户的外汇交易；掉期交易的操作同时涉及即期交易和远期交易，故称为“复合的外汇买卖”，主要用于银行同业间的外汇交易，一些大公司也经常利用掉期交易进行套利活动。

（二）外汇掉期的经济功能

1. 外汇掉期有利于市场交易者管理外汇头寸的期限结构

根据外汇掉期的定义，外汇掉期是指交易者在卖出一种即期交割货币的同时买进远期交割的该种货币的一种回购合约。由于外汇掉期交易涉及两种货币，在外汇掉期交易中卖出美元就相当于买进人民币，买进人民币就相当于卖出美元。因此，掉期交易也可被视为在借入某种货币的同时贷出另一种货币。如果某一交易商在外汇市场上拥有即期美元，那么他在从事一笔掉期交易——在即期市场卖出美元，到期后再以远期交割的方式把它买回来后，就可以管理其美元的期限结构。

2. 外汇掉期交易有利于降低交易费用

外汇掉期交易主要包括即—远期和远—远期两种。以即—远期为例，当交易商签订一份掉期交易时，其本质上是交易商与另一交易商既签订了一笔即期交易又签订了一笔远期交易。换句话说，就是把两笔交易算作一笔交易。这样就降低了交易费用。

3. 掉期交易有利于中国人民银行管理人民币的市场流动性

如果中国货币市场上人民币流动性不足，那么中国人民银行可以与商业银行等开展美元等外汇与人民币的掉期交易。比如，中国人民银行可以在即期买进美元、卖出人民币，远期再卖出美元、买进人民币。这样中国人民银行不必通过发行央行票据来调节货币市场的流动性，就能够为央行节约大量的利息成本。

（三）人民币外汇掉期市场的发展历程

外汇掉期一直是外汇市场交易的主要组成部分。特别是，银行间的外汇交易主要采用掉期方式。因为，外汇掉期的主要作用是帮助市场交易者管理外汇头寸的期限结构。2005 年 8 月 9 日，中国人民银行印发《关于加快发展外汇市场有关问题的通知》，确定在银行间外汇市场上正式引入人民币远期询价交易。根据这一通知精神，远期外汇市场会员自获得远期交易备案资格起 6 个月后，可按即期交易与远期交易的相关管理规定，在银行间市场开展即期与远期、远期与远期相结合的人民币对外币掉期交易。中国人民银行为了使商业银行熟悉这一人民币创新衍生产品，于 2005 年 11 月 25 日向包括中国银行、中国农业银行、中国工商银行、中国建设银行四大国有商业银行以及交通银行、中信银行、浦东银行、招商银行、国家开发银行和中国进出口银行在内的国内十家主要商业银行进行货币掉期交易，即：中国人民银行用美元从商业银行手中换入人民币，约定一年到期以后，中国人民银行再用人民币从商业银行手中回购等额美元，总规模为 60 亿美元，约定 1 年后的人民币对美元价格为 7.85 元。该项操作被认为是中国人民银行首次运用衍生工具进行公开市场操作，各界甚至称该类货币掉期操作将成为中国人民银行公开市场操作的一个例行手段。2006 年 4 月 24 日，银行间市场人民币外汇掉期交易正式上线。中国银行与中国进出口银行完成了中国第一个银行间市场的人民币外汇掉期交易。人民币外汇掉期业务的开展是中国外汇市场发展的一个重要里程碑。推出银行间市场的人民币与外汇间的掉期交易，主要目的是满足会员银行套期保值、头寸结构调整的需要。4 月 24 日当天就成交了 10 多笔掉期交易，成交量达到数千万美元。4 月 25 日，成交量有所回落，但参与银行很快发现，人民币外汇掉期交易有许多便利之处，正在显示出它的发展潜力。由于各商业银行之间业务不同，外币头寸稀缺或富裕均具有自身特点。通过人民币和美元的掉期就能很好地进行头寸调剂，而不必到即期市场买卖美元，十分方便。掉期交易可称得上是“外汇调剂的上佳工具”。掉期交易进一步打通了外币币种之间的联系。比如，一家银行有欧元的长头寸和美元的短头寸，如果没有推出掉期交易，那么它只有通过银行间即期外汇市场卖出欧元，再买入美元，来满足头寸的需要。如果一周之后由于办理结售等业务该商业银行又处于短缺欧元、长头寸美元，那么该商业银行又得在即期外汇市场买入欧元、卖出美元。类似这样的交易次数多、成本高，而且存在汇率风险。推出人民币掉期交易后它就只需要进行两笔互换，调节外币币种的结构也十分方便。当时有资格参与银行间市场掉期交易的银行以及分支机构有 54 家。按照相关规定，会员银行自取得国家外汇管理局远期会员备案通知书起 6 个月后才能申请掉期交易。54 家机构大致分六批取得了远期会员备案资格。这54家机构绝大多数是外资银行及其分支机构，中资机构只有15家，主要是中国银行、中国农业银行、中国工商银行、中国建设银行、交通银行五大国有银行，主要股份制商业银行以及中国进出口银行和国家开发银行两家政策性银行，城市商业银行等地方性小型金融机构则被排斥在外。2006年8月1日，中国外汇交易中心正式开设英镑/人民币交易，银行间即期外汇市场的外币交易币种扩大到5个。截至2007年7月底，已有73家中外资银行会员进入银行间掉期外汇市场，其中中资银行19家，外资银行54家。人民币与外汇掉期数量增幅较大，达到1334亿美元，日均成交量约为11.4亿美元，是2006年日均交易量的3.8倍。2007年8月17日，中国人民银行决定在银行间外汇市场上推出人民币对美元、欧元、日元、港元、英镑5个“货币对”的货币掉期业务。为进一步满足市场主体规避汇率风险需求，不断推动外汇市场发展，国家外汇管理局于2011年1月30日印发《关于外汇指定银行对客户人民币外汇货币掉期业务有关外汇管理问题的通知》（以下简称《通知》），《通知》自2011年3月1日起实施。《通知》的主要内容包括：一是简化市场准入管理，凡取得对客户人民币外汇掉期业务经营资格满1年的银行，可以直接为客户办理货币掉期业务，国家外汇管理局不再实施事前资格审批；二是便利市场交易，银行为客户办理货币掉期业务的币种、期限等交易要素由银行自行确定；三是货币掉期中的利率由交易双方协商确定，并符合中国人民银行关于存贷款利率的管理规定。《通知》的发布为中国企业规避汇率、利率风险提供了更多工具选择，对于促进境内外汇市场发展、提高企业避险意识和能力具有积极意义。

（四）中国外汇交易中心推出的人民币外汇掉期情况①

1. 产品定义

人民币外汇掉期交易是指交易双方约定一前一后两个不同的交割日、方向相反的两次本外币交换，在前一次货币交换中，一方用外汇按照约定汇率从另一方处换入人民币；在后一次货币交换中，该方再用人民币按照

① 资料来源：中国货币网，http://www.chinamoney.com.cn/fe/Channel/10825。

另一约定汇率从另一方换回相同币种和数量的外汇（见图5－1）。

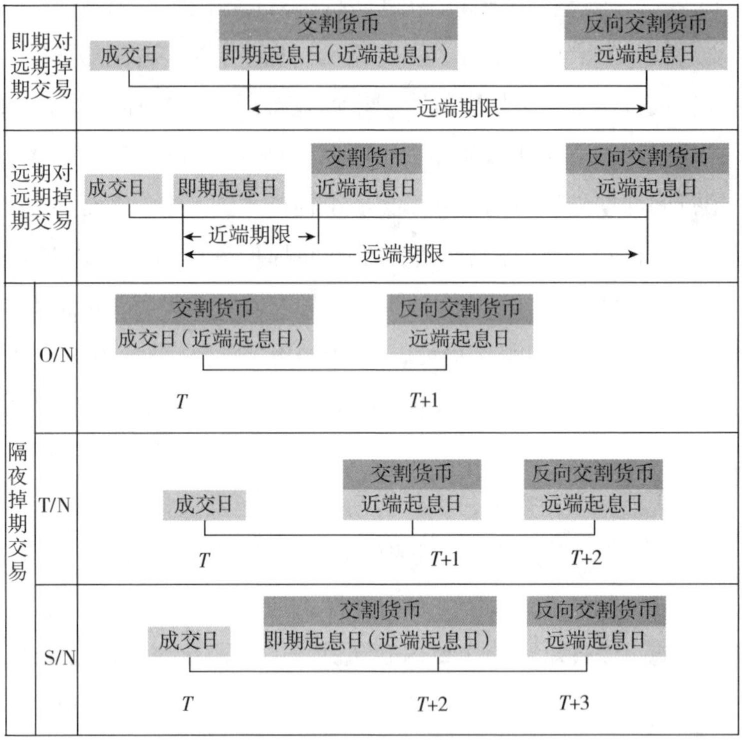

图5－1　中国外汇掉期交易方式

2. 产品说明

掉期交易买入和卖出均以外币为标的物，掉期交易币种、金额、期限、汇率、成交价格（掉期点数）和结算安排等由交易双方协商议定。

（1）交易方式：双边询价。

（2）交易时间：北京时间9:30～16:30，中国国内法定假日不开市。

（3）清算方式：由交易双方按约定方式进行清算，目前主要采用双边清算方式。

（4）准入资格：获得国家外汇管理局远期交易备案资格6个月以上的金融机构或非金融企业，可自动获得掉期交易资格。

（5）产品用途：管理汇率风险、锁定财务成本。

例5－2　某出口企业收到国外进口商支付的出口货款500万美元，该企业需将货款结汇成人民币用于国内支出，但同时该企业需进口原材料并将于3个月后支付500万美元的货款。此时，该企业可以与银行办理一笔即期对3个月远期的人民币与外币掉期业务：即期卖出500万美元，取得相应的人民币，3个月远期以人民币买入500万美元。通过上述交易，该企业可以轧平其中的资金缺口，达到规避风险的目的。

如果银行不愿承担此汇率风险，则可以在银行间外汇市场上再达成一笔期限、金额、币种相同，方向相反的掉期交易，平补此掉期头寸，从而将此风险转移出去。

3. 中国外汇掉期交易的具体方式①

交易双方约定在一前一后两个不同的起息日进行方向相反的两次货币交换。在第一次货币交换中，一方按照约定的汇率用货币A交换货币B；在第二次货币交换中，该方再按照另一约定的汇率用货币B交换货币A。

例5－3　2009年5月19日，机构A通过外汇交易系统与机构B成交一笔1年期美元对人民币掉期交易，约定机构A在近端卖出10000000USD，远端买入10000000USD。机构A为发起方，成交时机构B报出的即期汇率为USD/CNY＝6.8248，1年期的远端远期点为49.00bp②，即机构A会在2009年5月21日以USD/CNY＝6.8248的价格向机构B卖出10000000USD，在2010年5月21日以USD/CNY＝6.8297的价格从机构B买入10000000USD。

涉及的交易要素如表5－2所示。

表5－2　外汇交易要素（1）

发起方	机构A	**报价方**	机构B
成交日	2009－05－19	**即期汇率**	6.8248
货币对	USD/CNY		
交易货币	USD	**对应货币**	CNY
清算模式和方式	双边全额清算		
交易模式	询价		

① 资料来源：中国货币网，http://www.chinamoney.com.cn/fe/Info/63384。

② bp，即base points，基本点，表示汇率变化的最小部分。详见第三章第二节。

续表

近端交易			
交易货币金额	10000000USD	对应货币金额	68248000CNY
折美元金额	10000000USD		
近端期限	SPOT	近端起息日	2009-05-21
近端远期点	0	近端掉期全价	6.8248
交易方向和金额	机构A卖出10000000USD，买入68248000CNY 机构B买入10000000USD，卖出68248000CNY		
远端交易			
交易货币金额	10000000USD	对应货币金额	68297000CNY
折美元金额	10000000USD		
远端期限	1年	远端起息日	2010-05-21
远端远期点	49.00	远端掉期全价	6.8297
交易方向和金额	机构A买入10000000USD，卖出68297000CNY 机构B卖出10000000USD，买入68297000CNY		

例5-4 2009年10月13日，机构A通过外汇交易系统与机构B成交一笔O/N美元对人民币掉期交易，约定机构A在近端卖出50000000USD，远端买入50000000USD。机构A为发起方，成交时机构B报出的即期汇率为USD/CNY=6.8244，近端远期点为-2.60bp，远端远期点为-1.45bp。即机构A会在2009年10月13日以USD/CNY=6.824140的价格向机构B卖出50000000USD，在2009年10月14日以USD/CNY=6.824255的价格从机构B买入50000000USD。

涉及的交易要素如表5-3所示。

表5-3 外汇交易要素（2）

发起方	机构A	报价方	机构B
成交日	2009-10-13	即期汇率	6.8244
货币对	USD/CNY		
交易货币	USD	对应货币	CNY
清算模式和方式	双边全额清算		
交易模式	询价		

续表

近端交易			
交易货币金额	50000000USD	对应货币金额	341207000CNY
折美元金额	50000000USD		
近端期限	TODAY	近端起息日	2009-10-13
近端远期点	-2.60	近端掉期全价	6.824140
交易方向和金额	机构 A 卖出 50000000USD，买入 341207000CNY 机构 B 买入 50000000USD，卖出 341207000CNY		
远端交易			
交易货币金额	50000000USD	对应货币金额	341212750CNY
折美元金额	50000000USD		
远端期限	TOM	远端起息日	2009-10-14
远端远期点	-1.45	远端掉期全价	6.824255
交易方向和金额	机构 A 买入 50000000USD，卖出 341212750CNY 机构 B 卖出 50000000USD，买入 341212750CNY		

三、离岸人民币衍生产品

（一）人民币无本金交割远期

前面在介绍欧洲货币市场时讨论了一国货币的离岸市场发展情况。理论上，任何国家的货币，无论是可自由兑换的货币还是不可自由兑换的货币，都存在离岸市场的可能性。但对于不可自由兑换的货币，就可能出现相应的无本金交割离岸市场衍生品金融工具。特别是新兴市场国家或地区，即使存在较为发达的外汇和外汇衍生品市场，也会相应地存在一个离岸的无本金交割市场，主要是衍生品市场。而无本金交割远期是最活跃、也是交易量较大的一类衍生产品。无本金交割远期（NDF）合约主要在离岸柜台市场（offshore OTC market）交易，所以又常被称为“海外无本金交割远期”。无本金交割远期市场起源于 20 世纪 90 年代，它为中国、印度、越南等新兴市场国家的货币提供了套期保值功能。无本金交割远期市场的另一功能是对新兴市场国家货币汇率的未来走势进行预期。几乎所有的无本金交割远期合约都以美元结算。人民币无本金交割远期（CNY NDF）是人民币最活跃的离岸衍生产品。人民币无本金交割远期属于境外离岸市场人民币相关的衍生产品中的一种。人民币无本金交割远期全称为“美元对人民币无本金交割远期外汇”。其是以人民币汇价为计算标准的远期外汇合约，并且依照到期当天北京外汇市场人民币挂牌汇率换算为美元后，以美元计算，无须价格契约本金，交易双方无须持人民币结算。由于人民币未能完全自由流通，所以人民币无本金交割远期是市场参与者用以对冲人民币风险的主要工具。

20 世纪 80 年代以来，随着中国改革开放的进一步深化，中国吸引外国直接投资逐步增加。一些大型跨国公司在中国设立了分支机构，与中国业务往来逐步增加，需要对其在中国的投资等业务进行套期保值。因此，中国香港和新加坡等金融机构开始推出人民币无本金交割远期市场工具。人民币无本金交割远期交易从 1996 年左右开始出现，新加坡和我国香港的人民币无本金交割远期市场是亚洲最主要的离岸人民币远期交易市场，该市场的行情反映了国际社会对于人民币汇率变化的预期。人民币无本金交割远期市场的主要参与者是欧美等地的大型银行和投资机构，它们的客户主要是在中国有大量人民币收入的跨国公司，也包括总部设在香港的中国内地企业。但由于当时中国主要是固定汇率制度，汇率波动风险不大，所以人民币无本金交割远期市场交易并不活跃。市场形成初期发展较为缓慢，有时为了完成一笔交易常常需要等待较长时间。但 1997 年夏季爆发的亚洲金融危机，使得人民币面临巨大的贬值压力，因此投机资金使得人民币无本金交割市场的交易逐步活跃，汇率波动幅度较大。1998 年 1 月，香港的 1 年期无本金交割远期溢价达 17500 点，相当于预期 1 年后人民币对美元贬值 9.75，而到 2002 年 11 月变为贴水 380 点。1998—2000 年，1 年期人民币无本金交割远期报价震荡剧烈，但总趋势是升水幅度逐渐降低（人民币贬值预期减弱），贴水幅度逐渐增加。从 2001 年到 2002 年 10 月，人民币无本金交割远期 1 年期汇率为 8.300。2003 年初又开始升值。2005 年 5 月人民币汇率制度改革后，5 月 31 日，1 年期不可交割远期贴水为 4420 点（预期 1 年后美元对人民币汇价为 1:7.83，预计人民币 1 年后会升值 5.3%），香港 1 年期人民币远期继续升水，这反映出人民币汇率一直承受着升值压力。从 2005 年汇率制度改革到 2011 年初，人民币对美元升值了 20% 左右。而人民币无本金交割远期的期限合约有 1 周、2 周、3 周、1

个月、2 个月、3 个月，甚至出现了 3 年以上的人民币远期。2010 年 7 月，香港又推出了人民币可交割远期市场（DF），随着离岸人民币资金池的扩大，可交割远期市场也日渐活跃，并且逐步取代了部分香港无本金交割远期的交易。

2020 年 11 月 16 日人民币无本金交割远期合约报价见表 5－4。

表 5－4　2020 年 11 月 16 日人民币无本金交割远期合约报价　　单位：元

合约品种	最新价	开盘价	最高价	最低价	时间
1 个月	6.5963	6.6385	6.6281	6.5885	23：32：49
2 个月	6.6103	6.6425	6.6437	6.6024	23：32：49
3 个月	6.6248	6.6571	6.6581	6.6174	23：32：49
6 个月	6.6664	6.7005	6.7005	6.6585	23：32：49
9 个月	6.7068	6.8002	6.8007	6.6988	22：40：49
1 年	7.1274	7.1433	7.1585	7.1274	10：30：01
2 年	6.9069	6.9392	6.9437	6.9043	23：32：49
3 年	7.0600	7.0950	7.0973	7.0560	23：26：27
4 年	7.0123	7.2497	7.2502	7.0123	23：32：20
5 年	7.3705	7.4067	7.4072	7.3675	22：11：38

资料来源：FX168 财经报社，https：//quote.fx168.com/ndf/。

（二）人民币无本金交割掉期和期权

由于人民币是不完全的自由兑换货币，所以在离岸市场上人民币衍生品交易中除了无本金交割远期外，无本金交割掉期和无本金交割期权也占有一定的市场份额。无本金交割掉期（Non－Deliverable Swap，NDS）类似一般的掉期交易，唯一区别是无本金交割，在交割时一般折算成美元或其他流动性较强的货币。

境外人民币无本金交割掉期市场，相较于境外人民币无本金交割远期市场，市场规模要小很多，日均交易量为 2000 万～5000 万美元，交易量最多的产品主要是 3 年期以下的产品，5 年期以上的产品则流通性较差。其中，主要的做市商包括：德意志银行、JP 摩根集团、法国东方汇理银行。交易的客户比较分散。境外人民币无本金交割期权市场日均交易量为 5000 万美元至 1 亿美元，大多数交易产品的期限集中在 1 年期以下，其中

6个月期的产品和1年期的产品交易量最大。市场上比较活跃的做市商主要有：法国东方汇理银行、汇丰银行、德意志银行、JP摩根集团。主要客户是一些需要做结构性产品的金融机构。

【专栏5-1】

汇丰推出Shibor无本金交割人民币利率掉期交易

汇丰控股旗下的香港上海汇丰银行宣布，已于今日（2007年1月5日）推出并进行了基于上海银行间同业拆放利率（Shibor）的无本金交割人民币利率掉期（NDIRS）交易，为境外投资者和企业客户提供衍生品工具。该项交易中，香港上海汇丰银行与另一家金融机构进行了1亿元人民币1年期利率掉期交易，香港上海汇丰银行为浮动利率支付方，利率为3个月期Shibor，而对方为固定利率支付方，利率为2.9%。香港上海汇丰银行推出的该项交易仅在离岸市场进行，按季度以美元结算，计息标准为360天。中国银行间同业拆借中心昨日（1月4日）起正式对外发布Shibor。

资料来源：香港上海汇丰银行官网。

1. 人民币无本金交割期权

人民币无本金交割期权是在人民币无本金交割远期出现之后在中国香港出现的，人民币无本金交割期权数量较小。无本金交割期权（Non-Deliverable Options，NDO）类似于一般的期权，交易者大多运用无本金交割期权的各种交易策略来对冲其在无本金交割远期市场上的头寸，而且交割是以美元进行的。

人民币无本金交割期权的参与者主要是一些在我国有投资或贸易等业务往来的国际企业，它们由于担心人民币的贬值导致投资贸易损失而从事期权避险。

2. 人民币无本金交割期权合约

（1）标的金额。

人民币无本金交割期权合约的名义标的金额一般在1000万~3000万

美元，平均2000万美元，按照1美元=6.5元人民币计算，约合人民币13000万元。这种金额一般只适合机构投资者参与。

（2）交割货币。

大多数人民币无本金交割期权合约是以美元结算的。

（3）执行方式。

大多数人民币无本金交割期权合约是欧式期权，到期才能执行合约。

（4）结算汇率。

大多数人民币无本金交割期权合约按照国家外汇管理局公布的到期日之前的两个工作日内的汇率进行结算。

（5）到期期限。

大多数人民币无本金交割期权合约的到期期限是1周、1个月、2个月、3个月、6个月、9个月和1年。

本章小结

离岸金融市场形成于20世纪50年代末。现在，所谓的离岸金融市场，是指主要为非居民提供境外货币借贷或投资、贸易结算、外汇黄金买卖、保险服务及证券交易等金融业务和服务的一种国际金融市场，亦称“境外金融市场”。欧洲债券市场是在离岸金融市场上进行长期债务工具发行和交易的市场，它是国际中长期资金市场的重要组成部分。另外，本章还简单介绍了人民币衍生产品的发展历史，以及我国银行业如何发展人民币衍生产品等内容。

复习思考题

1. 离岸金融市场和在岸金融市场有何关系？
2. 欧洲离岸市场出现的历史背景是什么？
3. 欧洲货币市场和欧洲债券市场是如何形成的？它们的出现有何意义？
4. 人民币衍生产品有哪些？它们产生的背景是什么？
5. 人民币外汇远期与掉期交易的区别有哪些？它们的主要功能是什么？
6. 什么是人民币无本金交割远期和掉期交易？国外是如何利用人民币

无本金交割远期和掉期进行交易的？

进一步阅读文献

1. 刘园，吴莹．外汇交易与管理[M]．3版．北京：首都经济贸易大学出版社，2020.

2. 王应贵，甘当善．外汇市场透视[M]．北京：清华大学出版社，2006.

3. 张光平．人民币衍生产品[M]．4版．北京：中国金融出版社，2016.

4. 郑振龙．金融工程[M]．4版．北京：高等教育出版社，2016.

第三篇
汇率理论

1981 年，1 美元只能兑换 1.71 元人民币。也就是说，当时的中国人只需要用 1.71 元人民币就可以购买价值 1 美元的外国商品。但是到了 1990 年，1 美元可以兑换 4.79 元人民币，2000 年又贬值到 1 美元兑换 8.28 元人民币。从 2001 年开始，人民币面临升值压力，并且压力越来越大。2005 年，人民币改变了汇率形成机制。2005 年 7 月 21 日，中国人民银行将人民币对美元汇率升值 2.1%，并同时宣布：我国开始实行以市场供求为基础、参考一篮子货币进行调节、有管理的浮动汇率制。自此，人民币对美元的汇率出现持续升值。2014 年 3 月 17 日，中国人民银行宣布银行间即期外汇市场人民币对美元交易价浮动幅度由 1% 扩大至 2%，人民币汇率双向浮动弹性进一步增强。2015 年 8 月 11 日，中国人民银行宣布调整人民币对美元汇率中间价报价机制，做市商参考上日银行间外汇市场收盘汇率，综合考虑外汇供求情况以及国际主要货币汇率变化向中国外汇交易中心提供中间价报价，自此人民币汇率更能真实反映外汇市场供求变化。2020 年，人民币对美元汇率在 6.5 ~ 7.0 波动。

在金本位制下，两国货币的汇率取决于它们所包含或代表的黄金量。那么，在法定货币制度下，汇率到底取决于什么因素呢？本篇试图回答这个问题。

因为汇率对经常项目和资本项目有重要影响，所以汇率成为开放经济最重要的价格之一。关于汇率决定的理论众多，但是目前仍未找到能够准确解释汇率变动原因的理论，每种理论都只解释了汇率变动原因的一个方面。本篇主要从短期和长期两个方面来解释汇率变动的原因，然后对现存的汇率理论及其发展进行简单介绍。

第六章　利率平价理论

本章要点

◎外汇市场上短期汇率如何决定？

◎利率的变化如何影响即期汇率？

◎预期的变化如何影响即期汇率？

◎如何理解即期汇率和远期汇率之间的变化关系？

短期汇率取决于什么因素呢？稍稍考虑下外汇市场汇率的波动情况就会知道影响因素极多。利率、通货膨胀率、经济增长率、国际收支余额、贸易摩擦、金融风险、政治风险等因素的变化，都会对外汇市场产生冲击，从而导致汇率变化。

为了构建模型分析汇率变动，必须进行合理的简化。本章主要从资产市场角度分析短期汇率的影响因素。作为资产的价格，汇率的短期波动主要取决于外汇的供给和需求的变化。在商品市场上，商品的供给和需求决定了商品的均衡价格。外汇的价格应该也是这样确定的。问题在于，外汇的供给和需求存在不同的形式，也就存在不同的汇率决定理论。

20 世纪 70 年代初以前，流行的观点认为，对外汇的需求源自对外国商品的需求，对外汇的供给来自对外国的商品出口。汇率的变动取决于商品和服务的流量需求或流量供给的变化。当其他情况不变时，外国对本国商品需求的增加趋于使本币升值，反之则趋于使本币贬值。70 年代以后，随着金融市场的发展和资本流动管制的放松，金融资产的需求量越来越大。在这种情况下，汇率的变动就来自市场对货币需求的变动。而汇率的变动将会调整以不同货币计价的资产的收益率从而使外汇市场达到均衡。

利率平价是外汇市场上一个基本的均衡条件。只要参与外汇市场，人们就会熟知该条件并自然地使用它来判断自己所持有的资产是否合意。在第一次世界大战以后，远期外汇交易的迅速兴起使约翰·梅纳德·凯恩斯（1923）开始考虑外汇市场的均衡条件，重新对利率平价理论做了阐述。利率平价由此引起普遍关注，成为一种重要的汇率决定理论。

利率平价确定了国内外利率、即期汇率和预期汇率之间的关系。本章不仅用利率平价来分析利率对汇率的影响，还将用它来分析预期汇率变动对汇率的影响。

第一节　利率平价

假设中国金融市场完全开放，中国的居民可以任意选择投资外国的股票、债券、现金等金融资产。那么人们在选择资产时，会考虑哪些因素呢？例如，当前人民币一年期的存款利率为 3%，美元一年期的存款利率为 5%。人们会选择持有人民币还是美元呢？

如果风险给定，那么直观感觉是选择美元，因为美元利率较高。但是，进一步思考，可能就不是那么简单了。因为人民币对美元的汇率可能发生变化。如果在持有美元期间，人民币升值，美元贬值，持有美元就会导致收益率的降低。当考虑投资外国资产时，除了要考虑直接的收益率，还要考虑持有期间汇率的变化情况。就存款而言，一定时期内的外币存款总收益率大致等于利率加上汇率的变化率。

外汇市场什么时候会达到均衡呢？当市场参与者对他所持有的各种货币存款感到满意时，外汇市场就会达到均衡状态。只有当各种货币提供的预期收益率相等时，外汇市场才会处于均衡状态。否则，市场参与者将会调整自己的货币持有量。用相同货币衡量的任意两种货币存款的预期收益率相等的条件，被称为“利率平价条件”。利率平价条件包括抵补的利率平价（covered interest rate parity，CIRP）和未抵补的利率平价（uncovered interest rate parity，UIRP）。

一、抵补的利率平价

（一）抵补的利率平价的含义

通过对投资过程的分析，可以得到利率平价条件。假设国内的一位投资者可以用1元人民币投资国内资产，如一年期债券。利率为i，并在期末一次还本付息。在年终，这位投资者将得到：

$$1\times(1+i)\text{ 元}$$

他还有一种选择，就是购买利率为i^*的美元债券。首先，他按照现行汇率E将人民币转换为美元。汇率为直接标价法，即1美元可以兑换E元人民币。E上升表示人民币贬值、美元升值；E下降表示人民币升值、美元贬值。1元人民币可以兑换$1/E$美元。其次，他购买一年期美元债券，同时以现行的远期汇率F卖出投资收入，换回人民币。一年后他得到：

$$(1/E)\times(1+i^*)\times F\text{ 元}$$

这两种债券在所有方面都是相同的，即除了计价货币外，期限、风险和流动性都是相同的。投资者将会根据两种债券的收益率来调整持有量，直到它们提供的收益率相同时，外汇市场就会达到均衡。均衡条件为：

$$1\times(1+i)=(1/E)\times(1+i^*)\times F$$

对上式进行简化并调整得到：

$$\frac{F}{E}=\frac{1+i}{1+i^*}$$

在方程两边同时减去1，得到：

$$\frac{F-E}{E}=\frac{i-i^*}{1+i^*} \tag{6-1}$$

式（6－1）被称作"抵补的利率平价条件"。抵补的含义是投资者在进行美元投资的同时，就在外汇市场将一年后所得到的美元按照现行的远期汇率卖出，确保了收益。这种方式虽然有助于避免汇率变动的风险，但是也排除了持有美元期间美元升值所带来的收益。

由于利率远远小于1，所以式（6－1）中的分母可以近似为1，抵补的利率平价就近似为：

$$\frac{F-E}{E}=i-i^{*} \tag{6-2}$$

为书写方便，用等号代替近似号。一般地，在计算时采用式（6－1），在分析问题时采用式（6－2）。在直接标价方法下，汇率上升表示外币升值、本币贬值。当 $F>E$ 时，美元在远期外汇市场中升值，即美元远期升水。反之，当 $(F-E)/E<0$ 时，美元远期贴水。第二种形式的利率平价含义更加清楚：外币远期升（贴）水等于国内外的利差。

将式（6－2）进行变换得到：

$$i=i^{*}+\frac{F-E}{E} \tag{6-3}$$

式（6－3）左边是国内利率或者国内资产的收益率，右边是国外利率加上汇率变化率。利率是外币资产的收益率，汇率变化率是将外币转换为本币所导致的价值变化率。这两项之和表示用本币计价的外币资产的收益率，或称作"外币资产的本币收益率"。式（6－3）直观地表示了外汇市场的均衡条件：当用同种货币衡量的任意两种资产的收益率相等时，外汇市场达到均衡。

尽管利率平价的三种形式都表示外汇市场的均衡条件，但是每种形式所表示的具体含义存在细微差别。我们可以根据所研究的问题来选择最适合的形式。

（二）利率平价与市场套利

通过上述推导能够发现，利率平价的成立是有前提条件的。其条件为金融市场应该是开放的，即投资者可以自由选择国内外资产，资本的流动没有受到阻碍。换句话说，金融市场是完善的，即没有交易成本和不确定性。交易成本包括税收和管制带来的成本，不确定性主要指市场风险。当金融市场不完善时，严格的利率平价条件不再成立。但是，市场的套利行为仍会使外汇市场处于均衡状态，即利率平价近似成立。

我们现在来看看，为什么只有当利率平价条件满足时，外汇市场才能处于均衡状态。假设中国和美国的一年期债券利率分别是3%和2%，即期汇率和远期汇率分别为6.60元/美元和6.40元/美元。投资者用1元人民币投资国内债券一年的收入为 1.03 元，投资美元债券一年的收入为 0.99 元。人民币资产的收益率高于美元资产，投资者于是会偏好人民币资产。对于一个在初始状态时持有美元资产的投资者来说，如果投资人民币资产，他将获利多少呢？首先，他通过外汇市场将美元兑换成人民币，1 美元购买 6.60 元人民币。其次，他投资人民币债券，同时按照远期汇率卖出人民币，一年后收入为 1.06 美元，减去机会成本 1.02 美元，这位投资者投资人民币资产一年后获利 0.04 美元，收益率达到 4%。

金融市场的高度信息化也会使得其他投资者选择人民币资产，那么市场怎样才能达到均衡呢？投资者在外汇市场购买即期人民币和卖出远期人民币，将会导致人民币即期升值和远期贬值。卖出美元债券和买入人民币债券将会使美元债券利率上升、人民币债券利率下降。各个变量的变化都会降低人民币资产的收益率、提高美元资产的收益率。最终，两种资产的收益率相等，外汇市场达到均衡。

二、未抵补的利率平价

通过抵补的方式进行外汇交易，虽然有助于避免交易风险，但是也有可能错过因汇率升值所带来的收益。因此，风险偏好型投资者可能会放弃抵补交易，以期未来的收益增加。在这种情况下，投资者购买哪种资产就取决于这种资产的预期收益率，而不是确定的收益率。当外汇市场上各种资产的预期收益率相等时，投资者将不再调整其所持有的资产，市场就会处于均衡状态。投资的步骤与抵补的利率平价相同，唯一区别在于投资者不再同时签订一份远期合约以确定未来的汇率，而是对未来的汇率进行预期。我们用 E^e 表示预期的未来即期汇率，则市场均衡条件现在可以表示为：

$$1 \times (1+i) = (1/E) \times (1+i^*) \times E^e$$

强调一下，E^e 和 F 的区别非常有必要。F 表示远期汇率，即当前在交易合同中注明的未来某个时期的汇率，到期后将按照合同确定的汇率交割。E^e 则表示当前对未来某个时期的即期汇率的预期。

将上式进行同样的变化可得未抵补的利率平价条件为：

$$\frac{E^e - E}{E} = \frac{i - i^*}{1 + i^*} \qquad (6-4)$$

在经济分析中，我们主要使用未抵补的利率平价。近似式为：

$$\frac{E^e - E}{E} = i - i^* \tag{6-5}$$

较之抵补的利率平价，未抵补的利率平价尽管只有一个字母的差别，但是含义发生了变化。它意味着预期的汇率变化率或预期的升贴水等于两国利率之差。调整上式中各变量的位置就得到另一个近似表达式：

$$i = i^* + \frac{E^e - E}{E} \tag{6-6}$$

式（6-6）左边为本国利率或本币资产收益率，右边表示用本币衡量的外币资产的预期收益率。当市场达到均衡时，两种资产提供的预期收益率相等。

假设人民币利率为3%，美元利率为4%，但是外汇市场预期人民币升值5%。根据收益率的计算方法，用人民币衡量的美元资产的预期收益率约为-1%，于是人们会增加对人民币资产的持有量。在外汇市场上，投资者会试图卖出美元资产，买入人民币资产。在这个过程中，人民币将会升值，利率将会下降；美元则会贬值，利率将会上升。这会降低人民币资产的预期收益率，提高美元资产的预期收益率。只有当两种货币资产提供的预期收益率相等（如市场预期人民币升值1%）时，外汇市场才能处于均衡状态。

第二节　短期汇率的决定因素

前一节的分析表明，当利率平价条件成立时，外汇市场达到均衡。此时的汇率就是短期均衡汇率。换言之，利率平价条件决定了即（短）期均衡汇率，这也是我们学习利率平价的重要目的。本节将根据未抵补的利率平价建立一个外汇市场均衡模型来分析短期汇率的决定因素。模型非常简单，但是有助于判断汇率的变动方向。

一、外汇市场均衡模型

为了构建模型，首先需要区分两类变量：外生变量和内生变量。外生变量是指给定的变量，不因模型中的变量发生变化而变化。例如，供求模型中的收入、偏好等。内生变量是指模型所要解释的变量，会因其他变量的变化而变化。例如，供求模型中的商品价格和数量。建立模型的目的就是用外生变量来解释内生变量。构建供求模型的目的就是解释商品的均衡价格和均衡数量的决定因素及其变动原因。

利率平价条件中有四个变量：国内利率、国外利率、即期汇率和预期汇率。我们的目的是分析即期汇率的变动，因此，就要将即期汇率设为内生变量，将其他三个变量设为外生变量。平面坐标系中一般都有两个内生变量。我们已经有了一个内生变量，另外一个内生变量是什么呢？就是用本币表示的预期收益率。可以是本国利率，也可以是用本币表示外币资产的预期收益率。

首先分析即期汇率的变动如何影响外币资产的预期收益率，得到模型的第一个关系。在其他条件不变时，人民币对美元即期汇率的变动如何影响美元资产的预期收益率？假设当前美元资产的利率是3%，人民币对美元的即期汇率是6.5元/美元，市场预期一年后的即期汇率是6.8元/美元。那么，根据式（6－6）的右边项，可得美元资产的预期收益率为：

$$3\% + (6.8-6.5)/6.5 = 7.6\%$$

现在假设当前的即期汇率为6.4元/美元，即人民币即期升值、美元即期贬值。保持利率和预期汇率不变，则美元资产现在的预期收益率为：

$$3\% + (6.8-6.4)/6.4 = 9.3\%$$

本币升值使外币资产的预期本币收益率上升。反之，如果外汇市场上，本币当前贬值到6.6元/美元，那么美元资产的预期本币收益率为：

$$3\% + (6.8-6.6)/6.6 = 6.0\%$$

比较以上三个简单的例子，我们可以得到如下结论：在利率和预期汇率不变的条件下，本币即期升值将提高外币资产的预期本币收益率，本币即期贬值将降低外币资产的预期本币收益率。

人民币即期升值会提高美元资产的预期收益率，这个结论似乎与直觉不一致。但如果从美元资产的角度来分析，可能会更容易理解。人民币即期升值，意味着美元即期贬值。在预期汇率不变的条件下，美元即期贬值提高了美元预期升值的幅度，也就提高了美元资产的预期收益率。人民币升值和美元贬值使美元资产相对于人民币资产的预期收益率上升，也可以理解为人民币资产相对于美元资产的预期收益率下降。

因此，我们可以得到一个即期汇率影响预期收益率的一般性结论：在利率和预期汇率不变的条件下，当一种货币即期升值时，以该货币计价的资产的预期收益率将会降低；当一种货币即期贬值时，该货币资产的预期收益率将会上升。

在采取直接标价法的情况下，汇率 E 下降表示人民币升值、美元贬值，E 上升表示人民币贬值、美元升值。根据上述结论，即期汇率和外币资产的预期本币收益率之间存在反向关系。图 6－1 中向右下方倾斜的曲线给出了两者之间的关系。

向右下方倾斜的曲线上的每一点表示，在不同的即期汇率水平用本币计量的外币资产的预期收益率。当本币升值时，外币资产的预期本币收益率上升；反之则下降。由于本币资产的利率是一个给定的数字，如 4%，与汇率无关，所以在图中是一条垂直的线。在两条线的交点，两种资产的预期收益率相等，外汇市场处于均衡状态，利率平价条件得到满足。

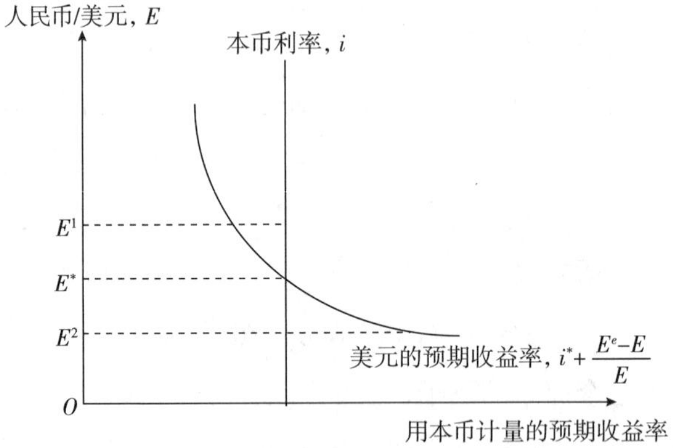

图 6－1　均衡汇率的决定

二、均衡汇率的调整过程

利率平价条件显示，外汇市场即期均衡汇率取决于国内外利率和预期未来的即期汇率。这些变量的任何变动都会影响即期汇率。我们将在下面内容里对此进行详细分析，现在使用上述模型来观察外汇市场是如何调整到均衡的。

假设市场的即期汇率最初为 E^1，根据两种货币资产的预期收益率曲线，我们知道人民币资产的收益率高于美元资产。在这种情况下，外汇市场参与者都试图购买人民币资产、卖出美元资产。持有不同的资产会带来不同的收益率，市场处于非均衡状态。

例如，当前人民币资产的利率是2.5%，美元资产的利率是3.0%，市场预期一年后的即期汇率是6.40元/美元。根据利率平价条件，市场的即期均衡汇率为6.43元/美元。但是，如果当前人民币对美元的即期汇率是6.50元/美元，市场就没有达到均衡。美元资产的预期收益率为1.5%，低于人民币资产的收益率。2001年以来，人民币资产的预期收益率高于美元资产，导致了大量的国际资金流入中国。

外汇市场如何达到均衡状态呢？在汇率 E^1，人民币资产较高的收益率吸引投资者购买人民币资产、卖出美元资产。当市场上的投资者都试图购买人民币资产时，就会导致人民币对美元升值，即美元的人民币价格下降。人民币即期升值、美元即期贬值提高了美元资产的预期收益率。当美元贬值到 E^* 时，两种资产的预期收益率相等，投资者持有两种资产的意愿相等，外汇市场达到均衡。

如果初始汇率在 E^2，那么情况正好相反。美元资产的预期收益率高于人民币资产，市场参与者会试图调整所持有的资产，外汇市场也处于非均衡状态。由于美元资产的预期收益率较高，外汇市场上对美元的需求增加，使得美元相对于人民币升值。美元即期升值降低了美元资产的预期收益率。当美元汇率升值到 E^* 时，两种资产的预期收益率再次相等，市场达到均衡。

在其他条件不变的情况下，调整即期汇率将使外汇市场处于均衡状态。

第三节　货币、利率和汇率

前面两节分析了即期汇率或者说短期汇率的决定因素，但是没有详细分析其中各个因素是如何影响汇率的。本节将会分析利率变动对汇率的影响。我们首先简单介绍短期利率的决定机制，其次分析利率变动对即期汇率的影响。本节还将分析由货币供给增加所导致的短期汇率和长期汇率的变化，即汇率超调现象。

一、货币和利率

（一）货币供给

货币是指在购买商品和劳务时，或在偿还债务时被普遍接受的资产。

在提到货币时，存在一些极易混淆的相关概念。通货，即纸币和硬币，显然符合货币的定义，但它仅仅是货币的一种。如果把货币定义为通货，就会将许多具有货币特征的资产排斥在外。例如，支票、存款等。现实中，人们往往把货币与财富等同起来。例如，“盖茨很富，他有很多钱”。准确地说，应该是盖茨拥有大量财富。财富不仅包括货币，还包括各种有价资产。除“货币”外，“收入”也是一个经常被提到的词。收入是一个流量概念，即一段时期内的所得。而货币与财富是存量概念，即在某一时点上存在的数量。

无论货币是以黄金、白银等贵金属形式存在，还是以纸币形式存在，它都具有三个重要职能：交易媒介、计价单位和价值储藏。

货币第一个重要职能是交易媒介，也就是作为在产品与服务的交换中被普遍接受的支付手段。货币是一种交易媒介。没有货币，人们将不得不直接以产品或服务交换其他的产品或服务，即物物交换。在商品和服务的交易上所花费的时间被称为“交易成本”。物物交换的经济存在较高的交易成本，因为物物交换要求交易双方存在需求一致性。货币保证了这种需求一致性的存在，因而降低了交易成本，提高了经济效率。

货币第二个重要职能是作为计价单位，即作为一种被广泛认可的价值衡量的标准。商品、服务、资产的价值都是以货币来衡量的。以货币形式计价能够简化经济方面的计算，使不同商品价格之间的比较变得容易起来。如果没有一种标准的计价单位，那么每种商品和服务的相对价格都要由其他商品和服务来衡量。这将是一项极其艰巨的工作。使用货币作为计价单位，减少了需要考虑的价格数目，从而降低了经济中的交易成本。

货币第三个重要职能是价值储藏。由于货币能够被用来把当前的购买力转移到未来，所以货币也是一种资产，或者说它具有价值储藏的职能。这一特性对于任何交易媒介来说都至关重要，因为没有人会愿意接受一种购买力会迅速下降的交易媒介。价值储藏的职能对人们来说，是非常有用的。因为大多数人不想在得到收入时就立刻将它花光，而是希望在合适的时候将其用于支出。货币价值储藏职能的强弱取决于物价水平。物价水平上升会导致货币购买力下降，即价值下降。相对于股票、债券、土地、房屋等资产，货币虽然并非最具吸引力的价值储藏手段却仍为人们乐于持有，原因在于货币是一种最具流动性的资产。

将货币定义为在购买商品和劳务时被普遍接受的资产，意味着货币是根据人们的行为被定义的。一种资产之所以成为货币，是因为人们相信它能够被普遍接受。自古以来，黄金、白银等资产都发挥过这一功能。货币供给是指在某一时点上经济体系中拥有的货币数量。因此，在分析货币供给量时，需要一个更为准确的定义，它应该能够准确地告诉我们哪些资产将属于货币之列。

由于信用货币制度下存在多种形式的货币，所以货币存量的统计并不容易。各国对货币的计量有多种方法，但普遍遵循的原则是以流动性的强弱进行划分。流动性是指一种资产转变为交换媒介的难易程度。现金具有最强的流动性。

综合各国的情况，货币供应量指标大致划分如下：

M0 = 公众手中持有的通货；

M1 = M0 + 支票存款；

M2 = M1 + 储蓄存款 + 定期存款；

M3 = M2 + 其他短期流动资产（如国库券、银行承兑汇票、商业票据等）。

每个国家的货币供应量指标因为经济和金融市场的发展程度不同而稍有差别。

我们平时提到的货币就是指 M1，因此，本书也将采用这个货币指标，并简单地写成 M。货币供给过程较为复杂，我们假设货币供给量由中央银行控制。用 M_s 表示货币供给量。具体的货币创造过程可以参考相关的金融学教材。

(二)货币需求

为了分析货币需求的决定机制，假设经济中只有两类金融资产：货币和债券。虽然持有货币便于交易，但是没有收益。尽管持有债券带来了收益，却不能进行支付。因此，家庭将在流动性和收益率之间进行抉择，以决定自己的财富分配状况。货币需求量是指人们以货币而不是以其他资产形式持有的财富数量。将家庭和企业对货币的需求加总，就会得到经济体系对货币的总需求。

决定货币需求的因素主要有三个。

一是名义利率。在一般情况下，名义利率就是指债券的收益率。如果家庭选择持有货币，就意味着放弃了持有债券所带来的收益。因此，利率是持有货币的机会成本。如果利率上升，持有货币的机会成本就会增加，人们会选择减少货币持有量，增加债券持有量。当其他条件不变时，货币需求量和利率成反比。利率上升，货币需求量下降；利率下降，货币需求量上升。

二是价格水平。价格水平可以是经济体系中所有商品和劳务的价格，如 GDP 平减指数，也可以是一篮子具有代表性的商品和劳务的价格，如消费价格指数 CPI。当价格水平上升时，人们购买相同的商品就必须支付更多的货币。为了保持与以前相同的流动性，人们将不得不增加货币持有量。价格水平和货币需求成正比。

三是实际收入。对于单个家庭来说，收入增加一般会导致消费相应增加，对货币的需求也会增加。对于整个经济来说，GDP 增加意味着更多的商品和劳务被生产出来，交易量将会增加，对货币的需求量也会增加。宏观经济学的理论告诉我们，产出和收入是同一枚硬币的不同面。在价格不变的情况下，实际产出或实际收入增加会引起货币需求量的增加。

一般用 i 表示名义利率，用 P 表示价格水平，用 Y 表示实际收入。用 $L(i, Y)$ 表示实际货币需求函数。根据上述分析，名义货币需求量 M_d 可被表示为：

$$M_d = P \times L(i, Y) \qquad (6-7)$$

名义货币需求量 M_d 与价格水平 P 和实际收入 Y 成正比，与名义利率 i 成反比。在经济中，实际货币需求量更有意义。实际变量等于名义变量除以物价水平。因此，可以将名义货币需求函数重新写成：

$$M_d/P = L(i, Y) \tag{6-8}$$

式（6－8）表示，实际收入上升，实际货币需求数量将会增加；名义利率上升，实际货币需求量将会下降。图6－2中向右下方倾斜的曲线反映了实际货币需求量和名义利率之间的关系。实际收入 Y 是外生变量。收入增加将使需求曲线向右移动，收入减少则使需求曲线向左移动。

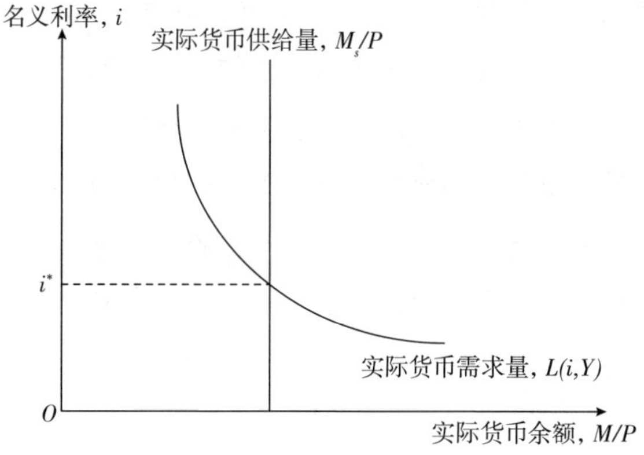

图6－2　货币市场均衡

（三）货币市场均衡

与货币需求类似，M_s 表示名义货币供给量，M_s/P 表示实际货币供给量。由于货币供给量是中央银行制定的一个固定数量，所以实际货币供给曲线为一条垂线。实际货币供给量增加，货币供给曲线向右移动；实际货币供给量减少，货币供给曲线则向左移动。当货币供给量等于货币需求量时，人们愿意持有的货币量等于实际存在的货币量，市场达到均衡。由此决定的利率就是市场均衡利率。需要强调的是，影响短期名义利率的是实际货币供给量和实际货币需求量。即使名义货币供给量不变，如果价格变化使实际货币供给量发生变化，也会对利率产生影响。

货币市场均衡条件为：

$$M_s/P = M_d/P \tag{6-9}$$

将实际货币需求函数代入式（6－9），并去掉下标，得到：

$$M/P = L\ (i,\ Y) \tag{6-10}$$

由于货币供给量就是经济中的货币存量，所以一般将货币供给量的下标略去，不会引起歧义。根据货币市场均衡条件就可以分析货币供给和收入变动对利率的影响。

首先来分析货币供给增加对利率的影响。若中央银行在市场上购买债券，则货币供给量增加。若短期价格不变，则实际货币供给量增加，使货币供给曲线向右移动。在原利率水平出现货币的超额供给，会使公众试图购买债券，导致债券价格上升，利率下降。利率下降降低了债券的吸引力，人们会增加货币持有量，从而达到新的均衡，即货币供给量等于货币需求量。当货币供给量减少时，货币供给曲线会向左移动。在原利率水平出现超额的货币需求量，会使公众试图卖出债券，导致债券价格下降，利率上升。利率上升会促使人们增加债券持有量，市场因而重新达到均衡。

关于货币供给量和利率之间的关系，可以简单总结如下：当产出不变时，实际货币供给量增加会使利率下降，实际货币供给量减少会使利率上升。

实际产出变化对利率的影响过程与货币变动相似。实际产出增加会使实际货币需求曲线向右移动，货币需求量增加。造成在原来的利率水平出现了超额的货币需求量。公众试图出售债券，债券价格下降，利率上升。利率上升增加了债券的吸引力，人们因此减少了货币需求量。在新的均衡状态下，从总体来看，实际货币需求量保持不变。反之，实际产出减少，利率下降。

二、货币供给、利率和汇率

为了分析货币供给对即期汇率的影响，需要对货币市场均衡条件稍作调整，得到名义利率的决定函数：

$$i = i\ (M/P,\ Y) \tag{6-11}$$

名义利率取决于实际货币供给和实际产出。前面的分析说明，实际货币供给量增加会使利率下降，实际货币供给量减少则会使利率上升。实际产出或收入增加会使利率上升，实际产出或收入减少则会使利率下降。将式（6－11）代入利率平价条件式（6－6），得到货币供给和汇率的关系：

$$i(\frac{M}{P},Y) = i^* + \frac{E^e - E}{E} \quad (6-12)$$

根据式（6－12）可以得到外汇市场均衡汇率的决定图形（见图6－3）。

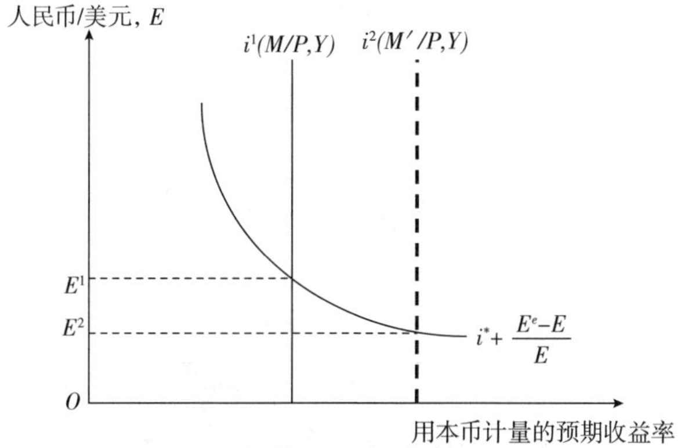

图6－3　本国货币供给减少对汇率的影响

如果中国人民银行减少货币供给量，那么人民币资产的利率将会上升，图6－3中的本币收益率曲线向右移动，利率从i^1上升到i^2。在原来的汇率水平上，人民币资产的收益率高于美元资产。在外汇市场上，人们将会购买人民币资产、出售美元资产。对人民币的需求增加，使人民币对美元升值。人民币均衡汇率从E^1下降到E^2。人民币即期升值、美元即期贬值提高了美元资产的预期收益率。当两种资产的预期收益率相等时，外汇市场重新达到均衡。

如果中国人民银行增加货币供给量，那么本国利率将会下降。本币收益率曲线向左移动，人民币将会对美元贬值。

我们由此得出结论，在保持外国利率和预期汇率不变的前提下，本国货币供给量增加将会使本币即期贬值，本币供给量减少将会使本币即期升值。

同样的分析也适用于外国货币变动对汇率的影响。如果美国中央银行增加货币供给，则利率下降使美元资产的预期收益率减少、美元资产预期收益率曲线向下移动（见图6－4）。在原来的汇率水平上，市场参与者将会增加对人民币资产的购买，推动人民币对美元升值，美元即期贬值。反之，美联储减少货币供给，利率上升提高了美元资产的预期收益率，美元即期升值。

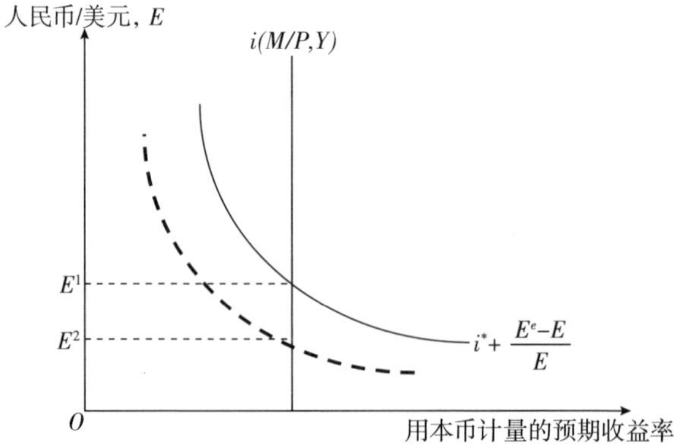

图 6-4　外国货币供给量增加对汇率的影响

三、汇率超调

上述分析适用于短期，即价格黏性。正是因为价格黏性，名义货币供给量才会在短期内和实际货币供给量同幅度变动，进而改变了名义利率，对即期汇率产生影响。如果考虑长期，那么情况将会显著不同。在长期，价格表现为弹性。

为了分析货币供给变动在长期对经济的影响，我们需要找到价格和货币之间的关系。根据货币市场均衡条件 $M/P=L(i,Y)$ 得到：

$$P=\frac{M}{L(i,Y)} \tag{6-13}$$

价格取决于货币供给量、名义利率和实际产出。名义利率的变化取决于对价格的预期，而实际产出不可能一直下降。因此，通货膨胀率主要取决于货币供给的变化。在短期，由于价格黏性，货币供给增加将使名义利率和实际利率下降。利率下降使投资增加，产出也因而增加。在长期，价格上升会使实际货币供给减少，实际利率和名义利率上升。名义利率等于实际利率加上通货膨胀率，产出也因此回到自然产出水平。如果货币是一次性的永久性增加，则对通货膨胀率和名义利率没有影响。产出在长期又等于自然产出水平（或增长率），那么，价格水平的增加幅度将和货币供给量的增加幅度相同。

举个简单的数字例子有助于理解名义货币供给变动在长期内对经济体系中各个变量的影响。假设经济增长率是3%，货币供给增长率是4%。在没有干扰的情况下，物价按照1%的速度上涨。假定现在经济受到冲击，经济增长率下降，失业率上升。为了应对经济衰退，决策当局将货币供给增长率提高到6%。经济逐步恢复增长，假设一年后恢复了正常。如果货币增长率仍然保持不变，那么物价水平就会上升。最终按照3%的速率上升，较之前的物价上涨率提高了2个百分点，与货币供给增长率提高的幅度一致，货币在长期呈现中性。

根据购买力平价理论，一国物价水平上升将会导致该国货币贬值，物价下降将使货币升值。因此，关于货币供给和长期汇率之间存在如下结论：货币供给增加在长期内使货币贬值，货币供给减少在长期内使货币升值。

结合货币供给变动带来的短期影响，可以分析汇率从短期到长期的动态变化。在短期，名义货币供给增加降低了利率，因此使该国货币即期贬值。在长期，名义货币供给增加既会提高物价水平，也会使货币贬值。那么问题出现了，市场参与者既然知道该国货币当前利率下降且在长期将会贬值，怎么会愿意持有该国货币呢？在另一国利率不变的情况下，只有预期该国货币升值才能提高该国资产的预期收益率。也就是说，即期汇率的贬值幅度必须超过长期汇率的贬值幅度，才能预期未来升值，市场参与者才会愿意持有该国货币或资产，以促进市场达到均衡。

经济学家将汇率短期波动幅度超过长期的现象称为“汇率超调”。

第四节　预期对短期汇率的影响

刚刚进入21世纪，中国就强烈感受到了经济全球化带来的影响。一方面中国的对外贸易迅速增长，另一方面人民币面临的升值压力越来越大。2001年8月，英国《金融时报》刊登了一篇题为《中国的廉价货币》的文章，引发了关于人民币重估的新一轮争论。2001年以来，市场对人民币的升值预期导致了大量资本流入中国，对人民币汇率和中国宏观经济产生了重要影响。在基本的利率平价条件中，没有考虑风险因素。本部分首先用基本的利率平价分析预期对当前汇率的影响；其次对其进行扩展，加入风险因素，并用以分析预期因素在日元汇率变动中所扮演的角色。

一、预期对短期汇率和利率的影响

在前文分析中，我们假设预期汇率不变。当市场预期较弱时，这种假设较为合理。但是，如果市场存在强烈的预期，就必须考虑预期对当前汇率的影响。在利率平价条件中，预期汇率的变动将会影响两种货币资产的预期收益率，从而对其他变量产生影响。为了简化分析，我们假设国内外利率不变，单纯考虑预期对即期汇率的影响。

如果市场预期人民币相对于美元在未来升值，就意味着美元在未来贬值。当其他条件不变时，根据利率平价得知，美元的预期收益率将会下降。假设当前的人民币对美元汇率是6.5元/美元，市场预期一年后人民币升值到6.4元/美元。那么，美元资产的预期收益率将下降1.5%。在这种情况下，市场参与者将会减少美元资产持有量、增加人民币资产持有量，导致人民币相对于美元即期升值。

通过外汇市场均衡汇率的决定图形可以清楚地看到预期变动对即期汇率的影响（见图6－5）。市场上初始的均衡汇率为E^1，假设现在预期人民币未来升值，美元贬值。在其他条件相同时，美元资产的预期收益率下降，图6－5中代表美元资产的预期收益率曲线将向左下方移动。在原来的汇率处，人民币资产的收益率高于美元资产。市场增加人民币资产需求量，导致人民币升值。当人民币汇率下降到E^2时，两种货币资产提供的预期收益率相同，市场再次达到均衡。

反过来，如果市场预期人民币在未来贬值、美元升值，那么美元资产的预期收益率曲线将会向右上方移动，人民币对美元即期贬值。

由上述分析可以得出结论：在其他条件不变时，预期一国货币在未来升值将使该国货币在当前升值；预期一国货币在未来贬值则会使其在当前贬值。

需要强调的是，上述结论是在假设其他条件不变的情况下得到的。如果

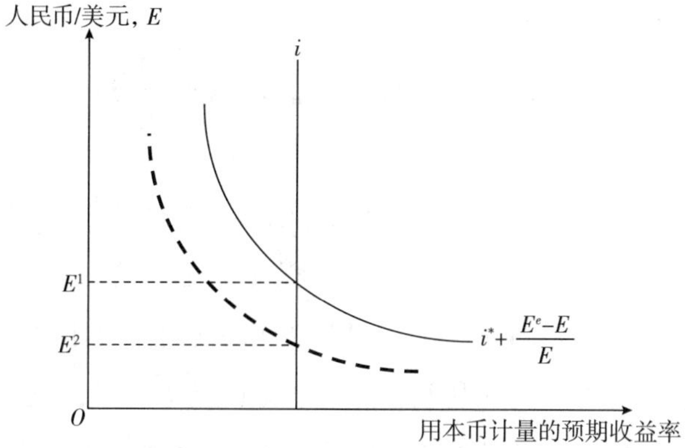

图 6－5　预期本币升值对汇率的影响

条件发生变化，那么结论也会随之发生变化。例如，市场预期人民币在未来升值，美元资产的预期收益率曲线将会向左下方移动。按照前面的分析，人民币即期升值。但是，如果中国决策当局觉得人民币升值会对中国的贸易项目产生不利影响，就可以通过外汇市场干预来保持汇率不变。具体来说，就是通过在外汇市场购入美元，增加本币供给量，使利率下降。这样就降低了人民币资产的收益率，使国内外资产的预期收益率相等，即期汇率也就不必升值。表现在图 6－6 中，代表人民币资产收益率的垂线会向左边移动。在 E^1 汇率处与新的美元资产的预期收益率曲线相交，此时市场处于均衡状态。

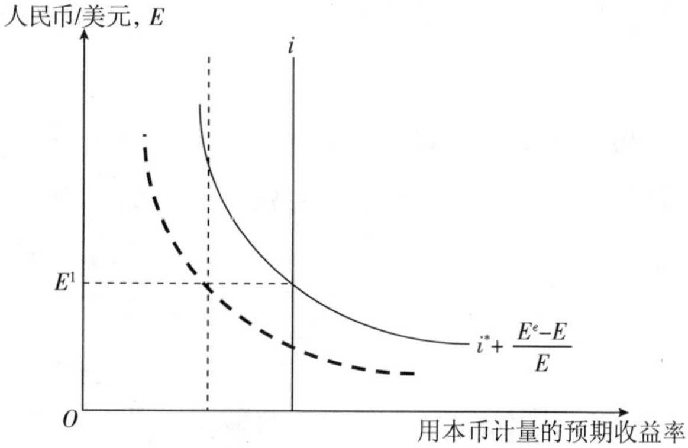

图 6－6　预期本币升值对利率的影响

二、对利率平价的扩展

为了扩展利率平价条件，本部分以日元为例，分析预期和风险因素对汇率和利率的影响。

1970 年以来，日美两国利率变动存在较高的正相关性，相关系数达到 0.74。这意味着日本的货币政策在较大程度上受到美国货币政策的影响。在实行浮动汇率（1973 年）以前，两国的利率水平基本相等。在实行浮动汇率后，两国利率开始出现利差，但波动方向基本一致。这与利率平价条件的预测一致。在固定汇率体制下，预期汇率变动为零，两国利率相等；在浮动汇率体制下，两国利差等于预期汇率变动。这个特征也意味着两国之间存在较高程度的资本流动。

20 世纪 70 年代末期以来，除了日本经济泡沫破灭后的 1991 年和 1992 年，日本的利率都低于美国。两国的平均利差为 2.49%。在 2001 年的高科技泡沫破灭后，美国的利率大幅度下降。其在 2002—2004 年达到极低的水平，短期利率和联邦基金利率约为 1.3%。日本利率则在 2002 年下降到零附近。

无抵补的利率平价条件认为，两国的利差取决于两国货币汇率的预期变动。1971—1995 年，日元持续升值。但是，1995 年中期以后，日元就不存在升值趋势了，日本的利率仍然低于美国。基本的利率平价条件无法解释这一现象。

日美利差持续存在的原因是什么呢？为了解释在不存在日元升值趋势的条件下，日元资产利率仍然低于美元资产利率的原因，可以将利率平价条件扩展如下：

$$i = i^* + \frac{E^e - E}{E} + \varphi \qquad (6-14)$$

式（6－14）左边代表本币资产的收益率，右边代表经过风险调整后外币资产的预期本币收益率。式中，i 表示日元资产的短期利率，i^* 表示美元资产的短期利率，$(E^e - E)/E$ 表示预期的美元升值率，φ 表示日元资产的风险溢价。φ 是投资者承担外汇风险的额外收益，它与经常项目头寸和净国际投资头寸相关。对于具有经常项目盈余和正的净国际投资头寸的国家来说，风险溢价为负。日美利差取决于日元的预期升值率和日元资产的风险溢价。

在经历了 1971 年 8 月的“尼克松冲击”之后，日元在 1976 年再次出现升值。日元的连续升值使市场开始预期日元会进一步升值。因此，来自美国的贸易压力不仅给日元造成了升值压力，也促使市场产生了日元的升值预期。20 世纪 70 年代后期到 90 年代中期，市场对日元的升值预期使日本的利率低于美国的利率。日本利率长期低于美国利率也证明了市场的升值预期具有持久性。

在 1995 年以后，日元停止持续升值，日美利差主要取决于风险溢价 φ。对于一个持有净美元资产的日本私人金融机构来说，一旦日元/美元汇率变动导致美元净资产的日元价值出现波动，该金融机构的净资产价值就会随之不断变化。从那些负债以日元计值的机构的角度来看，美元资产比日元资产的风险更大。因此，φ 表示在日元汇率波动条件下，为了吸引金融机构持有美元资产，必须为美元资产支付的额外收益，该收益高于预期的日元升值水平。

对于日本这样的债权国来说，风险溢价 φ 为负。作为一个在国际上不能大量使用本币进行放贷的债权国，日本存在很大的负风险溢价。随着整个 20 世纪 90 年代以及 21 世纪经常项目顺差的不断增加，日本积累的净外国资产迅速增加。因此，日本的负风险溢价越来越大。为了使国内的私人部门持有美元资产，美日利差应该上升以抵消持有美元资产的风险。日本的利率被迫下降到极低的水平，即陷入了“流动性陷阱”。在这种状态下，日本银行既无力制止通货紧缩，也无力刺激经济。

在 2001 年高科技泡沫破灭后，美国的利率大幅度下降，使得日美利差缩小。2001 年，日本的短期利率下降到 0.12%，2002 年再次下降，仅为 0.06%。由于日美利差不能再缩小，日本的私人部门开始减少持有美元资产，官方外汇储备大幅度增加。官方进行外汇干预的目的是在保持日元不升值的情况下，使资产市场达到均衡。在 2003 年和 2004 年，日本的外汇储备分别增加了 1871 亿美元和 1608 亿美元。当美国利率在 2005 年开始上升后，美日利差随之扩大，日本几乎没有进行外汇干预。2005 年，日本的国际储备仅增加了 23 亿美元。

由此可见，由市场预期所推动的资本流动会对一国的利率和汇率产生重要影响。

本章小结

本章分析了短期汇率的决定方法，即利率平价理论。我们可以将该结论简单总结如下。

（1）利率平价基于市场的套利行为。只有当各种货币提供的预期收益率相等时，外汇市场才会处于均衡状态。用相同货币衡量的任意两种货币存款的预期收益率相等的条件，被称为“利率平价条件”。

（2）在保持外国利率和预期汇率不变的前提下，本国货币供给量增加会使本币即期贬值，本币供给量减少会使本币即期升值。

（3）在其他条件不变时，预期一国货币在未来升值会使该国货币在当前升值，预期一国货币在未来贬值会使该国货币在当前贬值。

（4）由于价格黏性，货币供给的增加将会导致短期汇率的变动超过长期，这就是汇率超调。

复习思考题

1. 什么是利率平价？

2. 抵补和非抵补的利率平价的区别是什么？

3. 如果市场预期人民币升值，将会对人民币汇率产生什么影响？央行如果想保持汇率稳定，应该采取什么措施？

4. 即期汇率为 8 元/美元，人民币资产利率为 5%，美元资产利率为 3%，人民币汇率将如何变化？

5. 在其他条件都不变时，如果人们预期人民币升值 4%，人民币利率将如何变化？

进一步阅读文献

1. 保罗 · R. 克鲁格曼,莫里斯 · 奥伯斯法尔德,马克 · J. 梅里兹. 国际经济学:理论与政策[M]. 丁凯,等译. 10 版. 北京:中国人民大学出版社,2016.

2. 理查德 · M. 列维奇. 国际金融市场:价格与政策[M]. 李月平,译. 2 版. 北京:机械工业出版社,2003.

第七章　购买力平价理论

本章要点

◎长期汇率取决于哪些因素？

◎巴拉萨－萨缪尔森效应的含义是什么？

◎现实的汇率为什么会偏离购买力平价？

◎传统的汇率理论有哪些？

◎汇率理论得到哪些方面的发展？

◎如何对待众多的汇率理论？

1981 年 1 月，1 美元只值 1.55 元人民币。随后人民币开始贬值，到 1994 年 1 月，1 美元可以兑换 8.72 元人民币。从 2005 年 7 月 21 日开始，人民币对美元出现持续升值。到 2020 年 1 月的时候为 6.92 元/美元。在这 39 年的时间里，人民币经历了大幅度的贬值和升值。日元也经历了大幅度的波动。从 1971 年 1 月的 358.02 日元/美元到 2020 年 1 月的 109.32 日元/美元，升值了 227.5%。

汇率如此大幅度的波动，必然会给市场参与者带来极大的影响。在长期，汇率到底取决于什么因素呢？

汇率变化的影响因素非常多，尤其是在短期，货币政策、财政政策、资产组合、国际收支、市场预期等因素都会对汇率产生重要影响。但是从长期角度来看，绝大多数经济学家认为实际汇率最终将收敛于购买力平价。汇率是两国货币的相对价格，无论怎么波动，最终都是反映货币的购买力。因此，在长期，汇率应该取决于购买力平价，或者说会趋于购买力平价。大量关于购买力平价研究的文献也证明了这一点：尽管汇率在短期波动剧烈，但是在长期存在向购买力平价回归的趋势。

尽管人们对于购买力平价理论的普遍正确性尚存质疑，但它的确揭示了影响汇率变化的最重要因素。本章基于购买力平价理论分析了汇率在长期的决定因素，并且分析了汇率偏离购买力平价的原因。

第一节　购买力平价理论的基本内容

购买力平价理论（purchasing power parity，PPP）阐述了名义汇率与价格之间的关系。购买力平价理论认为，一旦转换为同一种货币，各国的价格水平应该相等。

名义汇率与国内价格相关的理念至少可以追溯到 16 世纪，该理念的产生离不开货币数量论的发展。西班牙经济学家在观察从新发现的美洲大陆大量流入的黄金对货币供给、价格水平、汇率的影响时受到启发，促进了货币数量论的发展。

购买力平价的现代起源可以追溯到关于如何恢复在第一次世界大战期间崩溃的世界金融体系的争论。第一次世界大战前，多数国家坚持金本位制，使其货币可以按照固定平价兑换成黄金。这样，两种货币之间的汇率就只是简单地反映了它们之间的相对黄金价值。然而，在第一次世界大战爆发后，维持金本位制的条件消失了，金本位制迅速崩溃。

战争结束后，各国面临着如何重新设定对价格和政府财政带来最小破坏程度的汇率的现实问题。简单地回到战前的汇率是没有意义的，因为各交战国在战争期间经历了大不相同的通货膨胀。在一系列有影响力的文章中，瑞典经济学家古斯塔夫·卡塞尔（Gustav Cassel，1921，1922）提出使用 PPP 作为建立相对黄金平价的方法。他计算出始于 1914 年的累积 CPI 通货膨胀率，并使用这些通货膨胀差异计算出需要维持 PPP 的汇率变动。尽管 PPP 在以前被古典经济学家讨论过，如约翰·穆勒（John Mill）、阿尔弗雷德·马歇尔和路德维希·冯·米塞斯（Ludwig von Mises），但卡塞尔是第一个真正将 PPP 看作一种实际经验理论的人。卡塞尔的著作是非常有影响力的，PPP 计算在英国 1925 年颇受争议的恢复其战前铸币平价的论战中发挥了重要作用。

今天，各种版本的PPP已被广泛应用：从一个新独立国家的初始汇率选择开始，预测中长期的实际汇率，在收入的国际比较中试图调整价格差异。

一、一价定律

购买力平价理论的基本思想来自一价定律（law of one price，LOP）。该定律认为，在没有贸易壁垒和运输成本的完全竞争市场上，同样的商品在不同国家或者地区销售，用同种货币表示的价格应该相等。如果一支钢笔的价格在中国是20元人民币，当汇率是5元/美元时，这支钢笔在美国的价格应该是4美元。这样转换成同种货币时，钢笔的价格是相同的。

一价定律成立的主要原因是套利动机。如果没有贸易壁垒和运输费用，进出口商就会把商品从价格低的地区运输到价格高的地区，最终使两个地区同种商品的价格相等。只要存在套利空间，就会存在套利行为。这和一国国内的套利行为非常相似，这样就保证了一价定律的成立。根据这个分析过程也可以发现，一价定律适用于可贸易商品。诸如建筑业、大多数服务行业等不可贸易商品因为不能转移，存在价格差异也在所难免。

一价定律可以简单地表示为：

$$P_i = E \cdot P_i^* \tag{7-1}$$

其中，P_i表示商品i在中国国内的价格，P_i^*表示相应商品在美国的价格，E是用直接标价法表示的汇率。

二、购买力平价理论

购买力平价理论认为，两国货币的汇率取决于两国货币的购买力。如果用同种货币表示，则各国的价格水平应该相等。其主要包括绝对购买力平价和相对购买力平价两种形式。

（一）绝对购买力平价

假设一价定律对所有商品都成立，那么等式中的价格就不是单个商品的价格，而是所有商品价格的加权平均，或者说是价格水平。一国的价格水平是指一个基准商品和劳务篮子的价格，反映了该国货币的购买力

(1/P)。适用于整体价格水平的一价定律可以表示如下：

$$P = E \cdot P^{*} \qquad (7-2)$$

其中，P 表示本国的物价水平，P^{*} 表示外国的物价水平，E 是用直接标价法表示的名义汇率。进行位置变换可得名义汇率：

$$E = \frac{P}{P^{*}} \qquad (7-3)$$

由此计算出的名义汇率就是绝对购买力平价汇率。绝对购买力平价认为，两国货币的汇率等于两国的价格水平之比，或者说与一单位基准货币购买力相同的货币数量。

根据绝对购买力平价的思想也可以得到上述等式。外国货币的购买力为 $1/P^{*}$，本国货币的购买力等于 $1/P$，外国货币的购买力是本国货币的 $(1/P^{*})$ / $(1/P)$ 倍，即购买力平价汇率 $= P/P^{*}$。例如，中国一个基准篮子的价格是 600 元，美国相似的一篮子商品价格为 100 美元。那么，人民币对美元的绝对购买力平价汇率为 6 元/美元。

根据购买力平价理论，一种货币国内购买力下降（P 上升）会引起该货币在外汇市场上同比例贬值；国内购买力上升（P 下降）则引起升值。

尽管绝对购买力平价给出了两国货币的汇率水平，但是各国政府并不会为一种具有国际标准的商品篮子构建指数。因此，试图运用绝对购买力平价的最大问题是可以用来衡量它的数据很少。

（二）相对购买力平价

相对购买力平价则反映了汇率变动与价格变动之间的关系。相对购买力平价认为，在任何一段时间内，两种货币汇率变化的百分比等于同一时期两国价格水平变化的百分比之差。

$$\frac{E_t - E_{t-1}}{E_{t-1}} = \pi_t - \pi_t^{*} \qquad (7-4)$$

式（7-4）是相对购买力平价最常用的表达形式。式中的 E_t 和 E_{t-1} 分别表示 t 时期和 $t-1$ 时期的名义汇率，π_t 和 π_t^{*} 分别表示 t 时期本国和外国的通货膨胀率。通货膨胀率等于物价水平的变化率。相对购买力平价意味着，如果一个国家的通货膨胀率高于另一个国家，则该国的货币会贬值；反之则会升值。与绝对购买力平价相同，物价水平上升将使货币的购买力下降，从而使货币贬值。

相对购买力平价的另一个含义是，汇率应该与两国国内价格水平比率保持不变的比例关系，即：

$$E = k \cdot \frac{P}{P^*} \tag{7-5}$$

式中的 k 表示不变参数。实际上，用变化率重新表示式（7－5），就会得到与式（7－4）相同的形式和含义。使用式（7－5）进行简单变换，即可计算购买力平价汇率。t 时期和 $t-1$ 时期的相对购买力平价汇率分别为 $E_t = kP_t/P_t^*$ 和 $E_{t-1} = kP_{t-1}/P_{t-1}^*$，两式相除得到：

$$E_t = E_{t-1} \cdot \frac{P_t/P_{t-1}}{P_t^*/P_{t-1}^*} \tag{7-6}$$

在计算中，一般会选择一个基期。理想的基期是名义汇率满足绝对购买力平价或者两国的经济都达到内部和外部均衡时。如果用 0 时期表示基期，那么相对于基期的购买力平价汇率为：

$$E_t = E_0 \cdot \frac{P_t/P_0}{P_t^*/P_0^*} \tag{7-7}$$

价格指数就是用 t 时期的价格水平除以基期的价格水平得到的，因此，式（7－7）可以用物价指数重新表示为：

$$E_t = E_0 \cdot \frac{I_t}{I_t^*} \tag{7-8}$$

这是相对购买力平价的第三种形式，也是可以用来计算的形式。由此计算出来的汇率就是购买力平价汇率，含义是相对于基期根据通货膨胀率调整的即期汇率。

三、实际汇率

名义汇率是两国货币的相对价格，实际汇率是两国商品的相对价格。因此，决定两国商品竞争力的是实际汇率而不是名义汇率。实际汇率可以表示为：

$$R = \frac{EP^*}{P} \tag{7-9}$$

式中，R 表示实际汇率，E 表示名义汇率，P 表示本国的物价水平，P^* 表示外国的物价水平。实际汇率的含义如下：

1 篮子外国商品 $=R$ 篮子本国商品

如果 R 上升，则本币对外币实际贬值。即用本国商品衡量的外国商品价格上升了，或者说，相对于外国商品，本国商品变便宜了。如果 R 下降，则本币实际升值。

与实际汇率有些相似的表达式是贸易条件。贸易条件等于出口价格与进口价格之比，意思是每出口一单位本国商品可以换回多少单位进口商品。贸易条件改善意味着本国商品可以换回更多单位的外国商品，反之则表示贸易条件恶化。

对实际汇率进行简单的变换可以发现一些有趣的结论。例如，调整实际汇率定义中的价格位置可得：

$$R = \frac{E}{P/P^*} \tag{7-10}$$

分子为名义汇率，分母为绝对购买力平价汇率。因此，实际汇率等于名义汇率与绝对购买力平价汇率之比。

考虑到现实中各国公布的主要是物价指数，我们也可以用物价指数来表示实际汇率。在这种情况下，实际汇率被表示为一个相对于基期的指数。假设 t 时期和基期（用 0 期来表示）的实际汇率分别为：

$$R_t = \frac{E_t P_t^*}{P_t} \tag{7-11}$$

$$R_0 = \frac{E_0 P_0^*}{P_0} \tag{7-12}$$

式中，E_t 和 E_0 分别表示 t 时期和基期的名义汇率，P_t 和 P_0 分别表示 t 时期和基期的本国价格水平，P_t^* 和 P_0^* 分别表示 t 时期和基期外国的价格水平。两式相除就得到相对于基期的实际汇率指数：

$$r_t = \frac{R_t}{R_0} = \frac{E_t}{E_0 \cdot \frac{I_t}{I_t^*}} \tag{7-13}$$

实际汇率指数 r_t 等于 t 时期的名义汇率除以 t 时期的相对购买力平价汇率。

从上述两种变化形式可以看出，如果绝对购买力平价成立，则实际汇率等于1。这非常清楚地显示了购买力平价的含义：如果用同种货币衡量，那么各国商品的价格水平应该相等。换句话说，就是各国一篮子相似商品的交换比例为1。如果相对购买力平价成立，则实际汇率应为一个常数。总之，只要购买力平价成立，实际汇率就能保持稳定。因此，可以通过检验实际汇率的稳定性来判断购买力平价是否成立。

第二节　购买力平价的经验证明

一、一价定律的经验证明

一价定律是购买力平价的基础，对一价定律的经验检验是购买力平价是否成立的一个基本判断标准。检验一价定律一个最直观的例子是《经济学家》杂志每年公布的“巨无霸”指数（Big Mac Index）。1986年，《经济学家》杂志开始对世界各地“巨无霸”汉堡的价格进行调查，并定期更新数据和计算。表7－1给出了《经济学家》2010年1月和2015年1月对“巨无霸”指数的调查报告，从整体上来看，各个经济体的汇率在5年时间里变化不大。

表7－1　2010年1月和2015年1月“巨无霸”指数

国家和地区	“巨无霸”在当地的价格	用美元表示的“巨无霸”价格/美元	购买力平价汇率	2010（2015）年1月22日的名义汇率	相对于美元高估（+）或低估（－）的幅度/%
美国	3.73 （4.79）美元	3.73 （4.79）			
阿根廷	14 （28）阿根廷比索	3.56 （3.25）	3.75 （5.85）	3.93 （8.61）	－5 （－32）
澳大利亚	4.35 （5.30）澳大利亚元	3.85 （4.31）	1.17 （1.11）	1.13 （1.23）	3 （－10）
巴西	8.71 （13.50）巴西雷亚尔	4.92 （5.21）	2.34 （2.82）	1.77 （2.59）	32 （9）

续表

国家和地区	“巨无霸”在当地的价格	用美元表示的“巨无霸”价格/美元	购买力平价汇率	2010（2015）年1月22日的名义汇率	相对于美元高估（+）或低估（-）的幅度/%
英国	2.29 （2.89）英镑	1.51 （4.38）	0.61 （0.60）	1.52 （0.66）	-60 （-9）
加拿大	4.17 （5.70）加拿大元	4.01 （4.63）	1.12 （1.19）	1.04 （1.23）	7 （-3）
智利	1750 （2100）智利比索	3.34 （3.35）	469.17 （438.41）	524.00 （627.49）	-10 （-30）
中国	13.2 （17.2）元人民币	1.95 （2.77）	3.54 （3.59）	6.78 （6.21）	-48 （-42）
哥伦比亚	8200 （7900）哥伦比亚比索	4.39 （3.34）	2198.39 （1649.27）	1868.00 （2364.98）	18 （-30）
捷克	67.60 （70.45）捷克克朗	3.43 （2.92）	18.12 （14.71）	19.70 （24.13）	-8 （-39）
丹麦	28.5 （34.5）丹麦克朗	4.91 （5.37）	7.64 （7.20）	5.81 （6.42）	31 （12）
埃及	13.00 （16.93）埃及镑	2.28 （2.30）	3.49 （3.53）	5.70 （7.35）	-39 （-52）
欧元区	3.38 （3.68）欧元	2.64 （4.28）	0.91 （0.77）	1.28 （0.86）	-29 （-10）
中国香港	14.8 （18.8）港元	1.90 （2.43）	3.97 （3.92）	7.77 （7.75）	-49 （-49）
匈牙利	740 （860）匈牙利福林	3.33 （3.17）	198.39 （179.54）	222.00 （271.39）	-11 （-34）
印度尼西亚	22780 （27939）印尼卢比	2.51 （2.24）	6107.24 （5832.78）	9063.00 （12480.00）	-33 （-53）
以色列	14.9 （17.5）以色列新谢克尔	3.86 （4.45）	3.99 （3.65）	3.86 （3.93）	3 （-7）
日本	320 （370）日元	3.67 （3.14）	85.79 （77.24）	87.20 （117.77）	-2 （-34）

续表

国家和地区	"巨无霸"在当地的价格	用美元表示的"巨无霸"价格/美元	购买力平价汇率	2010(2015)年1月22日的名义汇率	相对于美元高估(+)或低估(-)的幅度/%
马来西亚	7.05 (7.63)马来西亚林吉特	2.20 (2.11)	1.89 (1.59)	3.21 (3.62)	-41 (-56)
墨西哥	32 (49)墨西哥比索	2.50 (3.35)	8.58 (10.23)	12.80 (14.63)	-33 (-30)
新西兰	5.0 (5.9)新西兰元	3.60 (4.50)	1.34 (1.23)	1.39 (1.31)	-4 (-6)
挪威	45 (48)挪威克朗	7.20 (6.30)	12.06 (10.02)	6.25 (7.62)	94 (31)
巴基斯坦	210 (300)巴基斯坦卢比	2.46 (2.98)	56.30 (62.63)	85.50 (100.74)	-34 (-38)
秘鲁	10 (10)秘鲁新索尔	3.53 (3.32)	2.68 (2.09)	2.83 (3.01)	-5 (-31)
菲律宾	102 (163)菲律宾比索	2.19 (3.67)	27.35 (34.03)	46.50 (44.41)	-41 (-24)
波兰	8.3 (9.2)波兰兹罗提	2.59 (2.48)	2.23 (1.92)	3.20 (3.71)	-30 (-48)
俄罗斯	71 (89)俄罗斯卢布	2.34 (1.36)	19.03 (18.58)	30.40 (65.23)	-37 (-72)
沙特阿拉伯	10 (11)沙特里亚尔	2.67 (2.93)	2.68 (2.30)	3.75 (3.76)	-29 (-39)
新加坡	4.23 (4.70)新加坡元	3.09 (3.53)	1.13 (0.98)	1.37 (1.33)	-18 (26)
南非	18.5 (25.5)南非兰特	2.45 (2.22)	4.96 (5.32)	7.54 (11.48)	-34 (-54)
韩国	3400 (4100)韩元	2.82 (3.78)	911.53 (855.95)	1204.00 (1083.30)	-24 (-21)
斯里兰卡	210 (350)斯里兰卡卢比	1.86 (2.65)	56.30 (73.07)	113.00 (131.88)	-50 (-45)

续表

国家和地区	“巨无霸”在当地的价格	用美元表示的“巨无霸”价格/美元	购买力平价汇率	2010（2015）年1月22日的名义汇率	相对于美元高估（+）或低估（-）的幅度/%
瑞典	48.4 （40.7）瑞典克朗	6.57 （4.97）	12.98 （8.50）	7.37 （8.19）	76 （4）
瑞士	6.5 （6.5）瑞士法郎	6.19 （7.56）	1.74 （1.36）	1.05 （0.86）	66 （58）
中国台湾	75 （79）新台币	2.34 （2.51）	20.11 （16.49）	32.10 （31.49）	-37 （-48）
泰国	70 （99）泰铢	2.17 （3.04）	18.77 （20.67）	32.30 （32.61）	-42 （-37）
土耳其	5.95 （9.25）土耳其里拉	3.89 （3.97）	1.60 （1.93）	1.53 （2.33）	4 （-17）
乌克兰	14.5 （19.0）乌克兰格里夫纳	1.84 （1.20）	3.89 （3.97）	7.90 （15.82）	-51 （-75）
乌拉圭	79 （113）乌拉圭比索	3.74 （4.63）	21.18 （23.59）	21.10 （24.43）	0 （-3）

资料来源：http://www.economist.com/node/16646178，http://bigmacindex.org/2015-big-mac-index.html。

注：括号中为2015年数据。

表7-1中的第4列就是绝对购买力平价汇率，即各个国家和地区“巨无霸”汉堡价格与美国“巨无霸”汉堡的价格之比。第3列的美元价格等于第2列的当地价格除以第5列的名义即期汇率。根据第4列和第5列的变化率就可以得到第6列的低估或高估幅度。例如，人民币的购买力平价汇率为3.54元/美元，2010年1月22日的汇率为6.78元/美元。那么，人民币相对于美元低估了48%［（3.54-6.78）/6.78］，2015年低估了42%。低估的含义是，人民币对美元的汇率应该等于购买力平价汇率，但是实际上名义汇率较低，从购买力平价角度来看，人民币相对于美元的定价较低。这样会使中国的出口商品价格较低，对其他国家不利。

这种估算存在两个方面的问题。第一，仅仅根据一种商品的价格来确定一国货币是否存在低估，在理论上不能成立。购买力平价反映的是一国货币的购买力，应根据总体物价水平来计算。第二，一价定律在多数情况下都会被违背。

关税、运输成本和非关税壁垒都会在不同国家的价格之间打入一个楔子，其大小取决于商品的可贸易性。例如，麦当劳“巨无霸”汉堡的最终形式很明显不能够被很好地运输。的确，“巨无霸”汉堡的一些配料，如冷冻牛肉饼和特殊调味品需要通过大量的贸易获得。另外，对于汉堡的餐厅空间和地方性的劳动投入需求基本上都是非贸易的。正如表 7－1 所示，“巨无霸”从在美国的 3.73（4.79）美元到在中国的 1.95（2.77）美元，在各国的价格差异很大。

当然，造成“巨无霸”价格差异的原因除了非贸易投入外，还在于一些国家的价格包括增值税，而其他国家没有。利润率在不同地方由于竞争而不同，商品的质量和售后服务也会存在差异。这都会导致一价定律难以成立。

对于具有高度可贸易性的商品来说，一价定律表现很好，如黄金。但这只是极少数的特例。

二、绝对购买力平价的经验证明

为了计算绝对购买力平价汇率，必须知道各国的物价水平。但是，现实中各国政府公布的是物价指数。经济学家早已认识到将政府的物价指数用于绝对购买力平价比较存在着问题，因此早在 20 世纪 50 年代早期，就有不少经济学家试图构建绝对购买力平价的衡量指标。例如，吉尔伯特和克拉维斯（Gilbert and Kravis，1954）开发了包括美国、英国、法国、德国和意大利五国统一商品篮子的价格水平衡量指数。近年来，萨默斯和赫斯顿（Summers and Heston，1991）颇具影响的研究使开发绝对购买力平价衡量指标的努力达到了高潮，他们及其同事在国际比较项目（ICP）中已构建了覆盖许多国家和时期的估计指标。但遗憾的是，包括 ICP 数据库的现有绝对购买力平价衡量指标仍有很多局限性，使其在实证和政策研究中难以完全取代标准的政府指数。ICP 数据库的主要问题是数据较少、覆盖的国家有限。非基准年国家的数据在很大程度上是通过推断得出的。

表 7－2 2005 年和 2017 年各国（地区）购买力平价汇率与名义汇率

国家和地区	2005（2017）年购买力平价汇率	2005（2017）年名义汇率	相对于美元高估（+）或低估（－）的幅度/%
美国	1.00（1.00）		
阿根廷	1.27（10.26）	2.90（16.75）	－56（－39）
澳大利亚	1.39（1.47）	1.31（1.30）	6（13）
巴西	1.36（2.18）	2.43（3.21）	－44（－32）
英国	0.65（0.68）	0.55（0.77）	18（－12）
加拿大	1.21（1.21）	1.21（1.29）	0（－6）
智利	333.69（411.26）	560.09（648.02）	－40（－37）
中国	3.45（4.18）	8.19（6.74）	－58（－38）
哥伦比亚	1081.90（1314.79）	2320.80（2959.77）	－53（－56）
捷克	14.40（12.38）	23.95（23.13）	－40（－46）
丹麦	8.52（6.85）	5.99（6.54）	42（5）
埃及	1.62（3.27）	5.78（17.77）	－72（－82）
欧元区	0.78（0.66）	0.82（0.88）	－5（－25）
中国香港	5.69（6.01）	7.78（7.79）	－27（－23）
匈牙利	128.51（134.36）	199.47（271.90）	－36（－51）
印度尼西亚	3934.30（4695.66）	9704.70（13396.69）	－59（－65）
以色列	3.72（3.75）	4.49（3.57）	－17（5）
日本	129.55（105.38）	110.22（111.89）	18（－6）
马来西亚	1.73（1.66）	3.79（4.27）	－54（－61）
墨西哥	7.13（8.87）	10.90（18.84）	－35（－53）
新西兰	1.54（1.45）	1.42（1.40）	8（4）
挪威	8.84（9.92）	6.44（8.24）	37（20）
巴基斯坦	19.10（33.59）	59.51（105.50）	－68（－68）
秘鲁	1.49（1.75）	3.30（3.25）	－55（－46）
菲律宾	21.75（19.39）	55.09（50.42）	－61（－62）
波兰	1.90（1.74）	3.24（3.74）	－41（－53）
俄罗斯	12.74（24.05）	28.28（58.02）	－55（－59）
沙特阿拉伯	2.41（1.65）	3.75（3.75）	－36（－56）
新加坡	1.08（0.89）	1.66（1.37）	－35（－35）
南非	3.87（6.43）	6.36（13.21）	－39（－51）
韩国	788.92（871.70）	1024.10（1122.34）	－23（－22）

续表

国家和地区	2005（2017）年购买力平价汇率	2005（2017）年名义汇率	相对于美元高估（+）或低估（-）的幅度/%
斯里兰卡	35.17（49.39）	100.50（152.79）	-65（-68）
瑞典	9.24（8.72）	7.46（8.48）	24（3）
瑞士	1.74（1.18）	1.25（0.98）	39（20）
中国台湾	19.34（15.73）	32.17（30.31）	-40（-48）
泰国	15.93（12.85）	40.22（33.76）	-60（-62）
土耳其	0.87（1.37）	1.35（3.64）	-36（-62）
乌克兰	1.68（5.92）	5.12（26.70）	-67（-78）
乌拉圭	13.28（23.29）	24.48（28.61）	-46（-19）

资料来源：World Bank（2008，2020），国家外汇管理局。

表7-2中的数据来自国际比较项目在2005年和2017年搜集的数据。国际比较项目在很大程度上是由宾夕法尼亚大学的经济学家开创的①。为了与表7-1中的购买力平价汇率进行比较，我们选择了相同的国家和地区进行分析。将时间跨度设定为12年，有助于观察汇率的变化情况。根据表中的数据，我们可以得出结论：绝对购买力平价与现实中的汇率相差极大。例如，2005（2017）年，人民币的名义汇率为8.19（6.74）元/美元，购买力平价汇率则为3.45（4.18）元/美元。按照这个统计数据，人民币相对于美元低估了58%（38%）。一个有意思的现象是，绝大多数发展中国家和地区的货币相对于美元都存在低估。以下部分将对这种现象进行解释。

三、相对购买力平价的经验证明

相对购买力平价意味着汇率随着物价的变化而变化。如果相对购买力平价成立，则实际汇率为常数。因此，可以通过检验实际汇率是否稳定来判断购买力平价成立与否。

短期购买力平价的失效可部分归因于名义价格黏性，当名义汇率受到

① 国际比较项目始于1968年，由联合国和宾夕法尼亚大学共同进行。迄今，已经收集了1970年、1973年、1975年、1980年、1985年、1993年、2005年、2011年、2017年的购买力平价收入。参加的国家（地区）数量由最初的10个增加到2017年的176个。目前，由世界银行对该项目进行管理。

财政和货币政策冲击时，实际汇率在短期内也会发生变动。

在长期，研究者曾发现难以拒绝主要国家的汇率在浮动汇率制度下随机游走这一假设。也就是说，难以证明汇率在长期会向购买力平价收敛，这引起了经济学家的困惑。任何合理的理论模型都认为会有一些暂时性因素引起购买力平价偏差，但即使国内名义价格具有短期刚性，长期货币中性仍然说明货币冲击对实际汇率的任何影响都会在长期中逐渐消失。

弗兰克尔（Frankel，1990）认为，无法拒绝实际汇率随机游走模型的原因缺乏说服力。他指出，如果购买力平价偏差消失得足够缓慢，那么能够令人信服地拒绝实际汇率随机游走就需要数十年的数据。他使用1869—1984年美元对英镑的年度数据进行检验，发现在拒绝随机游走模型的情况下，实际汇率的购买力平价偏差大约以每年14%的速度衰减，即购买力平价偏差的半衰期约为4.6年。在20世纪90年代，更多基于长期购买力平价数据的研究都会使用各种各样的测试方法。这些研究都趋于找到合适的证据支持实际汇率的均值回归。这些研究显示购买力平价偏差的半衰期为3～5年。

总的来说，尽管基于长期和多国数据对汇率向购买力平价长期收敛的检验都存在某些局限性，但近些年的文献已在很大程度上取得了共识：购买力平价偏差会在长期趋于消失，但只以每年大约15%的速度缓慢消失。

四、如何看待购买力平价的偏离

如何解释购买力平价在现实中的偏离？

一次又一次的研究发现一价定律的偏差对广泛的商品具有显著易变性。从总体来说，相对名义价格远不如汇率那样容易变化。在早期的研究文献中，最早研究高度可贸易商品的一价定律偏差的变动与大小的是伊萨德（Isard，1977）和理查德森（Richardson，1978）。伊萨德的研究运用了美国、德国、加拿大和日本出口的一系列高度可贸易商品，如衣服、工业化学品、纸和玻璃等产品。他发现一价定律的偏差是巨大且持续的，会在一定程度上完全反映出名义汇率的变动。理查德森查看了四位元和七位元SIC数据库（标准产业分类），发现在美国和加拿大之间有商品价格套利的迹象，但是套利非常不完全。

可能柯奈特（Knetter，1989）的验证是最具说服力的证据。他通过观察从单个资源到多个目标的7位数的出口单位价值，发现如德国出口到美国的啤酒价格和出口到英国的啤酒价格存在大幅度的差别。

有人可能会指出，在邻近的超市，甚至在同一市场的不同货摊上，都可以发现同一商品具有不同的价格。也许人们观察到的不同国家之间大而易变的价格差异和同一国家不同城市之间的价格差异没什么区别。但恩格尔和罗格斯（Engel and Rogers，1995）考察了美国和加拿大23个城市14个类别的消费价格指数的研究表明情况并非如此。在同一个国家，两个城市之间同一商品的相对价格是两个城市之间距离的函数。但即使控制了距离变量，不同国家边界两侧的两个城市在相对价格变动上仍然存在很大的差异。相对价格变动的边界效应相当于城市之间的距离为4023~37015千米。

商品市场上的套利能否迫使国际价格趋于收敛?

第一，交易成本的存在。交易成本（包括运输费用、保险成本、商品的耗损等）在国内和国外价格之间打入了一个楔子。交易成本削弱了不同国家间商品价格的联系，从而使一价定律和购买力平价出现偏差。通过对比包括运输和保险费用在内的进出口贸易费用可以获得国际航运费用的粗略估计。根据国际货币基金的贸易统计，这种差别在10%左右。

第二，不可贸易商品的存在。因为不可贸易商品的价格完全取决于国内的供给和需求状况，所以各国不可贸易商品的价格并无多大联系。不可贸易商品的存在，会使购买力平价出现系统性偏差。在对各国物价水平的衡量中，包含了许多不可贸易商品。可贸易商品主要包括各种制成品，不可贸易商品主要是指服务业和建筑业。一国不可贸易商品价格的变化将使该国物价水平发生变化，从而使货币的购买力发生变动。另外，许多被认为具有高度可贸易性的商品事实上包含显著的不可贸易性因素。例如，超市中水果的价格不仅包括可贸易性水果本身的价格，还包括投入（建筑物）的租金、当地运输费用、劳务、税收和保险等。

第三，贸易壁垒的存在。显然，关税会促使购买力平价产生偏差，即使世界关税水平在过去的几十年中一直持续下降。除了关税楔子外，还必须考虑非关税壁垒。例如，一些国家要求对进口食品进行严格的检验。如果进口商为了进行水果和蔬菜检验而被迫等待好多天，这会增加他们的受损成本。还有一些不同类型的商品，如汽车和许多种类的电子产品，由于不同的国际标准而难以套利。

第四，非竞争因素的存在。完全竞争企业不能对商品价格产生影响，垄断性企业则会影响商品定价。垄断企业为了在不同的国际市场上实施价格歧视会设法阻止和限制价格的国际套利行为。在一定程度上，价格不可能套利，当然生产商可以对不同国际市场的价格区别对待。克鲁格曼（Krugman，1987）将这种价格歧视视为“市场定价”。

总的来说，短期的国际套利行为在拉平国际商品市场价格方面作用有限。

第三节 对购买力平价的修正

在短期内，由于名义价格黏性，名义汇率的变动导致实际汇率变动。然而，在长期内，购买力平价的偏差必须由实际因素说明。本节将考察对长期购买力平价的三种修正形式。

一、巴拉萨－萨缪尔森效应

对购买力平价法的一个重要修正来自以下观察结果：相对于可贸易商品的价格，不可贸易商品和服务的价格在低收入国家比在高收入国家要低。对这个被萨缪尔森（Samuelson，1994）命名为“佩恩（Penn）效应”的经验规则的证明，始于一系列由联合国和其他国际组织发起的试图对不同国家的生活水平进行量化比较的项目，即国际比较项目。研究表明，使用市场汇率将国民收入数据兑换成同一货币单位来比较生活水平的方法，通常会低估低收入国家相对于高收入国家的生活水平。

巴拉萨（Balassa，1964）和萨缪尔森（1964）解释了实际汇率偏离购买力平价的原因，扩展了购买力平价理论。巴拉萨－萨缪尔森（Balassa－Samuelson）假说及其对汇率的定义集中研究了人均国内产出、可贸易部门和不可贸易部门人均国内产出相对水平、可贸易商品和不可贸易商品的相对价格以及实际汇率之间的关联。

他们认为，随着经济的发展，可贸易部门的生产力上升速度将快于不可贸易部门。生产力提高使可贸易部门的工资上升，而可贸易商品的价格由世界市场决定。假设要素在国内可以自由流动，不可贸易部门的工资也将上升，这会导致不可贸易商品的相对价格上升。最终使一国的整体价格水平上升，即实际汇率升值。简而言之，巴拉萨－萨缪尔森效应意味着当使用名义汇率将价格水平转换成使用同种货币表示时，高收入国家的价格水平将高于低收入国家，因而背离了购买力平价理论。巴拉萨－萨缪尔森效应在现实中得到了验证（见图7－1）。

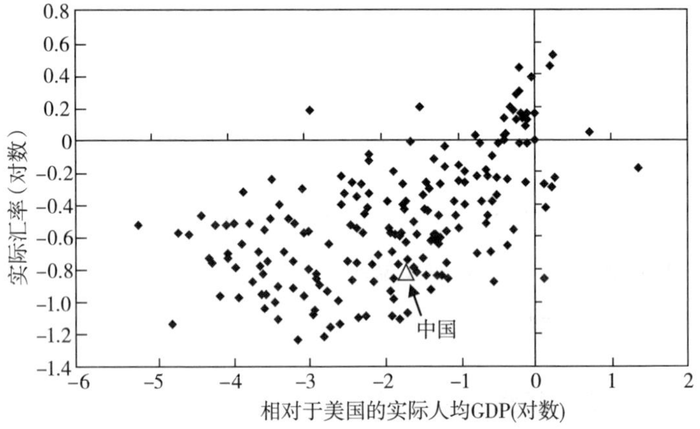

图7－1　2009年188个国家（地区）的实际收入与实际汇率之间的关系

资料来源：美国宾法尼亚大学生产/收入/价格国际比较研究中心编制的佩恩世界表（Penn World Table，PWT）7.0版本。

图7－1中，横轴为各国相对于美国的实际人均GDP的对数，纵轴为实际汇率的对数。图7－1清楚地显示，随着人均实际GDP的增长，一国的实际汇率倾向于升值。利用一些简单的关系式就可以理解巴拉萨－萨缪尔森假说的基本含义。[①]

假设一国的整体价格水平是可贸易商品和不可贸易商品价格的加权平

① 关于巴拉萨－萨缪尔森效应的详细推导请参见奥伯斯法尔德和罗格夫(2002)的研究。

均值：

$$P = P_N^{\alpha} P_T^{1-\alpha} \tag{7-14}$$

$$P^* = P_N^{*\alpha} P_T^{*1-\alpha} \tag{7-15}$$

式中，P 表示本国的价格水平，P_N和 P_T分别表示本国的不可贸易部门和可贸易部门的价格水平，α 表示不可贸易部门价格所占权重。为简单起见，假设两国有相同的权重。P^*、P_N^* 和 P_T^* 分别表示外国的相应变量。汇率 E 采取间接标价法，即用外币表示本币的价格。间接标价法的好处在于直观，数值越高表示本币价值越高。实际汇率 Q 反映了两国商品的相对价格：

$$Q = EP/P^* \tag{7-16}$$

式（7－16）表明，如果购买力平价成立，则实际汇率将等于 1。巴拉萨－萨缪尔森效应解释了实际汇率相对于购买力平价的偏离。将式（7－14）和式（7－15）代入式（7－16），整理得到：

$$Q = \frac{EP_T}{P_T^*} \cdot \left(\frac{P_N/P_T}{P_N^*/P_T^*}\right)^{\alpha} \tag{7-17}$$

巴拉萨－萨缪尔森效应假设购买力平价在可贸易部门成立，即 $EP_T = P_T^*$，那么实际汇率取决于两国不可贸易商品的相对价格。增长相对较快的国家，不可贸易部门的相对价格水平上升也较快。在其他条件不变的情况下，实际汇率升值。

在图 7－1 中，我们还看到了一个有趣的现象：绝大多数国家（地区）位于坐标系的左下方区域。根据购买力平价理论，该区域国家（地区）的货币存在低估。在包括美国在内的 189 个国家（地区）中，有 178 个国家（地区）的实际人均 GDP 低于美国①，其中有 160 个国家（地区）位于该区域，比例达到 85.11%。换言之，在收入低于美国的国家（地区）中，有大约 85% 的国家（地区）货币汇率存在低估。2009 年，人民币的名义

① 据佩恩世界表 7.0 版本，2009 年，人均实际 GDP 高于美国（41099 美元）的有 10 个国家（地区），分别是：卡塔尔（159469 美元）、卢森堡（84525 美元）、阿联酋（52946 美元）、百慕大群岛（52090 美元）、中国澳门（51057 美元）、挪威（49945 美元）、新加坡（47373 美元）、科威特（46639 美元）、文莱（46229 美元）和澳大利亚（41304 美元）。

汇率为 6.83 元/美元，购买力平价汇率为 3.07 元/美元。这意味着人民币相对于购买力平价低估了 55%。

图 7－1 中的现象揭示了巴拉萨－萨缪尔森效应隐含的另一个重要结论：如果根据绝对购买力平价理论来判断一国货币是否存在错估，那么低收入国家的货币普遍存在低估。利用实际汇率的定义很容易得出这个结论。

根据实际汇率的定义：

$$Q = EP/P_{US} \tag{7-18}$$

式中，P 表示任一国的价格水平，P_{US} 表示美国的价格水平。将式（7－18）变换得：

$$Q = \frac{E}{P_{US}/P} \tag{7-19}$$

式（7－19）右边的分子是人民币对美元的名义汇率，分母是人民币对美元的购买力平价汇率。当一国的实际人均 GDP 低于美国时，根据巴拉萨－萨缪尔森效应可知该国价格水平低于美国。由式（7－18）得到 $EP < P_{US}$，或 $Q < 1$，或实际汇率的对数小于零，结合式（7－19）得到 $E < P_{US}/P$，即该国货币存在低估。这个结论说明，根据绝对购买力平价理论来判断一国货币是否存在低估，将会出现系统性错误。

另一个解释富国比穷国具有更高的价格水平的相关理论是由克拉维斯、利普赛（Kravis and Lipsey，1983）和巴格瓦蒂（Bhagwati，1984）提出的。他们假设富国的资本—劳动比率比穷国高，因而富国的劳动生产率和工资率高于穷国。由于不可贸易商品是劳动密集型的，所以高工资使富国的不可贸易商品价格高于穷国。与巴拉萨－萨缪尔森效应相同，不可贸易商品价格乃至整体物价水平随着实际收入的上升而提高。

根据巴拉萨－萨缪尔森效应，随着一国收入增长，该国实际汇率倾向于升值。这存在两种可能性：第一种是一国实际收入相对于其他国家增长，该国货币实际升值；第二种是一国实际收入随着时间增长，货币实际升值。前文已经验证了第一种结论的正确性，那么第二种结论在现实中得到验证了吗？

一些研究使用时间序列数据对经济合作与发展组织（OECD）国家和

亚太经济体的这些关联进行了分析[①]。研究发现，可贸易商品和不可贸易商品的相对生产水平和相对价格之间有很强的关联。其他条件不变，当实际汇率使用可贸易商品和不可贸易商品的总价格指数构造时，可贸易商品和不可贸易商品相对价格的变化会引起实际汇率的系统性变化[②]。然而，除了转型国家的子集之外，时间序列数据还挑战了"相对快速的经济增长通常造成实际汇率升值"的观点，表明如果可贸易部门的实际生产率相对较高，那么其对实际汇率的影响通常会随着时间的推移而被其他发展所抵消。例如，由伊萨德和斯曼斯克（Isard and Symansky，1996）所证明的：1973—1992 年，在七个比日本增长快的亚洲经济体中，只有朝鲜和中国台湾经历了明显的实际升值，而印度尼西亚、马来西亚和泰国经受了巨大的贬值，中国香港和新加坡则有极小的升值。

巴拉萨 - 萨缪尔森假说的缺陷在于：它假设购买力平价在可贸易部门成立，即国家间可贸易商品的相对价格随时间的推移保持不变。实际上，数据表明，在部门层次衡量价格时，随着时间的推移，国家间可贸易商品相对价格会发生大量的累积性变化，可能的原因如下。第一，随着时间的推移，可贸易商品的产出组合趋于变化。随着国家的发展，其趋于生产工艺更精良、质量更高的产品。第二，不同类别的可贸易商品相对价格的变化与不同商品在不同国家价格指数中的权重差异的相互作用。第三，不同国家可贸易商品的价格受商品套利（goods arbitrage）成本［反映了交通（或配送）成本或贸易限制的自由化的变化］变化的影响不同。

综上所述，巴拉萨 - 萨缪尔森效应主要具备相对意义，即相对于其他国家的收入情况，一国的实际汇率应该是什么样的水平。换言之，尽管时间序列数据对巴拉萨 - 萨缪尔森假说应用于实际汇率的正确性提出了质疑，但是横截面数据提供了实际汇率与人均实际收入之间显著的系统联系的证据。

---

① 基于 OECD 数据的研究例子包括：Froot 和 Rogoff（1995）；De Gregorio，Giovannini 和 Krueger（1994）；De Gregorio，Giovannini 和 Wolf（1994）；Asea 和 Mendoza（1994）；Canzoneri，Cumby 和 Diba（1999）；Lee 和 Tang（2007）。Isard 和 Symansky（1996）提供了基于亚太经济体数据的研究，De Broeck 和 Slok（2001）提供了 25 个转型国家的数据研究。

② 根据 Choudhri 和 Khan 的研究（2005）可获得关于发展中国家的这些联系的证据。

二、经常账户余额和长期实际汇率

第二种修正形式来自一个关于实际汇率的实证理论，其认为持续的经常账户赤字与长期实际汇率贬值相联系。从实证角度来看，这两个内生变量在5～10年的水平上似乎存在某些关系。例如，奥伯斯法尔德和罗格夫（1995）的研究显示，15个OECD国家贸易加权实际汇率的变化与净国外资产持有量的变化在1981—1990年存在显著关系。当然，这种关系并非简单的因果关系。

从理论角度来看，经常账户与实际汇率之间的实际关系是易于理解的。例如，一种暂时的生产率冲击可以轻易地增加一个国家经常账户赤字而导致该国贸易条件的恶化。进一步来说，除了实际汇率变化外还有许多导致经常账户赤字的因素，即使在只有一种商品的世界中也可能有明显的国际借贷关系。

在承认两者具有不太明确关系的情况下，克鲁格曼（1990）认为经常账户变化可能会引起很大的实际汇率变化，因为它们会导致财富的跨国转移，而国内和国外居民的支出模式可能并不相同。总之，经常账户与实际汇率之间的关系是一个仍然存在争议的话题。

三、政府支出和实际汇率

第三种修正形式强调政府支出水平对购买力平价调整的影响。许多研究者发现，政府支出是实际汇率的一个重要决定因素。其原因可能在于，相对于私人支出，政府支出倾向于更多地流向不可贸易商品。所以，政府支出的增加会导致实际汇率的提升。这种效应只是暂时性的，因为需求冲击只有在资本和劳动于部门间不能完全流动的情况下才会对一个小国的实际汇率产生影响。在长期内，随着要素在部门间的完全流动和资本市场的开放，实际汇率由生产率和其他供给因素决定。需求只会影响商品的生产数量。

第四节　人民币均衡汇率估算

在使用巴拉萨－萨缪尔森效应估计人民币汇率的文献中，弗兰克尔（2006）的分析结论影响深远。他使用佩恩世界表6.1版本数据估算出人民币对美元在2000年低估了36.1%，并据此认为2006年人民币低估程度依旧。2010年，苏布拉马尼安（Subramanian, 2010）使用同样的方法得出了类似的结论。首先，他使用世界发展指数（WDI）中基准年份（2005）的数据，估计出人民币对美元的低估程度为14.5%。但是，他将中国的价格水平下调了10%和20%，将实际收入上调了相同的数量，并结合佩恩世界表6.3版本数据估计的结果进行平均，得到人民币在2005年被低估了31%。其次，他根据中国2005年以来经济增长速度和实际汇率变动推算出人民币在2010年3月也有相同的低估幅度。

了解人民币汇率是否低估及其低估程度十分重要，它使我们清楚地理解当前针对人民币汇率和全球经济失衡的争论，并评估今后汇率调整的空间。尽管关于均衡汇率的定义尚无定论，但是绝大多数经济学家相信套利行为将使汇率在长期收敛于购买力平价汇率，尤其是收敛于巴拉萨－萨缪尔森效应所决定的均衡汇率。另外，该方法的优点在于可根据同种方法同时确定众多国家的均衡汇率，体现了一定的"公平性"。

一、人民币汇率变动历史

在改革开放前的20世纪70年代，中国实行钉住由十几种主要货币构成的货币篮子的、有管理的浮动汇率制度①。在改革开放之后，中国实行的是多重汇率制度。自1994年汇率双轨制并轨后，中国开始实行单一的有管理的浮动汇率制度。根据人民币汇率的变动特征，这时的汇率体制属于事实上的爬行钉住汇率制。爬行钉住汇率制允许汇率缓慢调整，人民币从1994年1月的8.72元/美元升值到1997年11月的8.31元/美元，升值了约5%（见图7－2）。

自1997年以后，人民币就开始严格钉住美元。从1998年9月一直到2005年7月21日，人民币对美元汇率基本固定在8.27元/美元。因此，1997—2005年，人民币汇率属于事实上的钉住汇率制。

2005年7月21日，中国人民银行将人民币对美元汇率升值2.1%，并

① 贺力平．人民币汇率体制的历史演变及其启示[J]．国际经济评论，2005(4)：36－39.

同时宣布：我国开始实行以市场供求为基础、参考一篮子货币进行调节、有管理的浮动汇率制。2005 年 7 月至 2008 年 7 月，人民币对美元升值了 21.1%。在随后的两年里稳定在 6.83 元/美元左右。从 2010 年 6 月开始重新升值。截至 2010 年 12 月，人民币对美元汇率已累计升值 24.5%，并继续保持着升值势头（见表 7-3）。

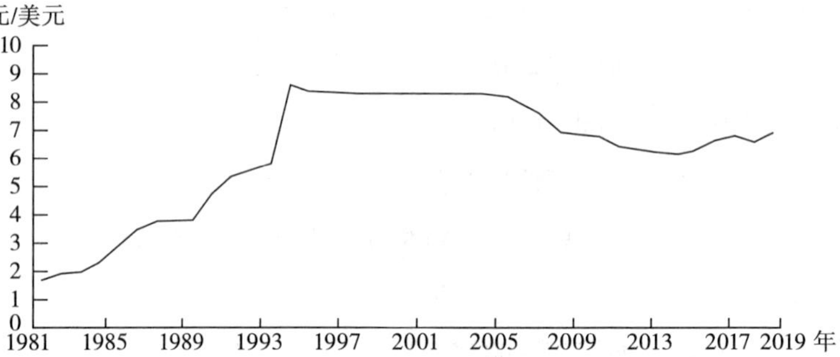

图 7-2　1981—2019 年人民币对美元汇率的变动

资料来源：中国人民银行；Board of Governors of the Federal Reserve System。

表 7-3　1981—2019 年人民币对美元汇率　　单位：元/美元

年份	汇率	年份	汇率	年份	汇率
1981	1.7100	1994	8.6397	2007	7.6058
1982	1.8979	1995	8.3700	2008	6.9477
1983	1.9810	1996	8.3389	2009	6.8307
1984	2.3303	1997	8.3193	2010	6.7696
1985	2.9434	1998	8.3008	2011	6.4614
1986	3.4616	1999	8.2783	2012	6.3124
1987	3.7314	2000	8.2784	2013	6.1956
1988	3.7314	2001	8.2770	2014	6.1431
1989	3.7673	2002	8.2771	2015	6.2272
1990	4.7921	2003	8.2772	2016	6.6401
1991	5.3337	2004	8.2768	2017	6.7463
1992	5.5206	2005	8.1936	2018	6.6117
1993	5.7795	2006	7.9723	2019	6.8967

资料来源：中国人民银行；Board of Governors of the Federal Reserve System。

二、人民币被低估了吗

相对于可贸易部门，不可贸易部门生产力能提高的程度有限。因此，高收入国家主要通过可贸易部门生产力的提高来增加收入。也就是说，收入增长越快的国家，可贸易部门的生产力增长越快，价格上升越快。这样，巴拉萨－萨缪尔森效应就可以表示成实际汇率和收入之间的正相关关系。根据该关系，绝大多数研究者设定回归方程为：

$$\log(Q) = C + \beta\log(Y) \tag{7-20}$$

式中，Q 表示实际汇率，Y 表示实际人均 GDP，C 和 β 是参数。考虑到中美贸易关系以及人民币与美元之间的密切关系，本部分分析的是人民币与美元之间的双边汇率。该式的估计值就反映了巴拉萨－萨缪尔森效应的均衡实际汇率。拟合值与实际值之间的差额就反映了汇率低估幅度：

$$\text{低估幅度} = \log(\hat{Q}) - \log(Q) \tag{7-21}$$

由于对数之差适用于分析变量发生微小变化时的变化率，所以式(7－21)得到的低估幅度只是一种近似值。我们可以使用水平值计算准确的低估幅度。具体来说，就是根据式（7－20）计算出拟合的实际汇率的水平值 $\hat{Q}$，然后根据真实的实际汇率的水平值 Q 计算出低估幅度。由于采取的是间接标价法，低估幅度为：

$$\text{低估幅度} = 1 - \frac{Q}{\hat{Q}} \tag{7-22}$$

如果计算结果为正，则表示本币低估；如果计算结果为负，则表示本币高估。

在使用该方法进行估计时，各个研究者的估计结果之所以存在差别，是因为使用了不同的数据集。为了避免单一数据集所造成的偏颇以及样本不同导致的差异，本部分在当前国际上有较大影响力的三种公开数据集中选择了 144 个数据齐全的经济体来进行比较分析。在三个数据集中，数据最为准确和齐全的应该是联合国支持并由世界银行组织的国际比较项目[①]。该项目在世界范围内收集数据，因此成为其他数据集的基础。2005 年，国际比较项目进行了最新一轮的数据收集，共有 146 个国家和地区参与。佩恩世界表则是世界各国国民账户长期时间序列数据的唯一来源。它由宾夕法尼亚大学的一批研究者制作而成，涵盖了世界上绝大多数国家自 1950 年以来的经济数据。2011 年 5 月，佩恩世界表的最新版本——佩恩世界表 7.0 版本——出版[②]。第三个重要的数据集是国际货币基金组织每年出版两次的《世界经济展望》（*World Economic Outlook Database*，WEO），包括了世界上绝大多数经济体的宏观经济数据。

为了清楚地观察数据所造成的影响，我们选择了佩恩世界表两个相邻的版本——6.3 版本和 7.0 版本——进行估计。不同数据集关于实际汇率的计算方法一致，在人均收入方面，佩恩世界表（6.3 版本和 7.0 版本）和 ICP 2005 都以 2005 年为基期计算人均 GDP（按购买力平价计），WEO 则用当期价格计算人均 GDP（按购买力平价计）。估计结果见表 7－4。

表 7－4　人民币错估幅度估计（144 个样本）

估计时间	数据集	截距	系数	R^2	错估幅度/%	预测/%	
						基于上一次估计	基于第一次估计
2000 年	PWT 6.3	−4.00 (0.27)	0.35 (0.03)	0.47	23.35		
	PWT 7.0	−2.28 (0.19)	0.18 (0.02)	0.31	26.62		
	WEO 2011.04	−2.45 (0.46)	0.18 (0.05)	0.07	−13.65		

① 2011 年，国际比较项目展开了新一轮的数据调查，详细情况请查阅：http://siteresources.worldbank.org/ICPEXT/Resources/ICP_2011.html。

② 该版本以 2005 年为基期，提供了 189 个经济体 1950—2009 年的购买力平价汇率和国民收入数据。与以前的版本不同，该版本不仅包含了 2005 年国际比较项目的成果，而且采用了在 2011 年初所获得的最新数据。佩恩世界表的最初研究始于 Gilbert 和 Kravis（1954），后来 Summers 和 Heston（1991）对其进行了完善。

续表

估计时间	数据集	截距	系数	R^2	错估幅度	预测：基于上一次估计	预测：基于第一次估计
2005 年	PWT 6.3	-3.84 (0.28)	0.34 (0.03)	0.46	38.21	38.24	
	PWT 7.0	-2.34 (0.17)	0.20 (0.02)	0.45	37.83	33.33	
	WEO 2011.04	-2.82 (0.38)	0.24 (0.04)	0.18	6.46	-6.37	
	ICP 2005	-2.69 (0.16)	0.24 (0.02)	0.55	13.89		
	PWT 6.3（中国物价上调 40%，实际收入下调 40%）	-3.84 (0.28)	0.34 (0.03)	0.47	-2.78		
2009 年	PWT 7.0	-2.03 (0.16)	0.18 (0.02)	0.41	31.78	14.73	13.03
	WEO 2011.04	-2.67 (0.25)	0.24 (0.03)	0.36	7.26	-8.60	-18.73

资料来源：作者根据美国宾夕法尼亚大学生产/收入/价格国际比较研究中心编制的佩恩世界表 6.3 版本、7.0 版本，及来自世界银行、国际货币基金组织（WEO 数据库）的数据整理计算所得。

注：①括号内的数字为标准误；②负号表示高估。

根据估计结果可以得出关于人民币均衡汇率估计的几个重要结论。

第一，估计结果严重依赖于所使用数据的准确性。

对于相同样本，不同数据集的估计结果差异巨大。2000 年，人民币从低估 26.62% 到高估 13.56%，相差了 40 多个百分点。2005 年，人民币低估幅度从 6.46% 到 38.21%，相差了 30 多个百分点。2009 年的估计结果差距仍然巨大，甚至同一数据集的不同版本也会产生不同结果。作为一种重要的数据集，佩恩世界表的不同版本在数据上存在显著差异。当使用 6.3 版本和 7.0 版本的佩恩世界表估算 2000 年的人民币均衡汇率时，得出的人民币对美元低估的结果分别为 23% 和 27%，与弗兰克尔（Frankel，2006）使用 6.1 版本所估计的 36% 相差较大。数据的变化和非经济因素的变化，改变了2000年人民币的低估程度。因此，根据单一数据集估计出的结果难以令人信服。

估计结果的不同反映了数据的差异。由于三个数据集在2005年有相同的基期，所以我们以该年为例分析数据的差异。PWT6.3提供的2005年中国的绝对购买力平价汇率和实际汇率分别是2.23和0.27，而ICP2005和WEO2011给出的都是3.45和0.42。两者相差55%左右[①]。基于如此悬殊的统计差异，也就不难理解估计结果的巨大差别了。

那么，到底哪个数据更为准确呢？回顾一下购买力平价汇率的定义及其来源或许有助于我们找到答案。绝对购买力平价汇率等于两国货币的购买力之比。物价水平越高，货币的购买力越低；反之则越高。佩恩世界表给出的人民币对美元的绝对购买力平价汇率远远低于其他两个数据集，这意味着人民币有极强的购买力。即中国的物价水平或通货膨胀率极低。在收入方面，佩恩世界表提供的数据则偏高。2005年，该数据集（6.3版本和7.0版本）给出的中国人均GDP（按购买力平价计）分别为6483美元和5189美元，足足高出了其他两个数据集1000～2000美元。对于像中国这样的发展中国家来说，这种差异显然不是一个小数字。无论是物价方面还是收入方面，佩恩世界表提供的数据都与我们的真实感受有较大出入。

另外，从数据的来源上也可以判断数据的合理性。如前所述，国际比较项目是其他数据集的基础。但是，该项目只是每隔3年或5年进行数据收集，以获得基期数据。一旦收集到基准年份的购买力平价数据，就可以基于美国的通货膨胀率估算出其他年份的购买力平价汇率（用GDP平减指数衡量），从而形成时间序列。然后用它们对各国的名义GDP进行调整，得到GDP（按购买力平价计）[②]。由于中国在2005年以前并没有参加国际比较项目，所以中国的购买力平价汇率和其他数据是根据1986年的一次调查估算的。正因如此，世界银行（2007）在本轮比较项目结束后，就对以前所公布的数据进行了修改，将中国的人均购买力平价收入下调了40%。

① 由于实际汇率等于名义汇率与购买力平价汇率之比，在名义汇率给定的情况下，购买力平价汇率和实际汇率的变动是一致的。

② 根据这种方法推算的结果可从世界银行的WDI数据集中获得。

这也意味着中国的物价水平上涨了约 40%。调整后，中国 2005 年的人均购买力平价收入从以前公布的 6760 美元下降到 4091 美元。IMF 和 WEO 公布的数据与 ICP2005 基本一致。表 7－4 显示，即便是微小的数据差别也会导致结果的较大差异。佩恩世界表的构建者迪顿和赫斯顿（Deaton and Heston，2009）声称最新的版本（7.0）中将包含 2005 年的国际比较项目结果。由于计算方法存在差别，在 7.0 版本中，他们只对中国的收入和实际汇率进行了 20% 左右的调整。

依据 ICP2005，我们将 PWT6.3 中 2005 年中国的数据调整了 40%，得到中国的实际汇率是 0.38，购买力平价收入是 3890 美元。调整后的数据与 ICP2005 和 WEO2011 的较为接近。使用调整过的数据进行回归，发现人民币存在轻微高估（见表 7－4）。

由于佩恩世界表的数据倾向于高估中国的收入水平、低估物价水平，所以该数据集的估计结果缺乏准确性。WEO 和 ICP 更多地采信了各国统计部门提供的数据，本部分以这两个数据集的估计结果为准，得出 2005 年人民币对美元低估了 6.46% ～13.89%，2009 年低估了 7.26%。

第二，根据巴拉萨－萨缪尔森效应进行的横截面回归不能进行预测。

为了证实巴拉萨－萨缪尔森效应是否适于预测，表 7－4 检验了基于 2000 年和 2005 年估计结果的预测能力。就 WEO2011 的情况而言，根据 2000 年的估计结果以及 2000—2005 年中国的人均 GDP（按购买力平价计）增长率，得到了 2005 年高估 6.37% 的结论。但是，用 2005 年的实际数据进行估计，则发现人民币被低估了 6.46%。与此相同，基于 2005 年的估计结果得到了人民币在 2009 年高估了 8.60%，而真实数据估计结果为低估 7.26%。如果使用 2000 年的估计结果来预测 2009 年的错估幅度，差距则更大，结果为高估 18.73%。用 2000 年的估计结果来预测 2005 年的错估幅度，佩恩世界表的表现似乎不错。但是，在用 2005 年的回归结果来预测 2009 年的错估时，误差就相当大了。当用 2000 年的回归结果来预测 2009 年的错估幅度时，误差更大。

这个事实不仅否定了弗兰克尔（2006）和苏布拉马尼安（2010）用这种方法预测所得到的结果，而且证实了利用巴拉萨－萨缪尔森效应进行的横截面回归是一种点估计。即估计结果是相对于其他经济体的一种均衡汇率。它将随着其他经济体收入和汇率的变化而变化，无法被预测。

这也证明了前文的分析：巴拉萨－萨缪尔森效应在横截面意义上是成立的，但是在时间序列上尚缺乏充足的证据。

三、如何解释中国经济的外部失衡

前面的研究表明，人民币是否低估严重依赖于数据的准确性。在对世界三大公开数据库进行了详细分析后，我们有充足的理由相信，人民币对美元在近年来只是存在轻微低估，而不是其他研究者所估计的30%左右。这似乎与中国严重的外部失衡相矛盾。因为，长期的贸易顺差和快速积累的国际储备是许多经济学家判断人民币存在低估的重要原因。但是，正如安德森所指出的，中国经济外部失衡源自国内经济中深层次的结构性扭曲。偏重于发展贸易品部门的政策造成了要素相对价格的扭曲。例如，为了发展制造业而压低土地和能源价格，使贸易品部门投资加速、产能扩张，直至过剩。提高电价、工业用地价格及资金使用价格，有助于提高贸易品的相对价格，改善国际收支失衡，也有助于减少过剩产能。

认为人民币存在低估并需要调整的经济学家主要是基于以下主流经济观点：汇率是解决外部失衡的合理工具。然而，就中国的情况而言，调整汇率显然不是最优方法。在国内基本面存在严重扭曲的情况下，消除扭曲因素比通过汇率升值来抵消这些扭曲更为有效。简而言之，就是深化劳动力市场、货币市场和外汇市场改革，让要素价格真正由市场决定。

第五节　汇率理论的新发展

随着世界经济一体化程度的加深，汇率在各国经济中扮演的角色也越来越重要。汇率对全世界的消费者和生产者所面临的价格有主要影响，汇率错估的代价可能极其昂贵。一些新兴经济体自20世纪后期以来所遭遇的货币危机证明，当汇率严重错估并因此突然地发生变动时，由此会造成大量的产出紧缩以及广泛的经济困难。此外，有合理、有利的证据表明，汇率水平和汇率制度的选择对低收入国家的人均产出增长起决定性作用。

由于近年来汇率决定理论发展迅速，所以经济学家生成了一系列估算均衡汇率的方法。每一种方法都包含概念上的简化或者对关键参数的粗略估计。不同方法有时会产生明显不同的均衡汇率估计数值。这就使源于任意一种方法的估计值都很难获得信任。存在多种方法和多个结果并不是坏事情。由于每种方法都是从不同的角度来研究汇率的，所以我们可以从不同视角来理解均衡汇率。同时，这也意味着，政策制定者应该通过运用多种不同方法来校准他们的判断。许多实证研究表明，仅仅依靠一种方法，得到的结论可能存在较大的偏颇。

一、传统的汇率理论

在介绍新发展的汇率理论之前，我们首先对传统的汇率理论进行简单的介绍。前述部分已经对购买力平价理论进行了系统分析，本节将介绍其他的传统汇率理论。

（一）货币分析方法

汇率决定的货币分析方法是根据购买力平价和货币数量论推导出来的。因此，汇率行为反映了两国货币相对供求的变动①。假设只有两个国家，货币供给（M）由中央银行外生决定，实际货币需求（M/P）取决于实际收入水平（Y）和名义利率水平（i），以及它们各自的需求弹性。当实际货币供给等于实际货币需求时，货币市场达到均衡：

$$M/P = L(Y,i) \tag{7-23}$$

货币数量论认为货币的供给和需求决定了一国的物价水平。因此，本国的价格水平：

$$P = M/L(Y,i) \tag{7-24}$$

同理，外国的物价水平为：

$$P^* = M^*/L(Y^*,i^*) \tag{7-25}$$

将国内外价格水平代入购买力平价公式，得到购买力平价汇率：

① 货币分析方法有多个模型：弹性价格货币模型（Frenkel，1976；Bilson，1978）、黏性价格货币模型（Dornbusch，1975）、实际利差模型（Frankel，1979）和均衡实际汇率模型（Hooper and Morton，1982）。本节介绍的是弹性价格货币模型。

$$E = \frac{M/L(Y,i)}{M^*/L(Y^*,i^*)} \qquad (7-26)$$

因此，货币分析方法认为名义汇率的变动取决于国内外的相对货币供给、相对实际收入和利差的变动。根据式（7－26），若国内货币供给相对于外国货币增加，则本币会贬值。本国实际收入增加会使本币升值。本国实际收入增加将导致对国内货币的需求增加，为了使货币市场恢复均衡，国内物价水平会通过下降增加实际货币余额。利率上升将使本币贬值。利率上升减少了国内的货币需求，在名义货币存量不变的条件下，国内物价必须通过上升以减少实际货币余额，使货币市场达到均衡。根据购买力平价理论，物价上升使本币贬值，物价下降使本币升值。

细心的读者会发现，这里得到了一个与前面相互矛盾的结论。在货币分析方法中，利率上升使货币贬值。而在利率平价理论中，利率上升使货币升值。这该如何解释呢？

答案在于两种不同理论分析方法的前提假设。利率平价假设价格黏性，即主要考虑短期的汇率变动。货币分析方法则假设价格弹性，即研究的是汇率在长期变动的影响因素。在宏观经济理论中，短期假设和长期假设会产生截然不同的结果。在黏性价格假设下，货币供给减少将会提高名义利率和实际利率。也就是说，资产的实际收益率提高了，对该国资产的需求肯定会上升，货币也会升值。在弹性价格假设下，利率的变动满足“费雪效应”。利率的上升是由通货膨胀率引起的，自然会导致货币贬值。

（二）汇率决定的国际收支理论

汇率决定的国际收支理论认为，汇率的调整可以使国际收支达到均衡。汇率的变动改变了两国商品的相对价格和竞争力，从而对经常项目产生影响。利率和汇率预期会对资本项目产生影响。根据该理论，国际收支可以表述为：

$$BP = C(EP^*/P, Y, Y^*) + K(r, r^*, s) \qquad (7-27)$$

式中，BP 表示国际收支，等于经常项目（C）和资本项目（K）之和。EP^*/P 为实际汇率，反映了国内外商品的相对价格或竞争力。Y 表示收入，r 表示利率。s 表示一个投机性变量，包括对未来汇率、风险等因素的预期。

本币贬值提高了本国商品在国际市场上的竞争力，因此改善了经常项目。为了使国际收支保持均衡，国内利率必须下降以使资本外流。国际收支理论认为汇率取决于相对利率、相对价格和相对需求：

$$E = E(Y, Y^*, r, r^*, P^*/P) \quad (7-28)$$

具体来说，本国收入上升增加了国内支出，使经常项目恶化，因此，本币需要贬值以恢复国际收支均衡。同理，国内价格上升将使本币贬值。若国内利率上升，则资本项目会出现盈余，为了使国际收支达到均衡，本币需要升值。

在国际收支理论中，国内收入上升使本币贬值，国内利率上升使本币升值。这两个结论与货币分析方法正好相反。货币理论认为，虽然国内收入上升确实会带来更大的进口需求和外币需求，但是资本流动也会对收入上升做出反应，资本项目的改善抵消了经常项目的恶化。因此，国内收入上升的净效应是本币升值。由于货币理论强调了与通货膨胀有关的名义利率的变动，所以名义利率上升使本币贬值。

（三）蒙代尔 - 弗莱明模型

蒙代尔（Mundell，1967）和弗莱明（Fleming，1962）将汇率纳入了利率—产出的宏观经济分析框架。提出汇率贬值如同扩张性财政政策一样，会增加对国内商品的需求。在资本完全流动条件下，只有在国内利率和世界市场利率保持一致时，国际收支才能达到均衡（见图 7 - 3）。*IS* 曲线表示商品市场均衡时利率和产出之间的关系。*LM* 曲线表示货币市场均衡时利率和产出之间的关系。货币贬值使 *IS* 曲线向右移动，升值则向左移动。货币扩张使 *LM* 曲线向下移动，减少则向上移动。

在资本完全流动条件下，如果货币当局增加货币供给（*LM* 曲线下移），会导致利率下降从而使资本大量流出。本币将会贬值，这使得 *IS* 曲线向右移动。在新的均衡点，收入的增加提高了货币需求，使货币市场重新达到均衡，利率回到初始水平。

蒙代尔 - 弗莱明模型表明，在资本完全流动条件下，货币政策没有改

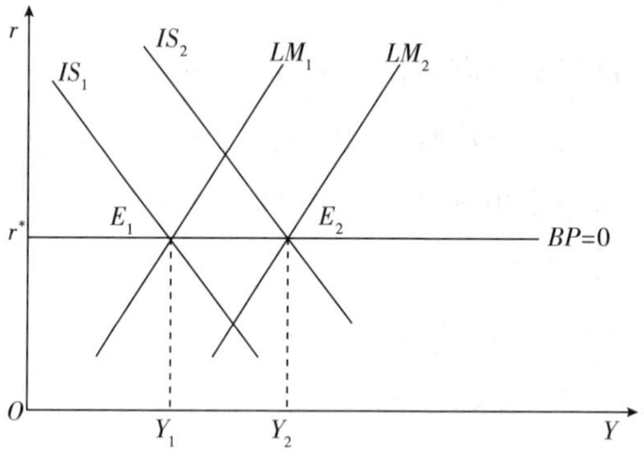

图7-3　资本完全流动条件下的蒙代尔-弗莱明模型

变与利率相关的国内支出，而是通过使货币贬值产生了经常项目盈余。换言之，货币政策不是通过影响国内各部门，而是通过影响贸易部门来影响经济的。当产出等于需求时，国内商品市场达到均衡：

$$Y = C(Y - T) + I(r) + G + NX(EP^* / P, Y, Y^*) \qquad (7-29)$$

式中，消费 C 正向地取决于可支配收入（$Y-T$），即收入减去税收。投资 I 负向地取决于利率 r。G 表示政府购买。净出口 NX 取决于实际汇率和国内外收入。本币实际贬值和国外收入提高使净出口增加，本国收入提高使净出口减少。由此可以得到蒙代尔-弗莱明模型的汇率决定函数：

$$E = E(Y, Y^*, r, P^* / P, G, T) \qquad (7-30)$$

在资本完全流动条件下，国内利率由世界市场利率决定。利率上升引起资本大量流入，本币升值；利率下降则导致本币贬值。简而言之，资本完全流动的蒙代尔-弗莱明模型意味着汇率主要取决于国内利率的高低。

（四）资产组合理论

蒙代尔-弗莱明模型假设国内外资产具有很高的替代性，当资本完全流动时，国内外利差等于零。资产组合模型则认为国内外资产间存在差别，因此替代性不高。汇率和资产收益率一起决定了资产市场的均衡。该模型假设只有两种金融资产（货币和债券）和两个国家（本国和外国），并假定本国居民可以在持有本国货币 M、本国债券 B 和外国债券 F（用本币计

价为 EF）这三种选择之间自由分配其财富 W。

本国财富约束为：

$$W = M + B + EF \tag{7-31}$$

当货币供给等于人们愿意持有的货币数量时，货币市场达到均衡：

$$M = \alpha(r,r^*)W;\alpha_r < 0,\alpha_{r^*} < 0 \tag{7-32}$$

其中，$\alpha(r,r^*)$ 表示人们愿意在财富中持有货币的比例。偏导数 α_r 和 α_{r^*} 表示国内外利率变化对该比例的影响。当利率（国内外）上升时，人们愿意持有的货币量减少。与货币市场类似，这里也可以得到国内资产市场的均衡条件：

$$B = \beta(r,r^*)W;\beta_r > 0,\beta_{r^*} < 0 \tag{7-33}$$

其中，$\beta(r,r^*)$ 表示人们愿意在财富中愿意持有国内资产的比例。当国内利率上升时，愿意持有的国内债券比例也会上升。国外利率上升会降低该比例。由上述等式可以得到外国净资产的均衡条件：

$$EF = (1-\alpha-\beta)W = \theta(r,r^*)W;\theta_r < 0,\theta_{r^*} > 0 \tag{7-34}$$

由于外国净资产可以为负，因此该式中的比例也可以为负。

根据等式（7-31）~式（7-34）可以分析利率、货币供给、资产等变量变化对汇率的影响。外国利率上升将造成国内货币和国内资产出现超额供给，从而使本币贬值。国内货币供给增加将会导致货币过度供给和对国内外资产出现过度需求，从而使本币贬值。净外国资产增加导致对国内货币和国内资产的需求增加，从而使本币升值。国内资产变动对汇率的影响不确定。

综上分析，资产组合模型关于汇率的决定形式为：

$$E = E(r^*,M,B,F);E_{r^*} > 0,E_M > 0,E_B \text{不确定},E_F < 0 \tag{7-35}$$

该模型意味着，当国内名义资产相对于外部资产增加时，本币将会贬值；反之则升值。经常项目盈余使外国资产增加，所以使本币升值。

二、汇率理论的新发展

在越来越一体化的世界经济中，汇率在外部调整过程中的作用愈加重要。与此相对应的是，汇率决定理论也在迅速发展。本小节将对新发展的汇率理论进行简单介绍。

（一）宏观经济均衡框架

宏观经济均衡（macroeconomic balance，MB）框架集中研究同时达到内部和外部均衡所需要的条件。其起源可以追溯到纳克斯（Nurkse，1945）、梅茨勒（Metzler，1951）以及米德（1951）的开创性贡献，他们将同步均衡范式（simultaneous balance paradigm）放到了开放宏观经济的中心位置。基于MB框架的政策分析（此处定义为在汇率估算中应用同步均衡框架）至少可以追溯到20世纪60年代中期，当时IMF用该方法估算英镑未来贬值的适度规模。

MB框架有三个基本成分：一个一边是经常账户余额的恒等式；该恒等式另一边的项的均衡值的估计值，通常假定这些项独立于实际汇率；经常账户、实际汇率、国内与国外的产出缺口水平之间的关系。直到20世纪90年代中期，MB框架的应用才经过了IMF经济学家①的精练，并由威廉姆森（Williamson，1985）突出了重点。主要基于经常账户头寸（CUR）和净私人及官方资本流入（CAP）之间的国际收支恒等式可表示为：

$$CUR = CAP \tag{7-36}$$

这些应用倾向于对净资本流量的“正常”、“目标”和“潜在”水平做出假设。净资本流量与内部均衡头寸有潜在的联系，并被当作CAP均衡值的估计值。对MB框架较近期的应用将方向转到了国民收入账户恒等式，该恒等式将经常账户头寸与超出了国内投资（I）的超额国内储蓄（S）联系在了一起：

$$CUR = S - I \tag{7-37}$$

如下面将要详述的，有两种不同的方法被应用于估计$S-I$的均衡值。

在应用MB框架时，有必要将潜在经常账户头寸（$UCUR$）定义为在现行实际汇率下可被观测到的经常账户头寸值，如果所有国家都在充分就业和潜在产出（内部均衡）状态下运行，且汇率过去变化的影响已完全实现，那么这是合适的、与现行汇率相联系的中期经常账户头寸的概念——

① Artus（1978）、Artus和Knight（1984）。

这个概念经过了经济周期调整，并认识到汇率变化在进出口数量和额度上的影响通常要假以时日才会完全体现出来。

估计潜在经常账户余额需要一个经常账户模型。许多国家建立了这样的模型。最有吸引力的似乎是反映了国家规模、进出口的组成等因素的分国别的模型。因此，对所有国家使用相同的模型定式就显得不尽如人意了，这已经在 IMF 的应用中被认识到。然而，为了阐述，考虑一个简单框架以及它怎样用于估计潜在经常账户头寸可能会有些帮助。

以下是一个用于对经常账户及其潜在头寸建模的简单框架：

$$M_t = M(Y_t, R_t, \cdots, R_{t-n}) \tag{7-38}$$

$$X_t = X(Y_t^*, R_t, \cdots, R_{t-n}) \tag{7-39}$$

$$CUR_t = X_t - M_t \tag{7-40}$$

$$\bar{M}_t = M(\bar{Y}_t, R_t) \tag{7-41}$$

$$\bar{X}_t = X(\bar{Y}_t^*, R_t) \tag{7-42}$$

$$UCUR_t = \bar{X}_t - \bar{M}_t \tag{7-43}$$

其中，M 表示进口，X 表示出口，Y 和 Y^* 分别表示国内及外国的 GDP，上面加横线的变量表示充分就业产出水平或潜在产出水平所对应的变量。R 为实际汇率，R 增大表示本国货币实际升值。

上述模型表明，进口（M）取决于国内的当期 GDP 以及实际汇率（R）几个季度的历史水平（通常，汇率的变化至少需要一年到两年——在栏目中由 n 个季度表示——才可以全部反映在进出口的数量上）。出口（X）对称地取决于贸易加权平均的外国经济活动和实际汇率的历史水平。如果国内外产出都达到了充分就业水平，且过去的汇率变化得以完全实现，也就是说自实际汇率达到其现行水平以来至少已过了 n 个季度，那么就可以得到潜在经常账户余额（净出口）水平。

相对于对潜在经常账户余额的估计，对 $S-I$ 头寸均衡的估计更具有挑战性。已经有两种方法被使用。第一种方法是依赖于对 $S-I$ 余额和一系列相关解释变量关系的计量估计；$S-I$ 头寸均衡是根据估计的关系计算出的，该估计关系基于对解释变量均衡值的假设。第二种方法由一个关于净外国资产（负债）的均衡存量和构成的假设开始，并将均衡 $S-I$ 头寸定义为相关投资收入流量和资本盈余与亏损的均衡。

尽管宏观经济均衡方法包含了大量强有力的简化假设，但仍然存在如下问题：该方法认为汇率主要由经常账户流量驱动，它很难与大部分外汇交易和资本流动相关的事实一致。宏观经济均衡方法的提出是基于包含了经常账户与资本账户或 $S-I$ 余额之间的恒等式的会计框架。此外，宏观经济均衡方法分析的焦点在于决定中期汇率的因素，而不是被认为驱动短期汇率的资本流动；两种模拟均衡 $S-I$ 余额的方法都强调决定中期净资本流量的因素。

一个更有效的关注是：宏观经济均衡方法可能不会对经济增长前景光明、正在吸引大量资本流入（通过经常账户赤字反映）的国家有很大帮助。在这些情况下，对于汇率是否严重错估的估算需要大量的判断，除了这些事情之外，还要考虑资本流入在多大程度上支持生产投资并有益于经常账户头寸随时间推移的转变。

（二）基于可贸易部门竞争力的估算

宏观经济平衡方法关注一国的经常账户头寸并从一国经济的角度体现了均衡的概念。基于可贸易部门竞争力估算方法的视角更狭窄，它仅关注经济中可贸易部门的表现，并分析在现行实际汇率下它的竞争力有多大。

有很多种不同的方法可用于定义可贸易部门并估算其竞争力。在理想情况下，这些估算应该关注一系列指标，利用任何能够得到的相关数据。许多国家生成的有关制造业表现的数据，通常被用于代表可贸易部门。常用的竞争力指标包括利润率衡量、出口量趋势或占世界出口比重的趋势。

由于不能得到利润率的直接数据，有时可以通过单位劳动成本和附加值平减指数推算，如利普希茨和麦克唐纳（Lipschitz and MacDonald, 1992）所展示的基于单位劳动成本和价格的部门数据。他们分析了意大利的国际竞争力，强调仅仅由实际汇率趋势得到的结论有时会有严重的误导性。也就是说，不能简单地认为实际汇率升值会导致竞争力下降，实际汇率贬值会导致竞争力上升。他们的研究指出，尽管意大利里拉在1979—1988年相对于德国马克大幅度实际升值，意大利制造业的单位劳动成本和价格（附加值平减指数）之间的比率相对于德国的该比率却有所下降。这表明在那段时期，意大利的可贸易部门相对于德国制造业的竞争力在上升。

（三）基于估计的汇率方程

1971 年布雷顿森林体系瓦解之后，汇率理论发展迅速。国际的经济学家参与了激烈的竞争来解释已经观察到的汇率表现，集中研究三个模拟汇率表现的结构框架——弹性价格货币模型、黏性价格货币模型和投资组合均衡框架。许多实证研究结果产生了统计上显著的系数，它们符合理论的符号并存在较高的样本拟合优度。

但是，米斯和罗格夫（Meese and Rogoff，1983）使用当时发展出的结构模型进行了大量的、仔细设计的试验，结果发现没有一个结构模型在预测主要工业国家货币一年内的汇率时能够比随机游走模型做得更好。在随后的研究中，大量试图推翻米斯－罗格夫（Meese－Rogoff）结论的努力均收效甚微。由于汇率短期的波动幅度远远超过了经济学家建议作为解释变量的宏观经济基本因素的波动幅度，所以在试图仅仅根据基本因素解释汇率短期表现时，就难以得到合理的解释。然而，这些发现仅仅涉及简化汇率模型的短期解释能力。如 PPP 假说一样，简化模型在中期和长期可能更为有效。

20 世纪 80 年代早期以来，计量经济学方法的发展（特别是协整概念的引入以及时间序列计量经济学随后的发展）为探索实证估计汇率和其他基本经济因素之间的长期关系提供了新的技术。法如克（Faruqee，1995）和其他经济学家发展了同时研究资产存量和经常账户流量（更普遍地，国民收入账户流量）的长期均衡条件的模型。这些研究使 PPP 具体化，不是把它作为不随时间改变的长期实际汇率水平，而是当作一种固定的稳态状况，其中实际汇率的均衡水平被看作依赖于各种各样的基本决定因素的稳态水平。法如克的实证研究发现，美国的多边实际汇率在长期内与美国的净外国资产头寸和生产率增长（相对于其他主要工业国家）相关。研究同时表明，日本的生产力增长率与其实际汇率之间也存在长期联系。

在实证研究中，这种模拟汇率的方法主要是基于单方程简约形式的误差纠正模型。例如，国际货币基金组织（2006）报告的长期汇率方程包含了以下解释变量：净外国资产头寸（作为进口和出口平均值的比率）、相对于贸易伙伴的可贸易部门与不可贸易部门的生产率（单位人均产出）的差异、商品贸易条件的测量（基于国别权重）、政府消费水平（占GDP比重）、贸易限制指数和价格控制范围的测量（在CPI篮子中管制价格的份额）。

尽管当代汇率估计方程比20世纪70年代和80年代早期的估计方程有更坚实的理论基础，但是运用生成均衡汇率估计值的回归需要关于解释变量均衡值的假设，这对于一些变量（特别是净外国投资头寸）有很大的不确定性。

（四）基于一般均衡模型的估算

原则上，源于一般均衡模型的均衡汇率估算值比其他方法产生的估计值更好。与嵌在宏观经济均衡框架中的简化回归和局部均衡模型不同，一般均衡模型可以对宏观经济进行更完整的分析。一般均衡模型通常会使用经济中一些重要的核算恒等式，并求解出满足这些核算恒等式的内生变量，形成了对均衡汇率的估计和预测①。然而，在实践中，只有有限的国家才可以得到一般均衡模型。此外，许多可用的宏观经济模型是为短期预测设计的，不具备长期性质，这就限制了它们分析汇率与其他基本经济因素的长期关系的适当性。

通过良好定义的一般均衡汇率模型来研究汇率行为，为观察其他均衡汇率计算方法所存在的局限性和不准确性提供了特别的视角。例如，汇率和其他内生变量的变化路径依赖于对外生变量的预测以及对众多参数的设定。这就意味着，任何一种均衡汇率的估算方法都存在假设，这也是均衡汇率估算结果千差万别的一个重要原因。

---

① 有兴趣的读者可以参阅法如克(2004)使用国际货币基金组织的全球经济模型(GEM)所进行的研究。

本章小结

本章介绍了汇率决定的长期理论——购买力平价理论，以及汇率理论的新发展。可以将结论简单总结如下。

（1）尽管汇率的影响因素非常多，但是绝大多数经济学家相信汇率将会收敛于购买力平价水平。

（2）绝对购买力平价理论认为汇率等于两国货币的购买力之比。但是，运输成本、贸易壁垒等交易成本的存在使相同商品的价格存在差异，因此，基于一价定律的绝对购买力平价也不能较好地与现实一致。

（3）相对购买力平价认为，在任何一段时间内，两种货币汇率变化的百分比等于同一时期内两国价格水平变化的百分比之差。尽管基于长期和多国数据对汇率向购买力平价长期收敛的检验都存在某些局限性，但近些年来的文献已在很大程度上取得了共识：购买力平价偏差在长期会趋于消失，但每年只以大约 15% 的速度缓慢消失。

（4）为什么汇率会偏离购买力平价？本章从巴拉萨 - 萨缪尔森效应、经常账户余额和政府支出三个方面进行了分析。

（5）本章使用巴拉萨 - 萨缪尔森效应扩展的购买力平价理论检验了人民币均衡汇率，结果发现，估计结果严重依赖数据的准确性。中国经济失衡需要通过更深层次的结构改革来调整。

（6）本章最后介绍了传统的汇率决定理论和近来汇率理论的新发展。没有哪种方法提供了令人信服汇率波动的原因，但是这并不意味着汇率理论的失效，而是为研究者和决策者提供了多种分析思路。

复习思考题

1. 一价定律成立的动力是什么？
2. 购买力平价有哪些形式？
3. 实际汇率和贸易条件的关系以及区别是什么？
4. 如何看待购买力平价理论？
5. 现实中的汇率为什么会偏离购买力平价？

6. 依据传统的汇率理论，分析本国货币供给增加对汇率的影响。

7. 在货币分析方法中，利率上升使货币贬值。而在利率平价理论中，利率上升使货币升值。为什么?

8. 什么是潜在产出水平或充分就业产出水平?

9. 资本流动会对汇率产生什么影响?

进一步阅读文献

1. 奥伯斯法尔德,罗格夫. 高级国际金融学教程:国际宏观经济学基础[M]. 刘红忠,等译. 北京:中国金融出版社,2002.

2. 理查德·M. 列维奇. 国际金融市场:价格与政策[M]. 李月平,译.2 版. 北京:机械工业出版社,2003.

3. 保罗·R. 克鲁格曼,莫里斯·奥伯斯法尔德. 国际经济学:理论与政策[M]. 海闻,等译.6 版. 北京:中国人民大学出版社,2006.

第四篇
开放经济的宏观经济学和政策分析

当前，全球经济联系越来越紧密，各国经济间的相互依存度也越来越高，任何封闭的经济体系都难以享受经济全球化所带来的好处，更会错过世界经济发展的新机遇；但与此同时，在一个开放的全球经济体系中，一国的经济政策效力不再像封闭经济体系那样，而是会受到诸多外部因素的制约和影响，比如，汇率制度、资本流动程度以及其他国家的政策目标与措施。在不同条件下，各国经济政策的效果大不相同，有时甚至是完全无效的。因此，在一个日益开放的全球经济体系中，我们需要从更加开放的视角来探讨本国的经济政策与经济政策的国际协调，以实现本国和世界经济的共同发展。

第八章　开放经济体系

本章要点

◎如何理解开放经济下的商品市场均衡与 *IS* 曲线？

◎如何理解开放经济下的货币市场均衡与 *LM* 曲线？

◎如何理解开放经济下的国际收支均衡与 *BP* 曲线？

◎什么是 *IS* – *LM* – *BP* 模型分析框架？

在开放经济中，一国的商品价格不仅取决于本国的供需，还受到国际经济供需的影响。国际经济变动是如何影响到本国经济的？我们将从商品市场、货币市场、国际收支的均衡以及经济自发均衡机制的角度来讨论开放经济体。

第一节　开放经济下的商品市场均衡与 *IS* 曲线

一、开放经济下的国民收入和支出

开放经济是指商品、资本及劳动力等生产要素跨越国界流动的经济。通过商品与要素的国际流动，一国与国际市场紧密联系在一起，一国经济与他国经济之间也存在着深刻的相互依存性。

国民收入是反映一国在一定时期内投入的生产资源所产出的最终产品和服务的市场价值或由此形成的收入的一个数量指标，它是一个流量的概念，通常衡量的方法有支出法与收入法。

用支出法核算国民收入主要包括四个部分：消费支出；投资支出；政府支出；净出口（贸易余额）。

（一）消费支出

用支出法核算国民收入的过程中最重要的因素是居民的消费支出。居民的消费支出主要包括对耐用品和非耐用品的支出。居民消费支出受到居民消费习惯、年龄、物价水平、文化以及收入等多种因素的影响；但主要由居民实际收入水平决定。一般而言，随着收入的增加，居民的消费支出也会增加，但增加的幅度不如收入增加的幅度，因而，我们习惯上将收入增加一单位中用于增加消费部分的比率称为“边际消费倾向”。由此，我们可以得到如下消费函数：

$$C = \bar{C} + \alpha y\ , \bar{C} > 0\ , 0 < \alpha < 1 \qquad (8-1)$$

其中，C 表示消费支出，$\bar{C}$ 表示自发性消费，α 表示边际消费倾向。消费支出曲线如图 8－1 所示。

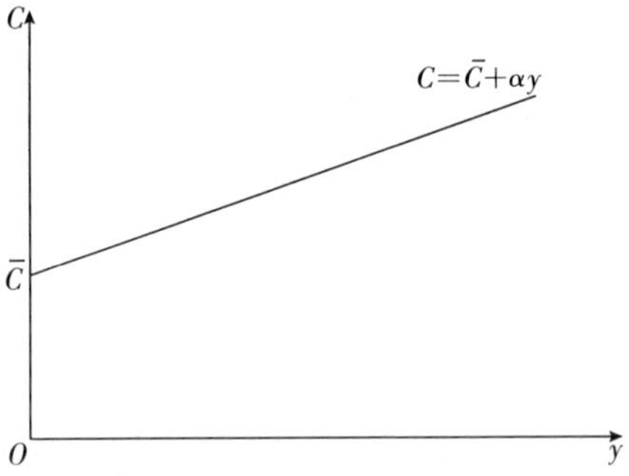

图 8－1　消费支出曲线

（二）投资支出

投资支出是指增加或更换资本资产的支出包括购买机器设备以及存货等。决定投资支出的因素有很多，比如，收入、要素成本、税收以及实际利率等；但起决定性作用的是实际利率。实际利率越高，投资支出会越小。实际利率大致为名义利率减去通货膨胀率，用公式可表示为：

$$r = R - \pi \qquad (8-2)$$

由此可知，投资支出与实际利率存在如下函数关系，用公式可以表示为：

$$I = I_0 - br \qquad (8-3)$$

其中，I_0 为自发性投资，b 为投资的利率敏感系数，b 越大，表明投资对利率越敏感。投资支出曲线如图 8－2 所示。

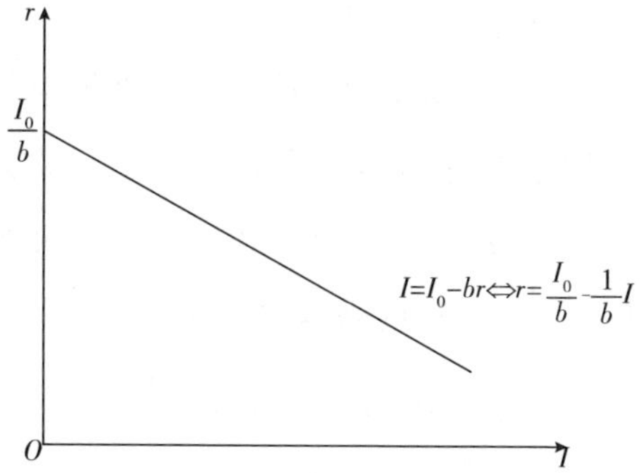

图 8－2　投资支出曲线

（三）政府支出

政府支出也是整个社会总支出的一部分，主要包括政府提供的国防服务、教育、医疗等的支出。一国的政府支出通常依赖多种因素，如政府在经济中的角色以及政治结构等因素；但这些因素并不在我们的考察范围内，因此我们一般视政府支出为一个外生变量，用 $\bar{G}$ 表示。政府支出曲线如图 8－3 所示。

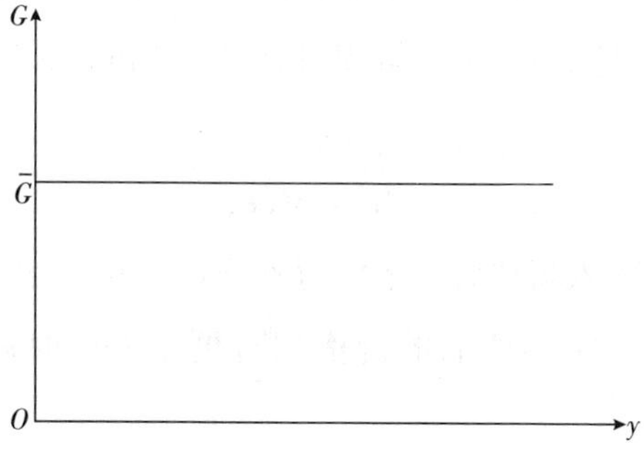

图 8－3　政府支出曲线

（四）净出口（贸易余额）

净出口是指进出口的差额。决定净出口的因素主要有两国商品的相对价格以及两国居民的收入水平。我们一般用 X 表示出口，用 M 表示进口，则 $(X-M)$ 就是净出口。商品的净出口即为贸易余额，用 T 表示：$T=$

$X-M$。下面我们对此式展开分析：

$$T_N = X - M = PM^* - EP^*M \tag{8-4}$$

其中，T_N 表示名义的贸易余额，M 表示本国进口的外国产品的实物数量，P 为本国产品用本国货币表示的价格，M^* 表示本国产品出口的实物数量，E 为直接标价法下的名义汇率，P^* 为外国产品用外国货币表示的价格。

我们将式（8-1）两边同时除以 P，可得：

$$T = T_N/P = M^* - \frac{EP^*}{P}M \tag{8-5}$$

其中，$\frac{EP^*}{P}$ 是两国的相对价格，也是实际汇率，我们用字母 e 表示①，于是可得：

$$T = M^* - eM \tag{8-6}$$

本国产品的出口 M^* 主要由外国的国民收入以及实际汇率大小决定，即：

$$M^* = M^*(e, y^*) \tag{8-7}$$

当外国国民收入增加时，本国的出口会增加，当实际汇率 e 增大时，即本国的商品相对外国的商品更便宜时，本国的出口也会增加。

本国进口的外国商品的数量 M 主要由本国的国民收入与实际汇率水平决定，即：

$$M = M(e, y) \tag{8-8}$$

当本国国民收入增加时，本国对外国产品的需求会随之增加，当实际汇率 e 下降时，即本国商品的价格相对更昂贵的时候，本国的进口也会增加。

根据上述分析，可知贸易余额函数可变为：

$$T = M^*(e, y^*) - eM(e, y) = T(e, y, y^*) = \bar{T} - my \quad (0 < m < 1) \tag{8-9}$$

① 实际汇率 e 值增大表明本国产品的相对价格更便宜，因此在国际市场上的竞争力得到提高，本国出口将会增加，进口将会减少。

通过式（8 -9），我们可以知道贸易余额由自主性贸易余额 $\bar{T}$ 、本国国民收入 y 以及边际进口倾向 m 决定。自主性贸易余额 $\bar{T}$ 主要由实际汇率 e 和外国国民收入 y^* 决定，与本国国民收入无关，在这里，实际汇率 e 和外国国民收入 y^* 都被视为一个外生变量。m 是边际进口倾向，类似于边际消费倾向，它的含义是，当一国国民收入增加一个单位时，其中有多少用于对进口商品的支出。我们一般认为边际进口倾向 m 介于 0 和 1 之间。这也就意味着进口支出会随着国民收入的增加而增加，但增加的国民收入不会全部用于进口支出。此外，我们一般假定自主性贸易余额 $\bar{T}$ 为正值，可用图 8 -4 来表示本国贸易余额与本国国民收入之间的关系。

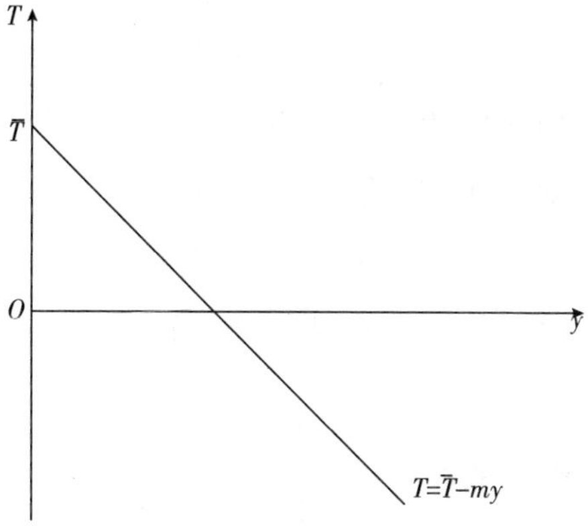

图 8 -4　贸易余额曲线

（五）均衡收入与支出

在均衡状态下，一国的国民收入应该等于一国的总支出，只有这样，经济才会处于一种无须调整的状态。开放经济下一国的总支出为 $C+I+G+(X-M)$，因此，均衡时的国民收入应为：

$$y=C+I+G+(X-M) \tag{8-10}$$

亦即均衡收入由支出水平决定，如图 8 -5 所示。

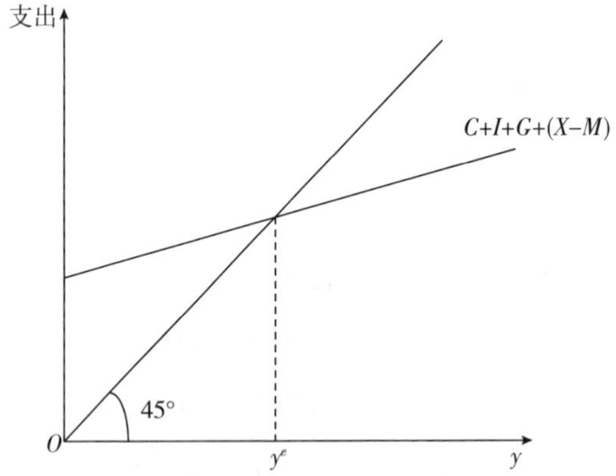

图 8－5　均衡国民收入的决定

二、*IS* 曲线

IS 曲线描述了当商品市场达到均衡时，利率 r 和收入 y 的各种组合。开放经济下的 *IS* 曲线刻画了在其他条件（如 G 和 e 等）不变的情况下，维持开放经济下的商品市场均衡时的国民收入与利率之间的关系。

IS 曲线由哈佛大学的约翰·希克斯（John Hicks）于 1937 年首先提出。

（一）*IS* 曲线方程的推导

根据 *IS* 曲线的定义可知，该曲线反映的是当一国商品市场均衡时，利率 r 和收入 y 之间的关系（见图 8－6）。当一国商品市场均衡时，国民收入等于国内支出水平。国内支出水平为：

$$C + I + G + (X - M) = \bar{C} + \alpha y + I_0 - br + \bar{G} + \bar{T} - my \quad (8-11)$$

由此可得均衡收入为：

$$y = \bar{C} + \alpha y + I_0 - br + \bar{G} + \bar{T} - my \quad (8-12)$$

调整此方程可得 *IS* 曲线方程：

$$r = \frac{\bar{C} + I_0 + \bar{G} + \bar{T}}{b} - \frac{1 - \alpha + m}{b}y \quad (8-13)$$

或

$$y = \frac{1}{1-\alpha+m} \times (\bar{C} + I_0 + \bar{G} + \bar{T}) - \frac{b}{1-\alpha+m} r \qquad (8-14)$$

自发性消费、自主性投资、政府支出以及自主性贸易余额的变动都会导致国民收入的成倍增长，增长的倍数为 $\frac{1}{1-\alpha+m}$。

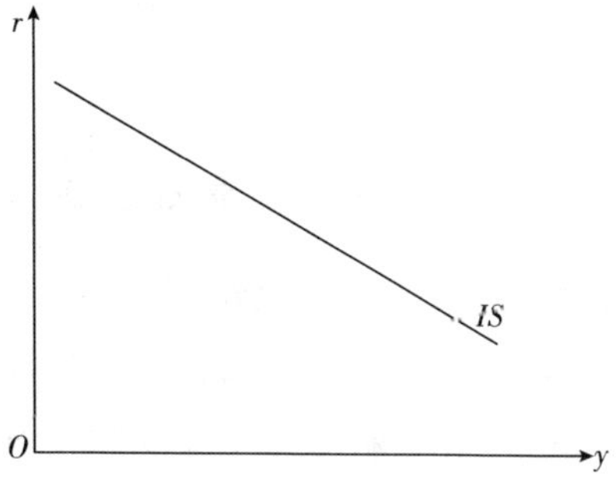

图 8－6　*IS* 曲线

（二）*IS* 曲线的特征

首先，根据定义可知，*IS* 曲线上所有的点都意味着一国商品市场的均衡状态，*IS* 曲线外所有的点都意味着商品市场的不均衡，要么供过于求，要么供不应求，在 *IS* 曲线左边的点意味着产品供不应求，在 *IS* 曲线右边的点意味着产品供过于求。（请读者自行分析）

其次，*IS* 曲线斜率为负，即表明当一国商品市场均衡时，一国的国民收入与利率之间成反比。原因在于，当一国利率提高时，预期的投资支出便会下降，进而一国的预期总支出也会下降，导致国民收入水平相应地下降。

再次，在推导这一曲线的过程中，我们假定政府支出及自主性贸易余额不变。①如果政府支出增加，这一总需求增加会对国民收入增加产生乘数效应，则 *IS* 曲线将在原有的位置上向右平移。②若预期好转带来的预期投资支出上升，则 *IS* 曲线向右移动。③若储蓄意愿减少，则 *IS* 曲线向右移动。④如果实际汇率贬值，则出口需求增加，*IS* 曲线向右移动（见图 8－7）。

最后，与封闭经济体系下的 *IS* 曲线进行比较，最大的区别在于，由于贸易余额的存在，其斜率及初始位置都发生了变化。斜率的变化是由于边

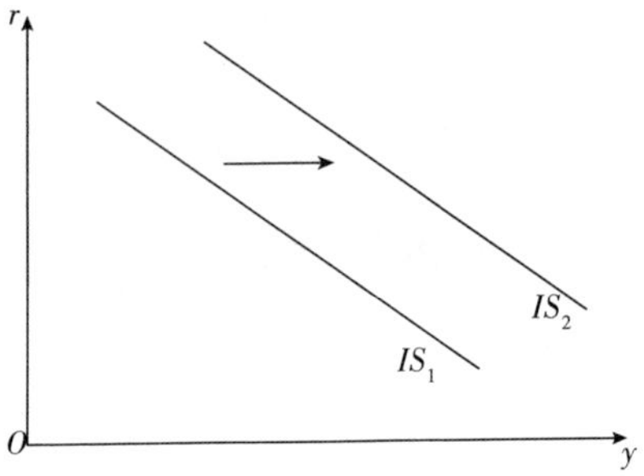

图 8－7　IS 曲线的平移

际进口倾向的加入使开放经济的乘数效应变小。也就是说，对于相同的利率下降水平，开放经济下的收入增加程度较封闭条件下更小，因为收入增加的一部分被用于进口，这降低了总需求水平。初始位置的变化则主要是由于自主性贸易余额 $\bar{T}$ 进入了曲线方程。

第二节　开放经济下的货币市场均衡与 LM 曲线

一、货币需求

（一）持有货币的动机分析

人们为什么需要持有货币，为什么会持有货币？主要有以下种动机。

第一，交易动机和预防动机。为什么人们会产生持有货币的需求呢？首先，货币作为一种交易的中介可以非常便利地满足人们日常生活的交易需要。比如，可以用货币满足交房租以及超市购物等多种需要。其次，持有货币可以预防一些意外的支出，比如治病等。当然，无论是为应付交易需要而持有的货币，还是为预防意外而持有的货币，都是与个人收入密切相关的，收入越高在这两方面的货币需求就会越高。

第二，投机动机。人们持有货币还可以进行投资，投资于生息的金融资产，以实现自己资产的保值增值。持有这部分货币量的大小与金融资产的价格密切相关，而影响金融资产价格最重要的因素就是利率。利率越高，金融资产的价格越低，人们越不愿意持有货币，而是会将货币转化为金融资产；利率越低，金融资产的价格越高，人们持有货币的愿望就会越强烈。总之，利率越高，人们持有投机性货币需求越低；利率越低，人们持有投机性货币需求越高。

（二）实际货币余额需求

比如，你一天的基本生活开支需要是500克牛奶、1个鸡蛋、1个面包、250克大米以及250克面条，假设今天你维持这样的消费需要30元；但如果第二天物价上涨一倍，想要维持你的基本生活开支不变，你需要为此持有的货币需求就会达到60元。你持有的60元就是一种名义货币需求，而维持实际购买力不变的货币需求就是一种实际货币需求。实际货币需求是按实际购买力来衡量的货币需求，而不同于名义货币需求。实际货币需求等于名义货币需求除以价格指数（GDP平减指数）。

因此，我们以实际货币需求来衡量对持有货币的需求。此外，根据上文的分析可知，货币需求的大小主要取决于两个因素：一个是实际收入水平，货币需求与实际收入水平成正比；另一个是利率水平，货币需求与利率水平成反比。因此，我们可用如下公式来表示实际货币需求量：

$$m = ky - hr \tag{8-15}$$

其中，k 为交易货币需求的系数，h 为投机货币需求的利率敏感系数。

根据式（8－15）和我们的分析，我们可以作出一条货币需求与利率之间关系的曲线，当实际收入水平上升时，需求曲线会向右平移（见图8－8）。

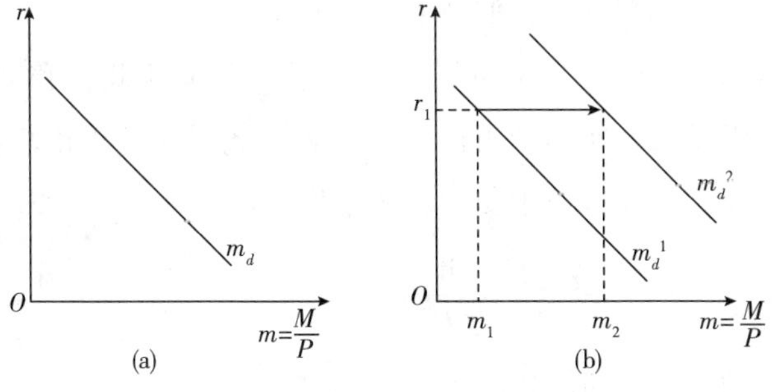

图8－8　货币需求曲线及其移动

二、货币供给与货币市场均衡

(一) 货币供给

货币供给有狭义的货币供给和广义的货币供给之分，主要有三种形式：M1、M2 及 M3。我们一般以 M1 作为讨论对象。

货币供给是一个存量概念，它是一个国家在某一时点上所保持的不属于政府和银行所有的硬币、纸币和银行存款的总和。货币供给量由国家用货币政策来调节，因而是一个外生变量，其与利率的高低无关。因此，货币供给曲线是一条垂直于横轴的直线（见图 8 -9）。

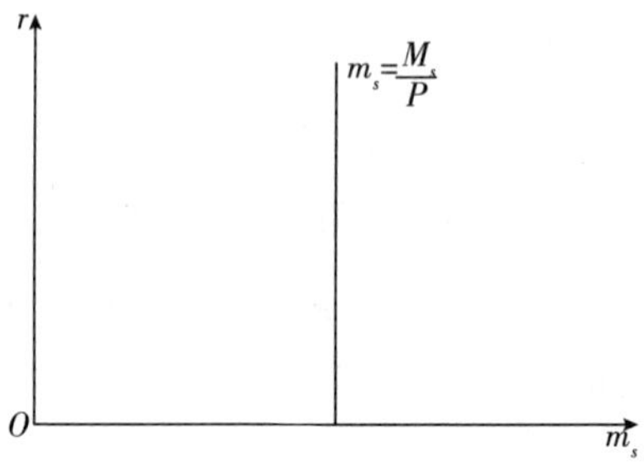

图 8 -9　货币供给曲线

(二) 货币市场均衡

据前文分析可知，货币供给由货币当局确定；然而，货币由人们自愿持有，货币当局不能强迫人们持有其发行的全部货币。因此，如果货币供给与货币需求不一致，货币市场就会处于一个不断调整和变化的过程中，直到实际货币需求与实际货币供给相一致。此时，货币市场实现均衡，利率确定。因此，实现货币市场均衡的条件是：$m_s = m_d$，即：

$$\frac{M_s}{P} = ky - hr \tag{8-16}$$

货币市场的均衡曲线如图 8 -10 所示。

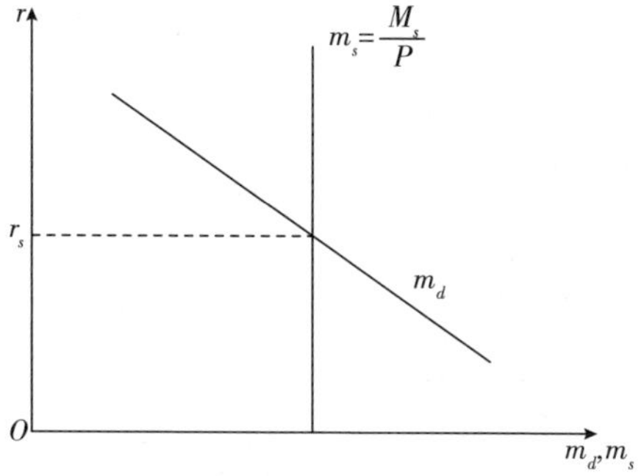

图 8－10　货币市场的均衡曲线

三、*LM* 曲线

LM 曲线表示在货币市场中，货币供给等于货币需求时收入与利率的各种组合的点的轨迹。开放经济下的 *LM* 曲线反映的是货币市场均衡时国民收入与利率组合的情况。开放经济下的 *LM* 曲线刻画了在其他条件（如 *M* 和 *P* 等）不变的情况下，维持开放经济下的货币市场均衡时的国民收入与利率之间的关系。

（一）*LM* 曲线方程的推导

根据 *LM* 曲线的定义可知，货币市场均衡是刻画 *LM* 曲线的最基本特征。将式（8－16）进一步演变可得：

$$y = \frac{h}{k}r + \frac{m_s}{k} \tag{8-17}$$

或

$$r = \frac{k}{h}y - \frac{m_s}{h} \tag{8-18}$$

其中，我们一般将政府名义货币供给以及物价视为外生变量，因此实际货币供给也是一个外生变量。*LM* 曲线如图 8－11 所示。

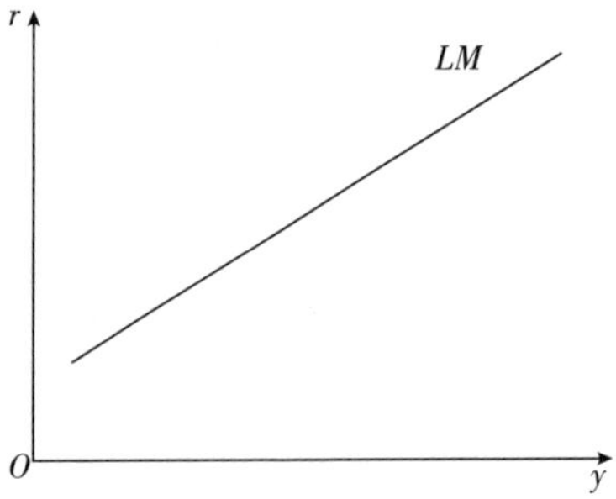

图 8－11　*LM* 曲线

(二) *LM* 曲线的特征

首先，根据定义可知，*LM* 曲线上所有的点都意味着一国货币市场的均衡状态，*LM* 曲线外所有的点都意味着货币市场的不均衡，要么供过于求，要么供不应求。在 *LM* 曲线左边的点意味着货币供给过剩，在 *LM* 曲线右边的点意味着货币供给不足。(请读者自行分析)

其次，*LM* 曲线的斜率为正，曲线向右上方倾斜。这是因为，当国民收入增加时，交易性货币需求必然上升，在货币供给不变的条件下，利率必然上升，以便抑制货币需求实现货币市场均衡。

再次，如果实际货币供给增加（要么名义货币供给增加，要么物价水平下降)，则 *LM* 曲线向右平移（见图 8－12)。这是因为此时实际货币供给增加，导致货币市场上出现了超额货币供给，为维持货币市场均衡，必须在既定的利率水平上提高收入以增加交易性货币需求，从而使货币供给与货币需求保持相等。

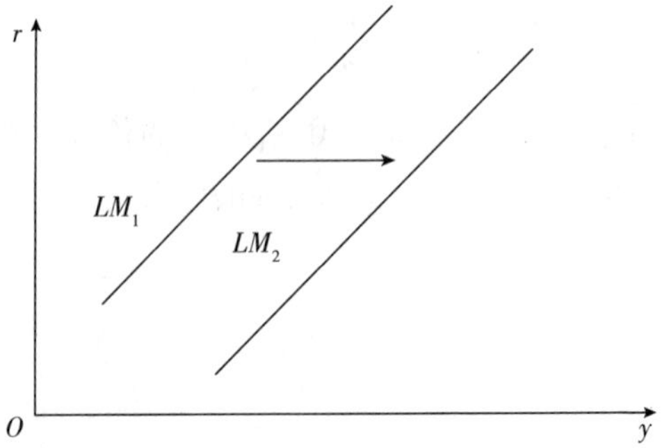

图 8－12　*LM* 曲线的移动

最后，与封闭条件下的经济对比，不同的汇率制度会对 *LM* 曲线的位置产生不同的作用。浮动汇率制度下，*LM* 曲线移动的原因与封闭经济下一致。但是在固定汇率制度下，国际收支不均衡会通过外汇储备渠道导致货币供给的变动。比如，当国际收支出现逆差时，外汇市场上外汇供小于求，在固定汇率制下，央行必须卖出外汇，这会使其外汇储备降低，在国内信贷不变的情况下，基础货币也减少了，其又通过货币乘数渠道降低了货币供给。

第三节 开放经济下的国际收支均衡与 *BP* 曲线

一、资本流动

国际资本流动是指与实际生产、交换没有直接联系，与实物经济越来越相脱离、以货币金融形态存在于国家间的资本流动。资本流动程度是指跨国界的资金和金融资产自由流动的程度。资本的流动程度是资金流入快慢与多少的重要影响因素，进而会影响到本国外汇市场的均衡，甚至会影响到国内经济政策的效果。我们一般将资本的流动程度分为三种。

（1）资本完全流动，是指各国金融市场完全一体化，资本流动极为迅速而且不存在任何成本和障碍，决定资本流动的主要因素在于各国收益率的高低。

（2）资本完全不流动，是指不管收益率的内外高低差别有多大，资本完全不能实现跨国界的流动。

（3）资本不完全流动，是指当各国金融市场的一体化程度较低时，资本流动会受到信息、交易成本等因素的限制，这时本国收益率与世界收益率的差异只会带来一定数量资金的持续流动。资本不完全流动又分为两种情形。第一种是资本流动程度较高，指资本跨国界相对流动较容易；第二种是资本流动程度较低，指资本跨国界相对流动较难。

二、国际收支均衡与 *BP* 曲线

开放经济下的 *BP* 曲线是一条反映国际收支均衡时（在不讨论汇率以及预期汇率不变的情形下）国民收入与利率组合情况的曲线。

(一) BP 曲线方程的推导

国际收支主要包括两个方面的内容：第一，经常账户的收支；第二，资本与金融账户的收支。经常账户的收支函数可写为：

$$T = \bar{T} - my \tag{8-19}$$

此外，根据我们前面讨论的资本流动主要受到国内外利率高低影响的假定，可将资本与金融账户收支函数写为：

$$K = K(i, i^*) \tag{8-20}$$

其中，i, i^* 分别表示本国利率与外国利率。我们一般假定 i^* 为常数（外生变量），这样资本与金融账户收支就仅仅是本国利率的函数。如果用 F 表示净资本流出函数，则可得：

$$F = \delta(i - i^*) \tag{8-21}$$

其中，δ 是反映资本流动难易程度的参数，δ 越大，表明资本流动程度越高；δ 越小，表明资本流动程度越低。但当 $\delta = 0$ 时，表明资本完全不流动；当 δ 为 $+\infty$ 时，表明资本完全流动。因此，国际收支余额函数可表示为 $T + F$，即：

$$\bar{T} - my + \delta(i - i^*) \tag{8-22}$$

当国际收支均衡时，亦即

$$\bar{T} - my + \delta(i - i^*) = 0 \tag{8-23}$$

将式（8-23）演变可得 BP 曲线方程：

$$y = \frac{\bar{T} - \delta i^*}{m} + \frac{\delta}{m} i \text{，或者为 } i = \frac{m}{\delta} y - \frac{\bar{T}}{\delta} + i^* \tag{8-24}$$

由于资本流动程度的不同，即 δ 大小的不一致，BP 曲线会表现出四种不同的形状。

(1) 当资本完全流动时，即 δ 为 $+\infty$ 时，BP 曲线方程简化为：$i = i^*$，此时的 BP 曲线形状为一条水平线（见图 8-13）。

由该定义可知，当资本完全流动时，有以下推论：①本国利率与世界利率相等；②资本流动调节国际收支均衡的能力无限；③BP 曲线上（下）表明国际收支盈余（赤字）。

当资本完全流动时，BP 曲线为水平线是因为此时本国利率必须与世

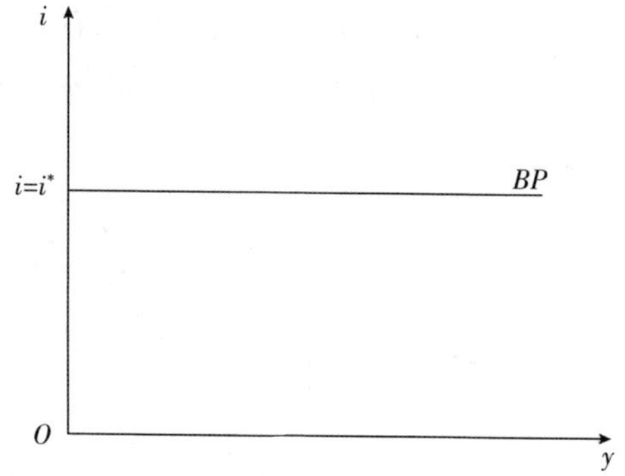

图 8－13　资本完全流动时的 *BP* 曲线

界利率相等，否则即使是微小的差异也会带来巨额资金的迅速流动而导致国际收支不均衡。

（2）当资本完全不流动时，$\delta = 0$，*BP* 曲线方程为：$y = \frac{\bar{T}}{m}$，此时的 *BP* 曲线为一条垂直线（见图 8－14）。

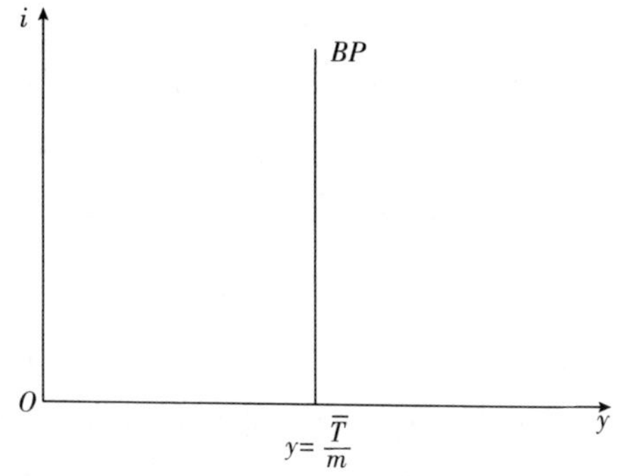

图 8－14　资本完全不流动时的 *BP* 曲线

此时整个国际收支账户仅仅表现为经常账户，因此国际收支均衡就是经常账户均衡，则 *BP* 曲线退化为 *CA* 曲线。由于 *CA* 曲线为垂直线，故此时 *BP* 曲线也为垂直线。因此，当资本完全不流动时，*BP* 曲线表现为垂直线。

（3）当资本不完全流动时，$0 < \delta < +\infty$，*BP* 曲线方程为一般性方程：即 $i = \frac{m}{\delta}y - \frac{\bar{T}}{\delta} + i^*$，此时的 *BP* 曲线为一条向右上方倾斜的曲线。在资本

不完全流动的两种情形中，资本流动程度较高意味着 δ 较大，此时曲线的斜率较小，曲线较为平缓；资本流动程度较低意味着 δ 较小，此时曲线的斜率较大，曲线较为陡峭（见图 8－15）。

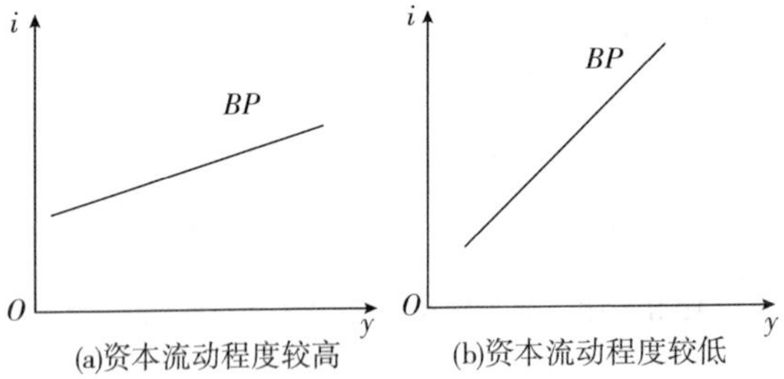

图 8－15　资本不完全流动时两种情形下的 *BP* 曲线

当然，资本完全流动和完全不流动，只是两种极端情形，在现实中是较为少见的。一般出现更多的是介于两者之间，因此，一般性的 *BP* 曲线是一条向右上方倾斜的曲线。

（二）*BP* 曲线的特征

首先，根据定义可知，*BP* 曲线上所有的点都意味着一国国际收支的均衡，*BP* 曲线外所有的点都意味着国际收支的不均衡，要么顺差，要么逆差。在 *BP* 曲线左边的点意味着国际收支顺差，外汇供过于求；在 *BP* 曲线右边的点意味着国际收支逆差，外汇供不应求。(请读者自行分析)

其次，一般性的 *BP* 曲线斜率为正，是一条往右上方倾斜的曲线。根据分析可知，当一国国民收入增加时，对外国产品的需求增加，这会致使更多的资本流向国外，出现收支逆差。因此，必须提高利率以吸引外国资本的流入，确保国际收支的平衡。

再次，通过曲线方程我们可知，*BP* 曲线的截距还与自主性贸易余额 $\bar{T}$ 密切相关，因此，影响 $\bar{T}$ 变化的因素都会导致 *BP* 曲线的移动。我们知道，当实际汇率 e 增加时，*BP* 曲线会向右平移。这是因为当实际汇率 e 变大时，本国的商品将更富有竞争力，出口会增加，进口会减少，带来收支顺差。所以，要维护国际收支的均衡，要么降低利率，要么增加收入。因而，*BP* 曲线会向右平移（见图 8－16）。

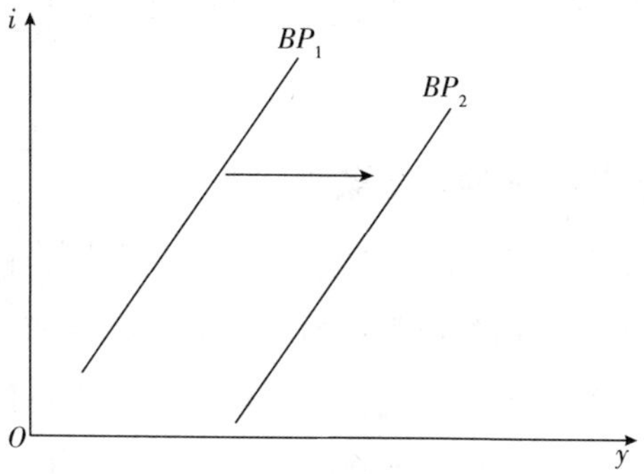

图 8－16　*BP* 曲线的平移

最后，关于开放经济下的国际收支均衡分析详见第四节。

第四节　*IS－LM－BP* 模型

将 *BP* 曲线引入 *IS－LM* 模型，即在商品市场和货币市场同时均衡条件下加入国际收支均衡的条件，便可以形成开放条件下的宏观经济模型，这一模型被称为“*IS－LM－BP* 模型”。

一、封闭经济条件下的均衡条件

在封闭经济中不存在国际收支，因此当商品市场与货币市场同时均衡时，经济就会处于均衡状态。*IS－LM* 均衡分析如图 8－17 所示。

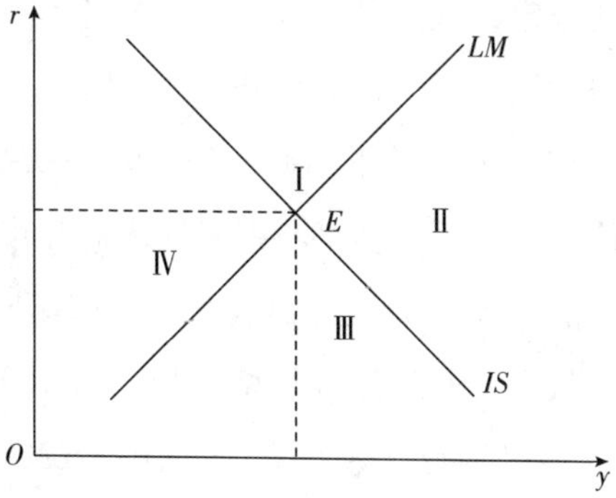

图 8－17　*IS－LM* 均衡分析

E 点是经济均衡点，*E* 点之外的任意一点都是不均衡的，市场会有一

种自发的力量促使经济向 E 点调整，直至达到 E 点，此时商品市场与货币市场实现均衡。

二、开放经济条件下的均衡条件

在开放经济中，国际收支会对经济的均衡产生影响，只有当商品市场、货币市场与外汇市场同时处于均衡时，整个经济才会均衡。如果在固定汇率制度下外汇市场不均衡，就会引发国内货币市场的调整；如果在浮动汇率制度下外汇市场不均衡，就会引发汇率调整，进而引发国内商品市场的调整。

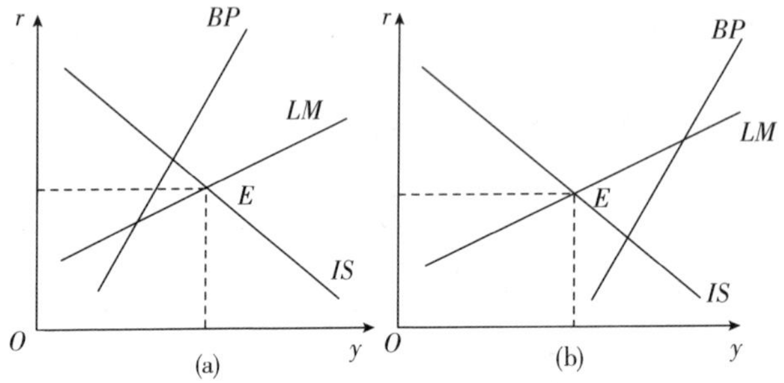

图 8－18　开放经济条件下的经济失衡

在图 8－18（a）中，内部均衡为 E 点，但经济外部并不均衡，处于收支逆差，在固定汇率制度下，本国货币会有较大的贬值压力，而一国货币当局又要维持汇率的稳定，因此其对外汇市场的干预必将导致货币存量的调整和变化，进而引发国内货币市场的再均衡调整。在图 8－18（b）中，内部均衡为 E 点，但经济外部并不均衡，处于收支顺差，在浮动汇率制度下，本国货币会升值，而本币升值必将引发国内商品市场的再均衡调整。

因此，只有当商品市场、货币市场以及外汇市场同时处于均衡时，经济才能处于一种均衡状态。开放经济均衡是指商品市场、货币市场和国际收支（外汇市场）的同时均衡，表现为 IS 曲线、LM 曲线、BP 曲线相交于同一点。这三条曲线的共同交点是唯一的三重均衡点，是一国宏观经济所追求的目标之一。我们已经知道：①在开放经济条件下，支出乘数有所变化；②在开放经济条件下，IS 曲线仍然向右下方倾斜，在其他条件不变时，汇率的提高会使 *IS* 曲线向右移动，汇率降低时使之向左移动；③宏观经济学在考察开放经济时，通常假定货币需求函数和国内货币供给量保持不变，因此 *LM* 曲线在开放经济条件下不用修正。开放经济条件下的经济均衡如图 8－19 所示。

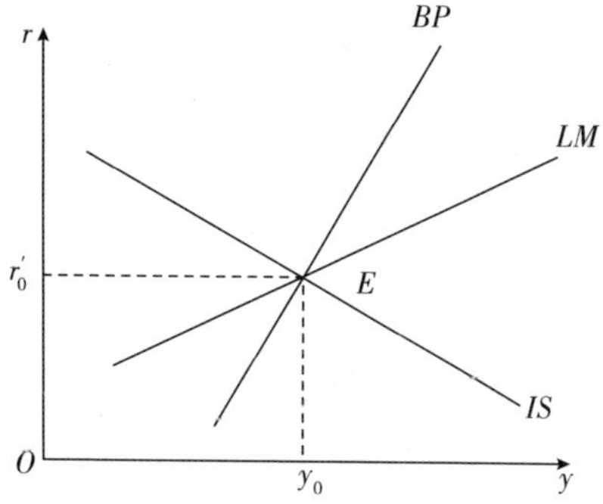

图 8－19　开放经济条件下的经济均衡

图 8－19 中，*E* 点是经济的均衡点，其外的任何一点均是非均衡点，市场也会有种自发的力量促使经济向 *E* 点靠拢。接下来，我们将探讨开放经济下有哪些自发的经济均衡机制。

三、开放经济下的自发均衡机制

当然，这里对经济自发均衡机制的探讨，主要是分析国际收支的失衡所引发的经济再均衡调整，在以前的 *IS－LM* 模型中已经对内部经济的自发均衡机制有过较为深入的分析，因此在这里只阐述重点。这种经济的自发调节机制主要是指由国际收支失衡引起的国内经济变量的调整，进而引起对国际收支的反作用过程。它主要有三种调节机制。

（一）收入机制

收入机制是指国际收支逆差表明国民收入水平下降，进而引发社会总需求下降及进口需求下降，从而使贸易收支得到改善。收入机制的基本原理如图 8－20 所示。

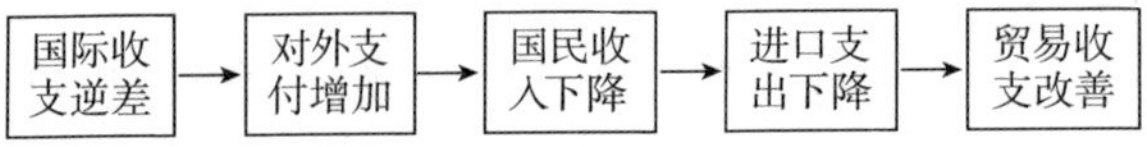

图 8－20　收入机制的基本原理

下面我们以固定汇率制度下资本完全不流动情形为例进行图形分析（见图 8－21）。

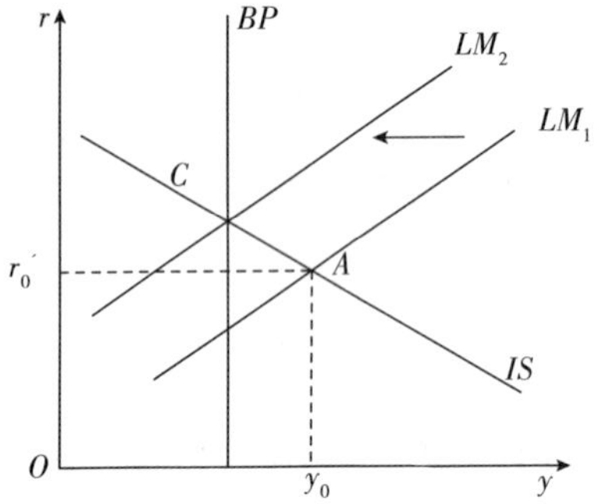

图 8－21　固定汇率制度下资本完全不流动情形的收入机制

经济最初处于 *A* 点，此时内部均衡，外部不均衡，国际收支处于逆差，本币有贬值的趋势和压力，为保持汇率稳定，货币当局对外汇市场进行干预，导致一国货币供给减少、利率上升、投资下降、国内收入下降，进而造成进口支出下降，贸易收支得到改善。从图 8－21 来看，*LM* 曲线向左平移，直到最终三条曲线同时交于 *C* 点时，实现经济的内外平衡。

（二）利率机制

利率机制是指国际收支逆差导致国内货币供给减少，进而引发国内利率上升、资本流入，使国际收支得到改善。利率机制的基本原理如图 8－22所示。

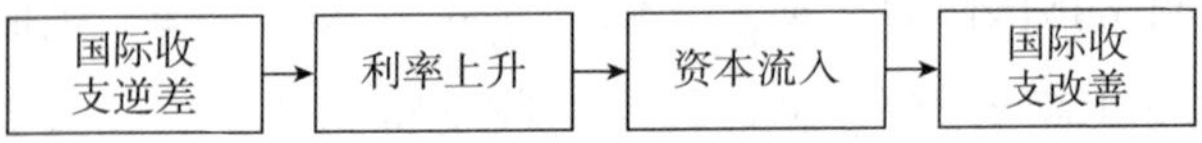

图 8－22　利率机制的基本原理

下面我们以浮动汇率制度下资本完全流动情形为例进行图形分析（见图 8－23）。

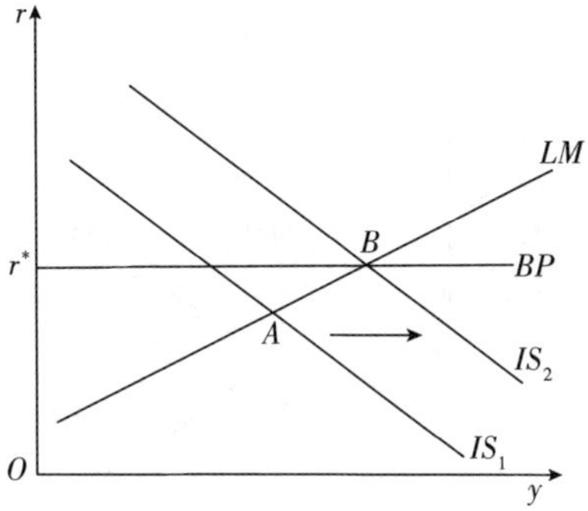

图 8－23 浮动汇率制度下资本完全流动情形的利率机制

经济最初处于 A 点，此时内部均衡，外部不均衡，国际收支处于逆差，本币贬值、国内出口增加、进口减少、国民收入增加、货币需求上升，而货币供给不变，因而导致利率上升、资本流入，国际收支得以改善。从图 8－23 来看，IS 曲线向右平移，直到最终三条曲线同时交于 B 点时，实现经济的内外均衡。

（三）货币—价格机制

货币—价格机制是指国际收支逆差引发实际汇率上升，进而引发出口增加、进口减少，使贸易收支得到改善。货币—价格机制的基本原理如图 8－24所示。

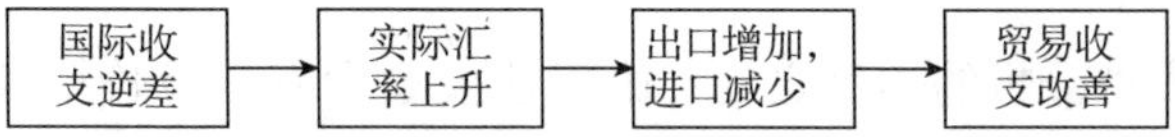

图 8－24 货币—价格机制的基本原理

下面我们以固定汇率制度下资本完全不流动情形为例进行图形分析（见图 8－25）。

经济最初处于 A 点，此时内部均衡，外部不均衡，国际收支处于逆差，本币有贬值的趋势和压力，为保持汇率稳定，货币当局对外汇市场进行干预，导致一国货币供给减少，进而导致物价水平下降，本国的商品将富有竞争力，出口增加、进口减少、贸易收支得到改善。从图 8－25 来看，IS 曲线向右平移，BP 曲线也向右平移，直到最终三条曲线同时交于 B 点时，实现经济的内外均衡。

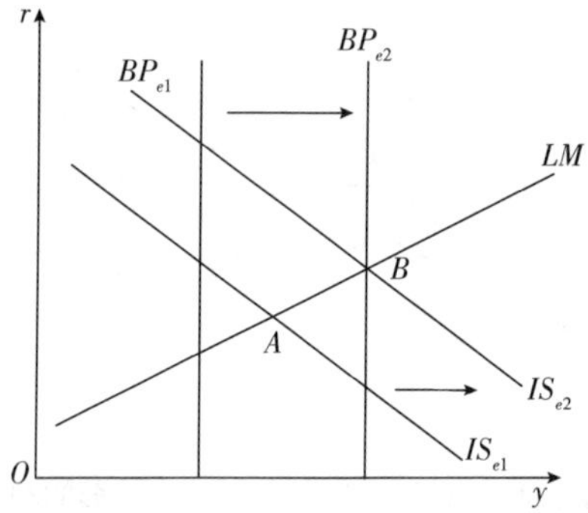

图 8－25　固定汇率制度下资本完全不流动情形的货币—价格机制

以上介绍的是三种最基本的开放自动均衡机制，但在实际经济运转过程中，经常是几种机制在一起共同作用，以实现经济的均衡调节。

四、*IS－LM－BP* 模型分析框架的不足

（1）该模型与其他模型一样，也有假设条件。首先，它的建立必须以国内经济的均衡，即以 *IS－LM* 模型的均衡为前提；其次，*BP* 靠近 *E* 点并非意味着它将终止运动，相反，它总是在 *E* 点上下运动，从而形成现实生活中国际收支“失衡—均衡—失衡”的循环过程，由此也印证了矛盾运动的不平衡原理。

（2）该模型分析的不足之处：由于该模型没有涉及价格和就业情况的分析，所以未能探讨经济是否处在充分就业的状态下，也未能探讨经济中是否存在通货膨胀；此外，该模型也无法说明实际 GDP 与潜在 GDP 之间的关系。

（3）强调 *IS* 曲线、*LM* 曲线以及 *BP* 曲线之间是相互独立的，即一条曲线的移动不会对其他曲线的移动造成影响。

本章小结

（1）开放经济是指商品、资本及劳动力等生产要素跨越国界流动的经济。通过商品与要素的国际流动，一国与国际市场紧密联系在一起，一国

经济与他国经济之间也存在着深刻的相互依存性。开放经济下的国民收入是指一国在一定时期内投入的生产资源所产出的最终产品和服务的市场价值，通常可采用支出法与收入法来衡量。均衡的实际收入水平等于总支出水平。

（2）*IS* 曲线描述的是当一国商品市场达到均衡时，利率 r 和收入 y 的各种组合。它是一条向下倾斜的曲线，会因自发性消费、自主性投资、政府支出以及自主性贸易余额等因素的影响而发生位移。

（3）*LM* 曲线描述的是货币供求均衡时收入与利率的各种组合的点的轨迹。它是一条向右上方倾斜的曲线，会因实际货币供给变化的影响而发生位移。与封闭条件下的经济对比，不同的汇率制度会对 *LM* 曲线的位置产生不同的作用。浮动汇率制度下，*LM* 曲线移动的原因与封闭经济下一致。但在固定汇率制度下，国际收支不均衡会通过外汇储备渠道引起货币供给的变动，进而引发 *LM* 曲线的移动。

（4）*BP* 曲线是一条描述国际收支均衡时国民收入与利率组合情况的曲线。它的形状受到资本流动程度的影响，同时会因自主性贸易余额的影响而发生位移。

（5）开放经济下的自发均衡和调节机制有收入机制、利率机制以及货币—价格机制。

复习思考题

1. 什么是开放经济条件下的 *IS* 曲线？它有什么特点？与封闭经济条件下相比有何不同？

2. 如果一国经济在处于 *IS* - *LM* 的均衡点时，其国际收支出现赤字，那么该点是位于 *BP* 曲线的上方还是下方呢？

3. 推导 *BP* 曲线方程。

4. 开放经济下的自发均衡机制有哪些？

进一步阅读文献

1. 保罗·R. 克鲁格曼，莫里斯·奥伯斯法尔德．国际经济学：理论与政策[M]．海闻，等译．6

版. 北京:中国人民大学出版社,2006.

2. 理查德 · M. 列维奇. 国际金融市场:价格与政策[M]. 李月平,译.2 版. 北京:机械工业出版社,2003.

3. 约瑟夫 · P. 丹尼尔森,戴维 · D. 范户斯. 国际货币与金融经济学[M]. 李月平,译.2 版. 北京:机械工业出版社,2004.

4. 杨长江,姜波克. 国际金融学[M].3 版. 北京:高等教育出版社,2008.

第九章　固定汇率制度下的货币、财政政策分析

本章要点

◎国家制定政策的经济目标是什么？

◎开放经济与封闭经济相比，经济均衡的条件有何不同？

◎在资本不完全自由流动和固定汇率制度下，货币政策和财政政策对开放小国的实际收入水平会产生什么样的影响？

◎在资本完全自由流动和固定汇率制度下，货币政策和财政政策对开放小国的实际收入水平会产生什么样的影响？

◎在资本完全不流动和固定汇率制度下，货币政策和财政政策对开放小国的实际收入水平会产生什么样的影响？

我们这里探讨的固定汇率是指中央银行通过在市场参与外汇的买卖，以维持本币与外币之间固定比价的一种汇率制度，而不是政府用行政或法律手段确定、公布、以维持本国货币与某种参考物之间固定比价的汇率制度。在开放经济条件和固定汇率制度下，货币政策和财政政策对一国的经济效力到底如何，在什么样的条件下能将作用发挥到极致？这些都是我们在这章需要和读者探讨的问题。

此外，本章探讨的对象是开放小国，是指由于相对实力较弱，其实际收入和名义利率变化不会对其他国家产生影响的国家。因此，对于开放小国而言，国外的收入和利率水平是给定的。

在本章的分析中我们并没有讨论价格水平的变化，默认假设价格是固定不变的，除非特别做出说明。

第一节　政策目标

一、内部均衡目标

经济政策是指国家或政府为了增进社会经济福利而制定的解决经济问题的指导原则和措施。为了弄清楚国家政府和中央银行执行政策的有效性，我们需要首先知道政府执行财政、货币政策的目标是什么。

（一）人均收入增长

无论是使用货币政策还是财政政策，国家和中央银行的目标之一都是实现本国国民生活水平最大幅度的提高。衡量任一国家总体生活水平增长的最常见指标是人均 GDP。即在给定的一年时间内，一国生产的最终产品和服务的总价值除以国内居民总数。因此，使用人均 GDP 而不是 GDP 是为了更好地衡量一国居民物质生活水平。2010 年，我国的 GDP 为 397983 亿元，我国已经超过日本成为世界第二大经济体，但我国的人均 GDP 却只及日本的 1/10，因此考虑人均 GDP 更能衡量一国人民的生活水平高低。

当然，使用人均 GDP 作为衡量物质生活水平的指标依然存在诸多不足和缺陷。比如，它无法反映社会的贫富差距和民众的幸福感、体现一国的经济发展效率、反映一国的生态环境及其可持续发展情况。

（二）充分就业

充分就业是指社会上愿意并且能够工作的人都能找到工作的状态。西方经济学家通常以失业率高低作为衡量充分就业与否的尺度。失业率是指失业人数与劳动力人数的比率。劳动力是指一定年龄范围内有劳动能力并且愿意工作的人。失业者则是指劳动力中那些愿意工作但没有找到工作的人。我们把失业分为三种：摩擦性失业、结构性失业、周期性失业。摩擦性失业是指在生产过程中由难以避免的摩擦而造成的短期、局部性失业。结构性失业是指劳动力的供给和需求不匹配所造成的失业。周期性失业是指经济周期进入衰退或萧条时，因需求下降而造成的失业。政府的目标就是尽可能地消除周期性失业，将失业率保持在自然失业率的水平上。

【阅读材料 9 – 1】

美国的充分就业指标

在美国，劳工统计局每月都会对全美国家庭进行抽样调查，在每月第一个周五公布失业率。1946 年，美国国会通过《就业法案》，责成政府提供有效的就业机会，以实现充分就业。所谓充分就业，是指在一般物价水平基本稳定的情况下，除自然失业人口外，所有愿意工作的人都在从事某种工作的就业状态，或者说是在排除周期性失业的情况下的就业状态。据经济学家分析，美国 1984 年的自然失业率约为 6%，而美国政府于 1961 年规定 4% 的失业率为充分就业状态的标准失业率。

资料来源：美国劳动统计局官网。

（三）物价稳定

物价稳定是指经济中的价格总水平稳定，即不存在恶性的通货膨胀。从某种意义上说，通货膨胀的成本由全社会成员共同承担，但不同群体担负的成本大小不一。在纸币流通的社会，通货膨胀相当于政府对全体民众征收的税负。因此一个负责任的政府会想尽办法保持物价水平的稳定。衡量物价的稳定程度可以使用价格指数，常用的有消费者物价指数（CPI）、生产资料价格指数（PPI）以及 GDP 平减指数。一般来说，当 CPI 增幅大于 3% 时，我们认为经济中存在通货膨胀；而当 CPI 增幅大于 5% 时，我们认为经济中存在严重的通货膨胀。

【阅读材料 9 – 2】

物价稳定——德国中央银行的主要政策目标

德国中央银行始终把抑制通货膨胀作为最重要的或唯一的目标。而其他国家的中央银行则至少在某些时期游移于不同目标之间。这主要是因为二战前的恶性通货膨胀间接促使了纳粹上台，二战的爆发给德国造成了灾难性后果，所以在德国文化中，形成了一种非常强大的意识，就是不能形成严重的通货膨胀，因为它会毁掉这个国家。德国人把这种全民共识称为“稳定文化”。

资料来源：保罗·R. 克鲁格曼，莫里斯·奥伯斯法尔德. 国际经济学：理论与政策［M］. 海闻，等译. 6版. 北京：中国人民大学出版社，2006：9。

内部均衡的这三个目标并非完全一致，有时甚至是相互冲突和相互矛盾的。比如，充分就业和物价稳定这两个目标时常发生背离，菲利普斯曲线能清晰地告诉我们这点：保证物价稳定，有时就要允许一定的通货膨胀，人均收入增长与物价稳定有时也是不一致的。因此，政府的政策目标常常需要三者的合理组合。

二、外部均衡目标

外部均衡是指国际收支的均衡，反映了一国所应追求的国际收支状态。那什么才是国际收支均衡呢？我们接下来谈谈对国际收支均衡的理解。人们对国际收支均衡的内涵和定义的理解也随着经济环境和背景的不同而发生变化。

在布雷顿森林体系下，各国对资本的跨国流动采取了严格的管制措施，而且对各国的汇率变动要求异常严格，因此当时环境下的国际收支就体现为经常账户的收支。当一国的经常账户出现逆差时，很难通过货币贬值或提升利率吸引资本流入的方法来进行改善，因此当时背景下的外部均衡即被理解为经常账户的均衡。

20世纪70年代以来，汇率自由浮动得到允许，同时各国资本流动的管制得以放松，资本实现跨国界流动；此时，当一国经常账户出现逆差时，可以通过吸引资本流入的方法来弥补经常账户的逆差，或者通过货币贬值及通过IMF调节贷款来实施短期调节，以实现国际收支的整体均衡。此阶段下，外部均衡即被视为总差额的均衡。

20世纪80年代以来，外部均衡的含义又有了深刻的变化。因为，靠货币的贬值吸引资本流入，甚至通过短期借款促进资本账户的资本流入以弥补经常账户的逆差会带来许多问题。80 年代频频爆发的货币危机和债务危机等，促使人们对国际收支均衡的理解发生了深刻变化，人们认为一国仍然有必要对经常账户乃至整个国际收支的结构进行控制。一国应利用经常账户可以调节储蓄与投资差额等性质，根据经济的不同特点和不同发展阶段确定相应的经常账户余额目标，并进一步确定合理的国际收支结构。因此，我们将外部均衡定义为与一国宏观经济相适应的合理的国际收支结构。

三、内外均衡目标与冲突

一般来说，一国应当追求经济发展的内外均衡，只有这样才能实现均衡、平稳的发展。内部的不均衡本身就会给一国经济的发展带来很多麻烦，如通货膨胀率太高或失业率太高本身就会导致社会的不稳定，不利于经济的平稳发展。外部的不均衡同样会作用于内部经济，会影响经济的健康发展。2001 年以来，我国经济发展一直处于外部不均衡状态，不仅经常账户有大量的顺差，而且有大量的热钱流入我国。但我国货币当局一直试图维持人民币对美元汇率的基本稳定，这就导致其被迫向市场投放大量的基础货币，为一轮又一轮的通货膨胀埋下重大隐患，并且严重影响了内部经济均衡发展和结构调整。人民币的低估导致大量资源被廉价输往国外，使得中国的产业结构迟迟难以升级。从这个例子可以看出，外部的不均衡会严重制约经济的内部均衡和发展。因此，一国的经济政策追求的目标应当是内外均衡。对我国而言，在经济社会转型的大背景下，我国的内部均衡是指经济处于物价稳定状态下的充分就业和经济增长；而在经济不断开放的过程中，外部均衡的内涵虽然在不断演变，但它通常被认为是一国具有适当的经常账户余额。如果经济严重偏离了上述内部均衡和外部均衡目标，则会处于内外失衡状态。

虽然各国宏观经济政策的目标是维持经济的内外均衡，但内外均衡往往是相互冲突的，很难实现完全一致。英国经济学家詹姆斯·米德于 1951 年在其名著《国际收支》中最早提出了固定汇率制下的内外均衡冲突问题。他指出，在汇率固定不变时，政府只能主要运用影响社会总需求的政策来调节内外均衡。这样在开放经济运行的特定区间，便会出现内外均衡难以兼顾的情形。此外，在浮动汇率制度和资本自由流动的今天，内外均衡的冲突更是日益突出。比如，汇率的变动会影响一国经济的内部发展结构调整，资本的自由流动更是会带来严重的问题，如货币危机等，这些是更严重的内外失调。因此，各国政府的宏观经济政策是尽量追求经济的内外均衡。

第二节　固定汇率与资本不完全流动

根据上文的分析和介绍，我们知道资本不完全流动是一种跨国界流动，会受到信息、交易成本等因素的限制，这时本国收益率与世界收益率的差异只会带来一定数量资金的持续流动。其中，资本不完全流动又分为两种情形：第一种是资本流动程度较高，*BP* 曲线比较平缓；第二种是资本流动程度较低，*BP* 曲线比较陡峭。

此外，根据第八章的分析，我们知道 *IS* - *LM* - *BP* 模型无法反映失业和通货膨胀的情形，因此在用这一模型进行分析时我们以更高的实际收入水平作为内部均衡目标，把国际收支均衡作为唯一的外部均衡目标。

一、固定汇率与资本不完全流动下的货币政策

（一）封闭经济条件下的货币政策

货币政策指是政府货币当局即中央银行通过使用银行体系变动货币供给量来调节总需求的政策。我们首先回顾一下封闭经济条件下的货币政策是如何影响名义利率和实际收入的。

如图 9 - 1 所示，经济开始时处在均衡点 *A* 处，但是 *A* 点处并未形成充分就业状态，或者说在 *A* 点处并没有达到政府的政策目标。于是，此时假设政府实施了一个扩张性货币政策，增加名义货币供应量。如果价格水平不变，那么这一政策将导致实际货币供给增加、利率下降。利率的下降使得实际的投资支出需求上升，投资支出的增加会导致均衡的实际收入的增加，表现在图 9 - 1 中就是 *LM* 曲线向右平移，直到达到新的均衡，此时的均衡收入 y_2 大于 y_1，货币政策产生效力。但由于利率下降吸收了部分投机性货币，所以新投放到市场的货币并未完全作用于实体经济的增长。

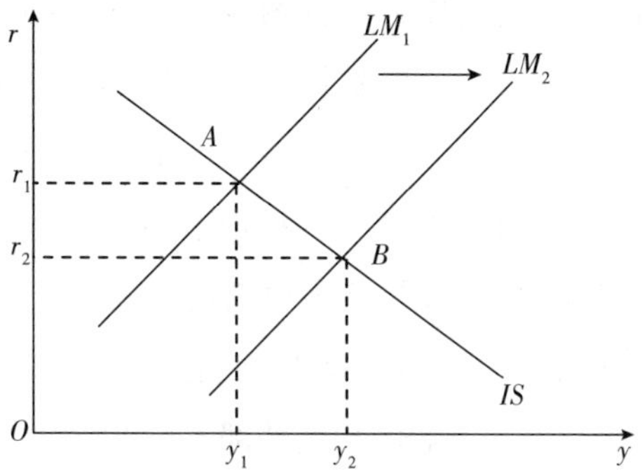

图 9－1　封闭经济条件下的货币政策效果

（二）开放经济条件下的货币政策

下面我们来分析在不同资本流动程度与固定汇率制度下货币政策的效果。

1. 资本流动程度较低的情况

我们先来看当一国资本流动程度较低，即 *BP* 曲线斜率较大时，扩张性货币政策的效果。如图 9－2（a）所示，经济初始时处于 *A* 点，此时经济在开放条件下达到均衡。但我们的目标是让实际收入更好地增长，因此 *A* 点并不能算国内均衡追求的状态。于是，政府实施扩张性货币政策，增加名义货币供给量，但名义货币供给量的增加会导致实际货币供给量的增加，此时会导致国内利率水平的下降，投资支出也会随之增加，进而带来国民收入的增加。从图 9－2（a）来看，*LM* 曲线向右下方移动，在 *B* 点处达到一个新的内部均衡状态。但是，此时 *B* 点外部不均衡，主要原因在于收入增加，进口支出也随之增加从而导致贸易赤字；此外，虽然资本流动程度较低，但是利率下降或多或少会导致部分资本流出，两者共同作用，加剧了国际收支的赤字状态。扩张性货币政策导致了国际收支逆差，外部不均衡。但总的来说，由于资本流动程度较低，均衡利率的下降只能引起相对较小的资本外流。所以，在点 *B* 处发生国际收支赤字的关键因素是实际收入的上升。实际收入的上升刺激了进口的增加，由此导致贸易赤字。

2. 资本流动程度较高的情况

我们再来考虑当一国资本流动程度较高，即 *BP* 曲线斜率较平坦时，扩张性货币政策对国际收支的影响。如图 9－2（b）所示，经济初始时处在 A 点，此时经济在开放条件下达到均衡。但我们的目标是让实际收入更好地增长，因此 A 点并不能算国内均衡追求的状态。于是，政府实施扩张性货币政策，增加名义货币供给量，实际货币供给量也会随之增加，因此会导致国内利率水平的下降，投资支出也会随之增加，进而带来国民收入的增加。从图 9－2（b）来看，LM 曲线向右下方移动，在 B 点处达到一个新的内部均衡状态。但是，此时 B 点外部不均衡，主要原因在于收入增加，进口支出也随之增加从而导致贸易赤字；此外，虽然资本流动程度较高，但是利率下降会导致资本流出，两者共同作用，加剧了国际收支的赤字状态，且扩张性货币政策导致了国际收支逆差，外部不均衡。但总的来说，由于资本的流动程度较高，均衡利率的下降引起了较大的资本外流，导致了资本账户的赤字，这是 B 点国际收支赤字的主要原因。

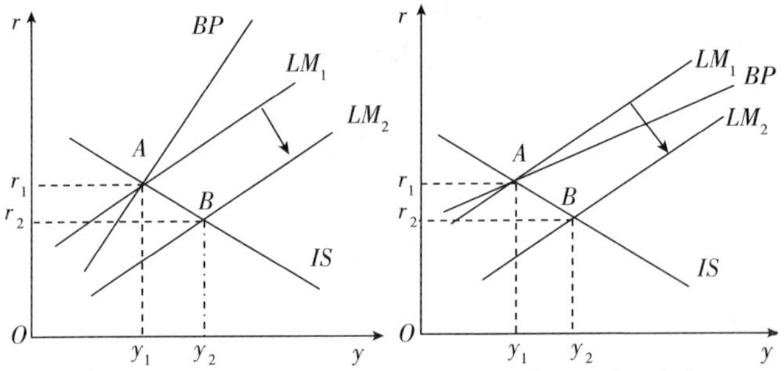

(a) 资本流动程度低　(b) 资本流动程度高

图 9－2　固定汇率制度下资本不完全流动时的货币政策效果

3. 冲销性货币政策的效果

根据上文的分析，当经济处于 B 点时，一国处在国际收支赤字，这意味着本国的汇率市场存在汇率变动的压力。或者说由于对外汇需求的增加，本币有贬值的压力。在固定汇率制度下，中央银行为了避免本国货币的贬值，不得不出售部分外汇储备。通过在外汇市场上增加外汇的供应量，抵消本国居民对外汇需求的增加。这样，国内货币供给量将会减少，进而引发货币市场均衡的再调整。为了避免在干预外汇市场的同时减少国内货币供给量这种情况的发生，中央银行可以使用相应的货币政策工具，比如，买入相应数量的国债，或者回购央票（中国人民银行的特殊政策工具）等，进行货币市场的对冲，这就是冲销性干预，因为这将阻止外汇储备的变化对该国货币量产生影响。此时，经济将在 *B* 点停留，但能否在此处无限停留呢？答案是否定的。如果中央银行无止境地进行冲销，以将实际收入保持在 y_2 的水平上，那么持续的国际收支赤字会使本国货币面临持续的贬值压力，直到中央银行耗尽其所有外汇储备，不再能维持原来的汇率水平，此时的后果将是非常严重的，完全有可能引发一场严重的货币危机。因此，没有任何一家中央银行有能力将经济始终保持在 *B* 点，即 y_2 的水平上。

4. 非冲销性货币政策的效果

但是如果一国的外部均衡目标是维持国际收支的均衡，那么该国就不会采取冲销性干预政策。在不进行冲销时，中央银行的资产减少，在国内信贷不变的情况下，基础货币存量也降低了。结果该国的名义货币量将呈下降趋势，利率将会提高，国民收入将会下降，进而外部不均衡的状态将逐步得到改善，直至经济重新回到最初的 *A* 点上，此时经济再度实现内外均衡。从图 9－3 来看，货币供给的减少会导致 *LM* 曲线向左上方移动，直到回到中央银行实施扩张性货币政策前的最初货币数量。因此，在固定汇率下，非冲销性货币扩张最终导致了货币量的缩减。只要其他因素不发生变化，经济就能重新回到最初均衡的实际收入和利率水平，而国际收支也将重新回到均衡点 *A*（见图 9－3）。

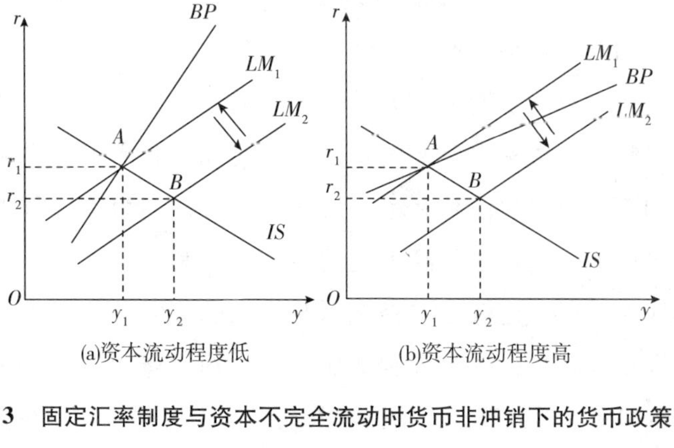

图 9－3　固定汇率制度与资本不完全流动时货币非冲销下的货币政策效果

5. 结论

由以上分析得到结论：在固定汇率下，通过非冲销的货币扩张和紧缩来影响实际收入和国际收支的努力是无效的政策行为。

二、固定汇率与资本不完全流动下的财政政策

（一）封闭经济条件下的财政政策

财政政策是政府变动税收和支出以便影响总需求进而影响就业水平和国民收入的政策。例如，在经济过热、通货膨胀率过高时，政府采用增加税收、减少政府支出等紧缩性财政政策以控制物价上涨。封闭经济条件下的财政政策效果见图 9－4。

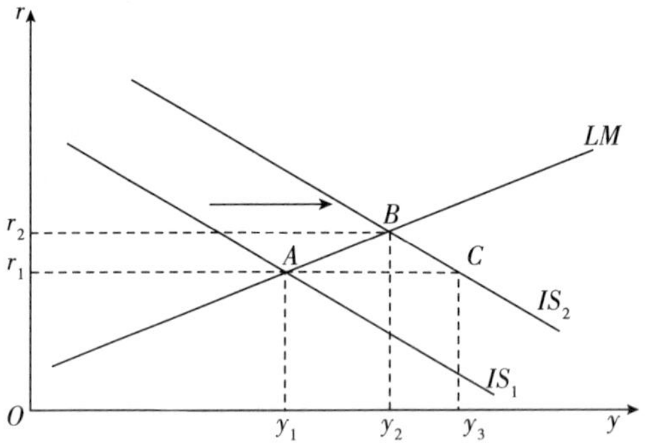

图 9－4　封闭经济条件下的财政政策效果

图 9－4 中，经济开始时处在均衡点 A，但是 A 点收入水平较低，不是政府追求的既定目标。此时，政府实施扩张性财政政策。比如，增加政府支出，促使总需求增加，国民收入也随之增加，由 y_1 增加至 y_3。实际上，国民收入无法实现至 y_3 的水平，因为如果收入可以增加到 y_3，则必须假定利率不上升。但是利率不可能不上升，因为国民收入增加会导致货币需求增加，在货币供给不变的条件下，利率会上升，而利率的上升会抑制私人投资，这就是“挤出效应”。即政府支出“挤出”了私人投资，私人投资减少，收入只能增加到 y_2。由于国民收入增加导致利率上升，进而抑制一部分投资，国民收入最终只增加到 y_2。减少的那部分即被称为“挤出效应”。

（二）开放经济条件下的财政政策

与货币政策一样，财政政策对实际收入的影响与资本流动程度有着很大的关系。下面我们来分析在开放经济条件下，不同资本流动程度与固定汇率制度下财政政策的效果。

1. 资本流动程度较低的情况

我们先来看当一国资本流动程度较低，即 *BP* 曲线斜率较大时，扩张性财政政策的效果。如图 9－5（a）所示，经济初始时处于 *A* 点，此时经济在开放条件下达到均衡。但我们的目标是让实际收入实现更多的增长，因此 *A* 点并不能算国内均衡追求的目标和状态。于是，政府实施扩张性财政政策，增加政府支出或是减税等，使得总支出增加，国民收入也随之增加。从图 9－5（a）来看，*IS* 曲线向右上方移动，在 *B* 点处达到一个新的内部均衡状态。但是，此时 *B* 点外部不均衡，主要原因在于收入增加，进口支出也随之增加从而导致贸易赤字；利率虽然有所提高，但是由于资本流动程度较低，流入的资本非常有限，不足以弥补经常项目的赤字，因而此处经济处于国际收支逆差。

2. 资本流动程度较高的情况

我们再来考虑当一国资本流动程度较高，即 *BP* 曲线斜率较小时，扩张性财政政策的效果。如图 9－5（b）所示，经济初始时处于 *A* 点，此时经济在开放条件下达到均衡。但我们的目标是让实际收入实现更多的增长，因此 *A* 点并不能算国内均衡追求的目标和状态。于是，政府实施扩张性财政政策，增加政府支出或是减税等，因而总支出增加，国民收入也相应增加。从图 9－5（b）来看，*IS* 曲线向右上方移动，在 *B* 点达到一个新的内部均衡状态。但是，此时 *B* 点外部不均衡，原因在于收入增加，进口支出也随之增加导致贸易赤字有所扩大；随着收入增加，利率也有所提高，再加上资本流动程度较高，大量的资本会流入，这不仅足以弥补经常项目的赤字，还会有更多的剩余，因而此处经济处于国际收支顺差。

由此可知：不同的资本流动程度下，扩张性财政政策会带来不同的外部均衡状态。

3. 货币冲销下财政政策的效果

在图9－5（a）中的B点处，国际收支赤字使本国货币面临着贬值的压力。为了保持固定的汇率，中央银行必须采取干预政策，出售外汇储备。如果中央银行同时通过国内证券交易进行冲销，以维持流动中货币量不变，那么只要该国的外汇储备没有耗尽，该国的经济就能继续维持在图9－5（a）中的B点上。但是，国际收支赤字的持续存在可能会耗尽中央银行的外汇储备。最终，中央银行不得不放弃固定汇率，宣布货币贬值，进而对一国经济造成更严重的冲击。

相反，在图9－5（b）中的B点处，该国存在国际收支盈余。因此，在外汇市场上本国货币面临升值的压力。为了维持固定汇率，中央银行购买外汇。为了冲销更多的外汇储备对货币存量的影响，中央银行不得不出售国内债券。只要中央银行持有的国内债券没有枯竭，该国的经济就会继续维持在图9－5（b）中的B点上。当然，持续的出售债券也会对国内债券市场造成冲击，导致债券收益率下降，进而通过多种渠道影响到利率，从而对内部经济产生冲击和影响。

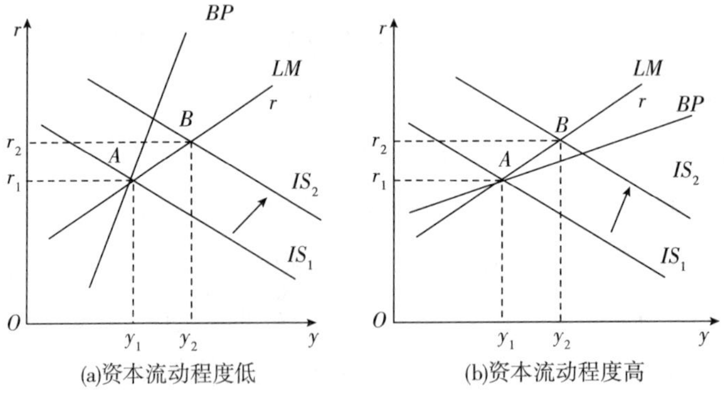

图9－5　固定汇率制度下资本不完全流动时的财政政策效果

4. 货币非冲销下财政政策的效果

图9－6（a）中资本流动程度相对较低，因此资本流动规模较小，而进口支出增长的规模较大，资本流入不能抵消进口支出增长，从而使该国

国际收支出现赤字。结果，该国居民增加了对外汇的需求，导致本币面临贬值的压力。为了保持固定汇率，该国中央银行出售外汇储备。在非冲销性政策下，流动中的货币量减少、利率上升、投资减少，进而导致国民收入下降，对外国产品的支出减少，从而有利于贸易赤字的改善；与此同时，利率上升，虽然资本流动程度低，但是能引部分资本流入，进而有利于更好地改善国际收支赤字，直到最终经济再度处于内外均衡时，不再进行调整。从图 9－6（a）上来看，货币供给减少，*LM* 曲线向左平移，直到最终 *IS*、*LM* 以及 *BP* 三条曲线交于 *C* 点，经济实现内外均衡。此外，在图 9－6（b）中，资本流动程度高，资本的流入大于进口的增加，导致在 *B* 点处出现国际收支盈余。该国居民倾向于减少外汇持有量，从而导致本币在外汇市场上面临升值压力。为了维持固定汇率，中央银行购买外汇储备，增加了货币存量，因此利率下降、投资增加，国民收入将增加，进而使对外国产品的支出增加，这会恶化经常项目收支；与此同时，利率将会下降，由于资本流动程度高，所以大量资本外流，直到最终经济再度处于内外均衡时，不再进行调整。从图 9－6（b）上来看，*LM* 曲线往右平移，直到最终 *IS*、*LM* 以及 *BP* 三条曲线交于 *C* 点，经济实现内外均衡。

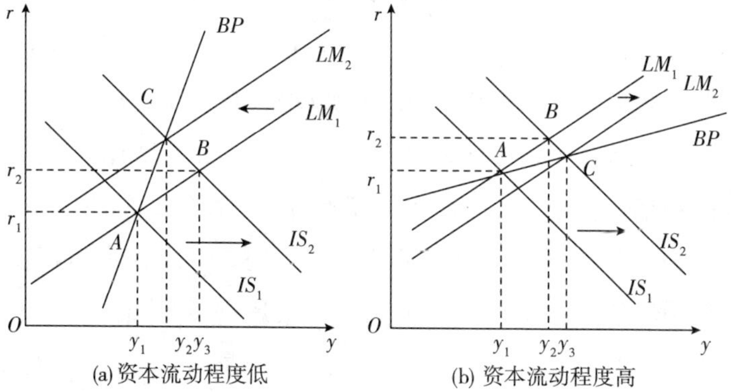

图 9－6　固定汇率制度与资本不完全流动时货币非冲销下的财政政策效果

5. 结论

在固定汇率制度下，财政政策迫使中央银行通过减少或增加外汇储备对国际收支不均衡做出反应。财政政策对实际收入的影响取决于中央银行是否采取冲销政策和资本流动的程度。资本流动程度越高，财政政策越有效。

第三节 固定汇率与资本完全流动

根据上文的分析和介绍，我们知道资本完全流动是指各国金融市场完全一体化，资本流动极为迅速而且不存在任何成本和障碍，决定资本流动的主要因素在于各国收益率的高低。此时的 *BP* 曲线表现为一条水平线。

在资本完全流动的情形下，影响经济外部均衡的主导性因素就是内外利率（收益率）的高低，利率机制发挥着绝对主导作用。在此分析中，我们不考虑预期汇率变化与风险因素。而且，我们在分析的过程中都强调是小国，因为小国的收入和利率变化对其他国家产生的影响会很小甚至可以忽略不计。因此，对于小国而言，国外的收入和利率水平是给定的。（后文中有关资本完全流动时的分析均遵循此假定，除非特别做出说明）

一、固定汇率与资本完全流动下的货币政策

如图 9－7 所示，假设在 *A* 点总产出为 y_1，产出没有达到充分就业时的水平，此时政府采取扩张性货币政策以增大总产出，LM_1 向右下方移动到 LM_2，内部均衡由 *A* 点移动到 *B* 点。在 *B* 点，由于政府实施扩张性货币政策，国内利率 r 下降，资本会大规模外流，进而导致资本账户赤字和国际收支逆差，因而存在本国货币对外国货币汇率下降即本币贬值的压力。但货币当局为维持固定汇率，必须对外汇市场进行干预，出售外国货币、回笼本国货币，因此本国货币供给减少，结果使 LM_2 向左上方移动，这一过程会持续到最初在 *A* 点的均衡得到恢复为止。当然，在 *B* 点，中央银行也可以采取对冲性的方式来处理，但持续的资本流出会让中央银行在瞬间耗尽其外汇储备，最终导致更严重的后果。

结论：在固定汇率制度下，当资本完全流动时，货币扩张在短期内无

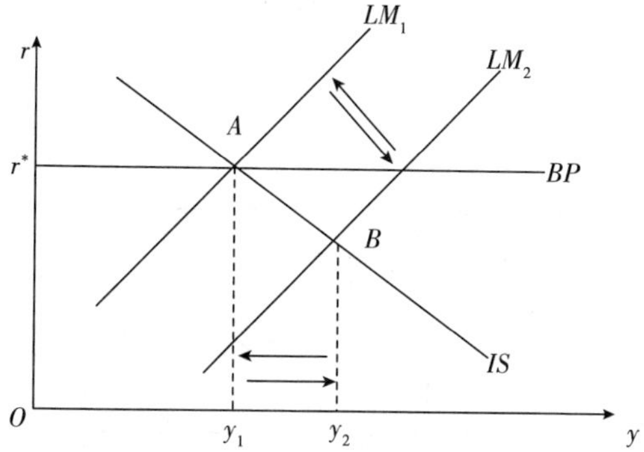

图 9－7　固定汇率制度下资本完全流动时的货币政策效果

法对经济产生持续影响，即货币政策无效。紧缩性货币政策分析方法同上。（请读者自行分析）

二、固定汇率与资本完全流动下的财政政策

相比较而言，固定汇率制度下，当资本完全流动时，财政政策的效果将发挥到极致。

如图 9－8 所示，假设在 A 点总产出为 y_1，产出没有达到充分就业时的水平，此时政府采取扩张性财政政策以增加总产出，IS_1 向右上方移动到 IS_2，内部均衡由 A 点移动到 B 点。在 B 点，由于政府实施扩张性财政政策，利率上升，且高于世界利率，大规模的资本会流入，形成资本账户盈余、国际收支顺差，本币面临强大的升值压力。在固定汇率制度下，为了维持汇率稳定，中央银行必然对外汇市场进行干预，购买外汇、投放本币，从而使得本国货币供应量增加，LM 曲线向右平移，利率随着货币投放的增加而减少，流入的资本也减少，此过程一直持续到利率恢复初期水平，与世界利率相等时，经济再度实现内外均衡。亦即在 IS 右移的过程中，始终伴随 LM 的右移，以维持利率水平保持不变。最终经济达到 C 点，不仅财政政策扩张了，货币政策也相应扩张了，经济处于内外均衡，此时利率不变，产出增加，且大于封闭条件下财政政策在 B 点处的产出。

结论：在固定汇率制度下，当资本可以完全流动时，财政扩张不会影响利率，但会带来国民收入的大幅度提高。因此，财政政策非常有效。

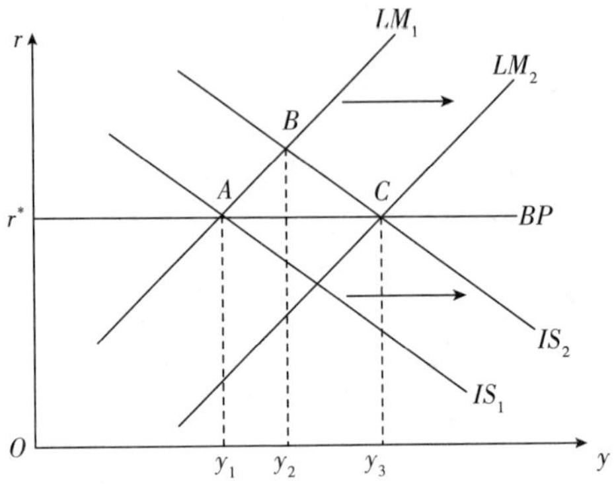

图 9－8　固定汇率制度下资本完全流动时的财政政策效果

第四节　固定汇率与资本完全不流动

根据上文的分析和介绍，我们知道当资本完全不流动时，不论收益率的内外高低差别有多大，资本都完全不能实现跨国界的流动。此时的 *BP* 曲线表现为一条垂直线。在资本完全不流动的情形下，影响经济外部均衡的主导性因素就是国民收入的高低，收入机制发挥着绝对的主导作用。

一、固定汇率与资本完全不流动下的货币政策

如图 9－9 所示，经济初始时处在 *IS*、*LM*、*BP* 三条曲线相交的 *A* 点，此时内外经济达到均衡，但这个点所处的收入水平并不是政府的政策目标所要达到的水平，假设此时中央银行为了得到更高的产出水平或更高的就业水平而实施一个扩张性货币政策，以刺激经济。则 *LM* 曲线将向右移动，与 *IS* 曲线相交于 *B* 点，收入水平的提高带来了进口的增加，而资本完全不流动，这将导致经常账户的赤字与国际收支逆差，使本币面临贬值的压力。在固定汇率制下，政府会选择卖出外汇、买入本币。外汇储备下降，名义货币的供给也随之下降，在物价水平不变时，实际货币供给下降、利率上升、投资减少，因而国民收入也会下降，对外国产品的支出将减少，贸易收支将得到改善，直至回到最初的收入水平，经济再度处于内外均衡，不再调整。从图 9－9 来看，*LM* 曲线将不断回移，直至回到最初的位置，三条曲线再度相交于 *A* 点时，经济实现均衡。

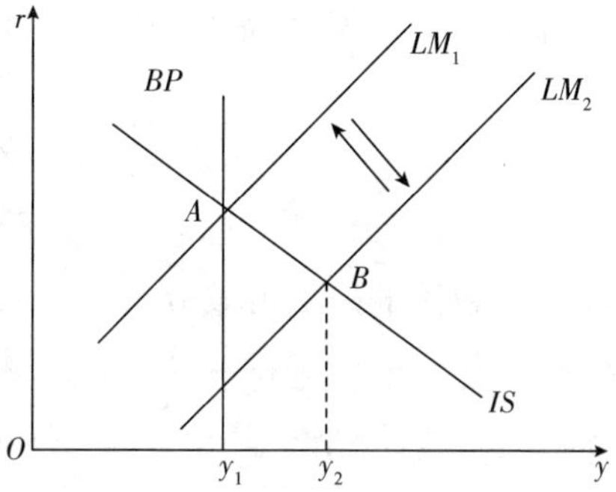

图 9－9　固定汇率制度下资本完全不流动时的货币政策效果

结论：在固定汇率制度下，当资本完全不流动时，货币政策也会无效。

二、固定汇率与资本完全不流动下的财政政策

如图 9－10 所示，经济初始时处在 *IS*、*LM*、*BP* 三条曲线相交的 *A* 点，此时内外经济达到均衡，但是 *A* 点所处的收入水平并不是政府的政策目标所要达到的水平。假设此时中央银行实施一个扩张性财政政策，以刺激经济，并得到更高的产出或就业水平。则 *IS* 曲线向右移动，与 *LM* 曲线相交于 *B* 点，收入水平提高带来了进口的增加，而资本完全不流动，这将导致经常账户的赤字与国际收支逆差，本币将面临贬值的压力。在固定汇率制下，政府会选择卖出外汇、买入本币。这使得外汇储备下降，名义货币的供给下降，在物价水平不变时，实际货币供给也会下降。于是为了维持货币市场的均衡，*LM* 曲线向左移动，直至恢复到原来的均衡收入水平，但是此时国内的利率提高了，这将抑制投资。

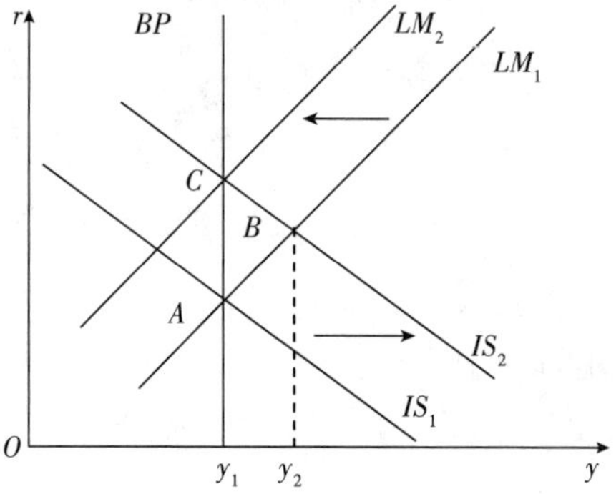

图 9－10　固定汇率制度下资本完全不流动时的财政政策效果

结论：在固定汇率制度下，当资本完全不流动时，财政政策不会对收入增长起到任何作用。

【阅读材料 9-3】

我国的外汇占款分析

外汇储备迅速增长导致外汇占款激增，已经严重改变了我国货币供应结构。从 2002 年末到 2011 年第一季度，我国外汇占款由 2.210 万亿元增加到 23.70 万亿元，增长了 9.7 倍。外汇占款增量占中央银行基础货币的增量比例也越来越高。2005 年突破 100%，达到 110%。2009 年更是达到 134%。特别是，随着近期人民币升值的预期不断增强，热钱流入、FDI、国际贸易顺差、外币存款转为人民币存款等的规模将进一步扩大，进而加大货币供应量的控制难度。这些都是因为中央银行为实现汇率稳定，被迫向市场投放如此多的货币，这对我国货币政策的独立性造成了严重干扰。即使中央银行采用对冲的方式收缩货币，也存在诸多问题和难度。第一，我国中央银行可以采用的方式和手段较少，最常见的就是发行央票和提高存款准备金率。第二，发行央票的成本高昂，根据安邦资讯机构的分析，2002 年至今，采用央票对冲货币的成本每年近 1 万亿元，而且以后每年会继续增长，显然这是不可持续的。第三，采用提高存款准备金率的方法虽然成本相对较低，但是仍不可小觑；此外，从某种意义上来说，存款准备金率的提高会在某种程度上扭曲货币政策机制。因此，我国货币当局仍将面临多重的政策两难。放开资本流动，担心国际热钱对中国的冲击；继续实行固定汇率制度，就只能在一定程度上失去货币政策的独立性；实行货币升值，又担心对贸易部门产生冲击，不升值，国际通胀的传导压力又会越来越大。

资料来源：中国人民银行官网。

本章小结

（1）国家经济政策的目标通常追求两类均衡，即内部均衡和外部均衡。内部均衡主要是指人均收入增长、充分就业以及物价稳定，而外部均衡是指国际收支均衡。

（2）在资本不完全流动和固定汇率制度的条件下，试图通过货币政策来影响收入增长是徒劳的；而财政政策会对收入增长起到积极作用。

（3）在资本完全流动和固定汇率制度的条件下，试图通过货币政策来影响收入增长是徒劳的；而此时的财政政策会对收入增长起到完全有效的作用。

（4）在资本完全不流动和固定汇率制度的条件下，试图通过货币政策和财政政策来影响收入增长均是徒劳无效的。

复习思考题

1. 一国经济政策的目标有哪些？

2. 在固定汇率制度下，不同资本流动程度下的货币政策效力如何？如何根据 *IS* – *LM* – *BP* 模型进行推导？

3. 在固定汇率制度下，不同资本流动程度下的财政政策效力如何？如何根据 *IS* – *LM* – *BP* 模型进行推导？

进一步阅读文献

1. 保罗 · R. 克鲁格曼，莫里斯 · 奥伯斯法尔德. 国际经济学：理论与政策[M]. 海闻，等译. 6版. 北京：中国人民大学出版社，2006.

2. 约瑟夫 · P. 丹尼尔森，戴维 · D. 范户斯. 国际货币与金融经济学[M]. 李月平，译. 2版. 北京：机械工业出版社，2004.

3. 杨长江，姜波克. 国际金融学[M]. 3版. 北京：高等教育出版社，2008.

第十章　浮动汇率制度下的货币、财政政策分析

本章要点

◎在资本不完全自由流动和浮动汇率制度下，货币政策和财政政策对开放小国的实际收入水平会产生什么样的影响？

◎在资本完全自由流动和浮动汇率制度下，货币政策和财政政策对开放小国的实际收入水平会产生什么样的影响？

◎在资本完全不流动和浮动汇率制度下，货币政策和财政政策对开放小国的实际收入水平会产生什么样的影响？

◎什么是蒙代尔－弗莱明模型？

◎什么是三元悖论？

我们这里探讨的浮动汇率是指汇率水平完全由外汇市场上的供求决定，政府不加以任何干预的汇率制度。当今世界，发达国家都在实行浮动汇率制度，发展中国家一部分实行有管理的浮动汇率制度，另一部分实行固定汇率制度。在开放经济条件与浮动汇率制度下，货币政策和财政政策对一国的经济效力到底如何以及在什么样的条件下能发挥到极致，是我们这章需要和读者探讨的问题。

在浮动汇率制度下，我们研究分析货币、财政政策的方法与固定汇率制度下的有很大不同，主要表现在以下两个方面。

（1）经济的主要调整机制不是由国际收支不均衡引起的货币供应量的调整，而是由国际收支不均衡引起的汇率调整。浮动汇率可以从被动的货币政策操作任务中解脱出来。

（2）我们假定本国货币贬值能改善经常账户收支（暗含马歇尔－勒纳条件）、增加外国对本国商品的需求。也就是说，本国货币贬值能使 *BP* 曲

线与 *IS* 曲线右移。

此外，本章探讨的对象是开放小国，开放小国是指由于相对实力较弱，该国的实际收入和名义利率变化不会对其他国家产生影响。因此，对于开放小国而言，国外的收入和利率水平是给定的。同上章的分析一样，在下文的分析中我们并没有讨论价格水平的变化，我们假设价格是固定不变的，除非特别做出说明。

第一节　浮动汇率与资本不完全流动

在本章的分析中，我们将继续沿用第九章的一些假设，我们仍以更高的实际收入水平作为内部均衡目标，以国际收支均衡作为唯一的外部均衡目标。由于资本流动程度的高低会对经济政策的效力大小产生影响，我们仍将分三种情形进行讨论。

一、浮动汇率与资本不完全流动下的货币政策

浮动汇率制度下的货币政策作用与固定汇率制度下的货币政策作用机制显著不同：后者是通过对货币量的影响来调整，而前者是通过对汇率的影响进而作用到经济的调节。浮动汇率制度最大的好处是给政府减轻负担，政府只需关注国内均衡问题，外部均衡依靠市场自身调节，此时 *BP* 曲线可以移动。

中央银行实施扩张性货币政策，导致利率下降、投资增加，实际收入将增加，进而引起对进口产品的支出增加，导致国际贸易收支赤字；与此同时，利率下降、资本外流，导致资本账户赤字。在两者的共同作用下，国际收支出现赤字，赤字大小取决于资本流动程度的高低，资本流动程度越高，赤字越大。国际收支赤字导致货币贬值，而货币贬值大小又取决于国际收支赤字大小；货币贬值幅度越大，越能促进出口增加、进口减少，使贸易收支得到一定程度的改善，一国的实际收入进一步增加；与此同时，利率上升，吸引资本流入，资本账户得到改善，最终实现内外均衡。

1. 资本流动程度较低的情况

我们首先讨论资本流动程度较低的情形。因资本流动程度较低，故 *BP*

曲线较为陡峭。如图 10－1（a）所示，经济最初处在 A 点，表现为内部和外部的共同均衡。此时中央银行实施扩张性货币政策，利率下降、投资增加，实际收入将增加，进而使对外国产品的支出增加，导致国际贸易收支赤字；与此同时，利率下降、资本外流，但由于资本流动程度较低，流出的资本较少，国际收支出现赤字（主要取决于贸易逆差），进而导致货币贬值（货币贬值大小与国际收支的赤字大小相关）；货币贬值会促进出口的增加、进口的减少，使得总需求进一步增加，一国的实际收入也进一步增加，贸易收支得到一定改善；与此同时，利率上升，资本又有一定程度的回流，改善资本与金融账户收支，最终当经济再度实现内外均衡时，不再进行调整。从图 10－1（a）来看，最初受到货币供给增加的影响，LM 曲线向右平移，内部均衡达到 B 点，但此时经济处于外部不均衡，国际收支出现逆差；因而货币贬值，IS 曲线向右平移，BP 曲线向右平移，直到三条曲线再度相交于 C 点时，经济实现内外均衡。

从图 10－1（a）中可以看到，浮动汇率制度下的货币政策使得货币贬值、收入水平提高，其效果大于封闭经济下的情形，但对利率水平的影响不太明确。

2. 资本流动程度较高的情况

接下来我们讨论资本流动程度较高的情形。逻辑过程与资本流动程度较低时大体一致，但有一点与之不同，由于资本流动程度较高，所以实施宽松的货币政策导致利率下降之后，大量的资本会发生外流。相比于资本流动程度较低时的国际收支赤字而言，资本流动程度较高时的国际收支赤字更为严重。因而，货币贬值幅度会更大，且将会促进更大幅度的出口增长与进口减少，带来更多的收入增长。对比图 10－1（a）、（b）可以看到，同样从 B 点到 C 点，图 10－1（b）的国民收入增加得更多。

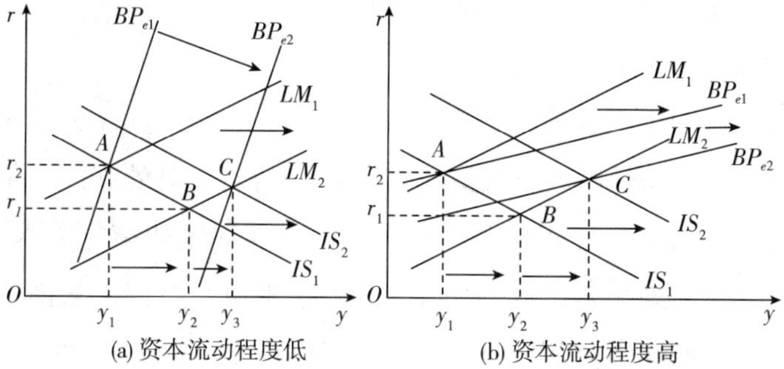

图 10－1 浮动汇率制度下资本不完全流动时的货币政策效果

3. 结论

浮动汇率制度下扩张性货币政策将导致货币贬值，资本流动程度越高，货币贬值幅度越大，就越能促进一国实际收入增加。

二、浮动汇率与资本不完全流动下的财政政策

浮动汇率制度下的财政政策的作用机制与货币政策的作用机制相同，均是通过名义汇率的调整来实现经济的调整。

政府实施扩张性财政政策，使得实际收入增加，对外支出也增加，导致贸易收支逆差。但与此同时，利率上升、资本流入，此时国际收支是处于顺差还是逆差取决于资本的流入能否弥补贸易收支的差额，而资本流入的多少取决于资本流动程度的高低；若流动程度高，则国际收支顺差；若流动程度低，则国际收支逆差。若国际收支顺差，则本币升值、出口减少、进口增加、收入水平下降；若国际收支逆差，则出口增加、进口减少、收入水平进一步上升。

1. 资本流动程度较低的情况

当资本流动程度较低时，*BP* 曲线较陡峭。经济初始处在 *A* 点，假设此时政府实施扩张性财政政策，使得实际收入增加、对外支出增加，贸易收支出现逆差；同时，利率上升，但由于资本流动程度较低、资本流入较少、国际收支出现逆差、本币贬值，收入水平进一步上升。从图 10－2（a）来看：最初，曲线由 IS_1 向右移动到 IS_2，但由于国际收支出现逆差、本币贬值，曲线由 IS_2 继续向右移动到 IS_3；同时，本国货币贬值也使得 *BP*

曲线向右移动。当三条曲线再度交于 C 点时实现均衡。

2. 资本流动程度较高的情况

当资本流动程度较高时，BP 曲线较平缓。经济初始处在 A 点，假设此时政府实施扩张性财政政策，使实际收入增加、对外支出增加，贸易收支出现逆差；同时，利率上升，由于资本流动程度较高，资本大量流入，国际收支最终出现顺差，本币升值，收入水平将会下降。从图 10－2（b）来看：最初，曲线由 IS_1 向右移动到 IS_2，但由于国际收支出现顺差，本币升值，曲线由 IS_2 向左移动到 IS_3；同时，本国货币升值也使得 BP 曲线向左移动。当三条曲线再度相交于 C 点时实现均衡。

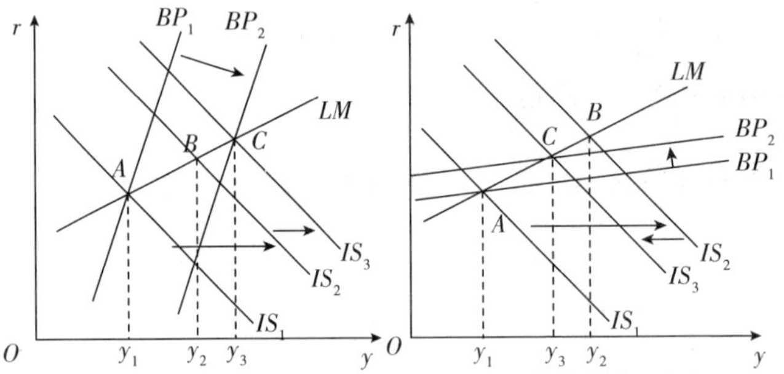

图 10－2　浮动汇率制度下资本不完全流动时的财政政策效果

3. 结论

浮动汇率制度下，扩张性财政政策能带来实际收入的增加，增加的程度与资本流动程度的高低相关。

第二节　浮动汇率与资本完全流动

如同在固定汇率制度下分析的那样，在资本完全流动的情形下，影响经济外部均衡的主导性因素就是内外利率的高低，利率机制发挥着绝对主导作用。在此部分的分析中，我们仍不考虑预期汇率变化与风险因素（后文中有关资本完全流动时的分析均有此假定，除非特别做出说明）。

一、浮动汇率与资本完全流动下的货币政策

在资本完全流动的条件下，即使是极小的利率变动也会引起巨大的资本流动。图 10－3 中，由于资本完全流动，*BP* 为一条水平线，意味着只有在利率水平等于国外利率时该国才能实现国际收支均衡。

经济初始时处于 *A* 点，总产出为 y_1，此时政府采取扩张性货币政策以增加总产出，曲线由 LM_1 向右下方移动到 LM_2，内部均衡由 *A* 点到 *B* 点。在 *B* 点，由于政府实施了扩张性货币政策，国内利率 *r* 下降，当国内利率低于世界利率时，大规模的资本发生外流，资本与金融账户出现赤字、国际收支逆差，因而存在本国货币对外国货币汇率的下降，即本币贬值。在浮动汇率制度下，中央银行不会采取措施干预，本币的贬值刺激了出口，由此推动 *IS* 曲线右移，直至与 *LM* 曲线相交，确定的利率水平与外国利率水平相等为止。此时，经济达到内外均衡。在新的均衡点 *C*，利率未变，收入不仅高于初始水平，还高于封闭条件下单独使用货币政策的收入水平。

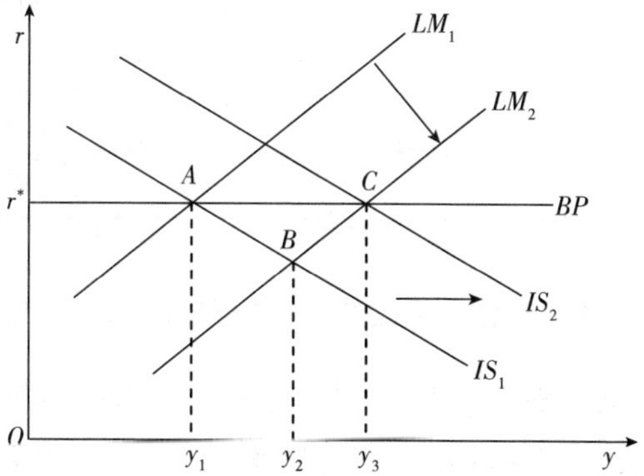

图 10－3　浮动汇率制度下资本完全流动时的货币政策效果

结论：在浮动汇率制度下，当资本完全流动时，货币扩张会使收入上升、本币贬值，产出却大幅度增加，因此货币政策完全有效。

二、浮动汇率与资本完全流动下的财政政策

如图 10－4 所示，经济初始时处于 A 点，总产出为 y_1，此时政府采取扩张性财政政策以增加总产出，曲线由 IS_1 向右上方移动到 IS_2，内部均衡由 A 点到 B 点。在 B 点，由于政府实施扩张性财政政策，本国利率上升，当本国利率大于外国利率时，大规模的资本流入，资本账户盈余，国际收支出现顺差，本币升值。在浮动汇率制下，中央银行不会采取措施干预，本币的升值会使出口下降，从而导致产出下降，使得 IS 曲线向左平移，直至回到原来的位置，利率水平重新与世界利率相等为止。此时，与初始时相比，利率不变、本币升值、收入水平不变，但是此时收入的内部结构发生了变化，财政政策通过本币升值对出口产生了“完全挤出效应”，即财政支出增加造成了等量出口下降。

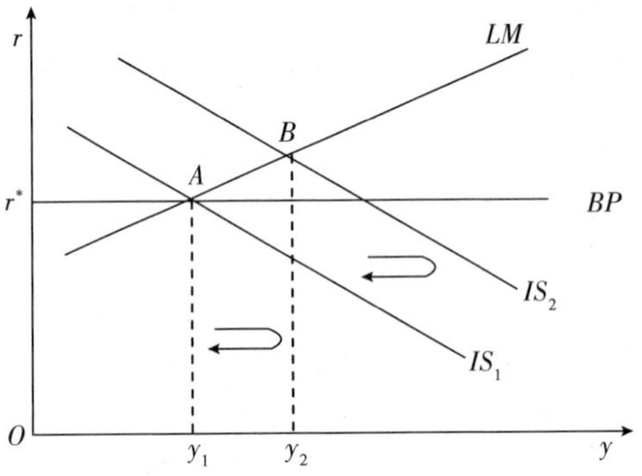

图 10－4　浮动汇率制度下资本完全流动时的财政政策效果

结论：在浮动汇率制度下，当资本完全流动时，扩张性财政政策会造成本币升值，而对收入和利率不产生影响，因此财政政策无效。

第三节　浮动汇率与资本完全不流动

在资本完全不流动的情况下，国际收支出现顺差还是逆差仅仅取决于贸易收支，而贸易收支更多地取决于一国收入水平的高低。

一、浮动汇率与资本完全不流动下的货币政策

如图 10－5 所示，经济初始时处在 IS、LM、BP 三条曲线相交的 A 点处，此时内外经济达到均衡，但这个点所处的收入水平并不是政府的政策所要达到的目标，假设此时中央银行为了得到更高的产出水平或更高的就业水平而实施了一个扩张性货币政策，以刺激经济。这将使 LM 曲线向右移动，与 IS 曲线相交于 B 点，收入水平增加带来了进口的增加，而资本完全不流动，这将导致经常账户的赤字以及国际收支逆差和本币贬值，本币贬值将导致出口需求的增加，使 IS 曲线向右移动，收入增加，所以在浮动汇率制下，当资本完全不流动时，货币政策是有效的。

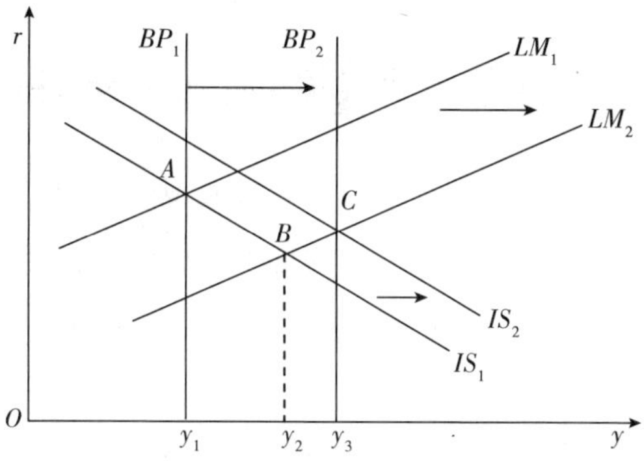

图 10－5　浮动汇率制度下资本完全不流动时的货币政策效果

结论：在浮动汇率制度下，当资本完全不流动时，扩张性货币政策会造成本币贬值，进而造成收入增加，因此，货币政策完全有效。

二、浮动汇率与资本完全不流动下的财政政策

如图 10－6 所示，经济初始时处在 IS、LM、BP 三条曲线相交的 A 点，此时内外经济达到均衡，但是 A 点所处的收入水平并不是政府政策所要达到的目标，假设此时中央银行为了得到更高的产出水平或更高的就业水平而实施了一个扩张性财政政策，以刺激经济。这将使 IS 曲线向右移动，与 LM 曲线相交于 B 点，收入有所增加，导致国际收支产生逆差，进而出现货币贬值，使得出口需求增加，IS 曲线继续右移，最终三条曲线相交于 C 点。

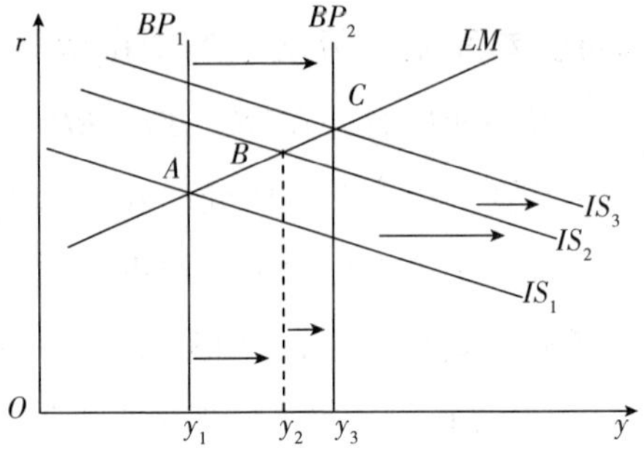

图 10－6　浮动汇率制度下资本完全不流动时的财政政策效果

结论：在浮动汇率制度下，当资本完全不流动时，扩张性财政政策会造成本币贬值，进一步促进收入增加。此时，财政政策完全有效。

第四节　蒙代尔－弗莱明模型

蒙代尔－弗莱明模型是开放经济下进行宏观分析的工作母机，从流量角度来对经济进行分析和讨论。它分析的是一个小型开放经济体在资本完全流动时，固定汇率制度政策与浮动汇率制度下的货币政策与财政政策效力问题。它存在如下假设：

第一，产出完全富于弹性，是一条水平的供给曲线；

第二，不考虑汇率变动的预期，强调投资者的风险中立；

第三，短期内不考虑价格水平的变化；

第四，汇率由国际收支引发的外汇供求所决定，即使是长期，也不认同购买力平价的存在。

一、固定汇率制度与资本完全流动下的货币、财政政策效力对比

固定汇率制度下，扩张性货币政策会使 *LM* 曲线向右下方移动，经济体系中会出现大量的国际收支赤字，因而产生货币贬值的压力。中央银行必须进行干预，售出外币并收进本国货币。此举会减少本国货币供给，结果是 *LM* 曲线移回左上方。这个过程会持续到经济恢复初始均衡为止，货币政策完全无效。与此相反的是财政扩张却极为有效。在不改变货币供给的情况下，财政扩张使 *IS* 曲线移向右上方，导致利率和产出水平的提高。利率提高

会引起资本流入，使汇率升值。为了维持汇率不变，中央银行不得不扩大货币供给，于是收入会进一步增加。当货币供应量增加到足以使利率恢复到其原先的水平时，均衡也就重新恢复了（见图 10－7）。

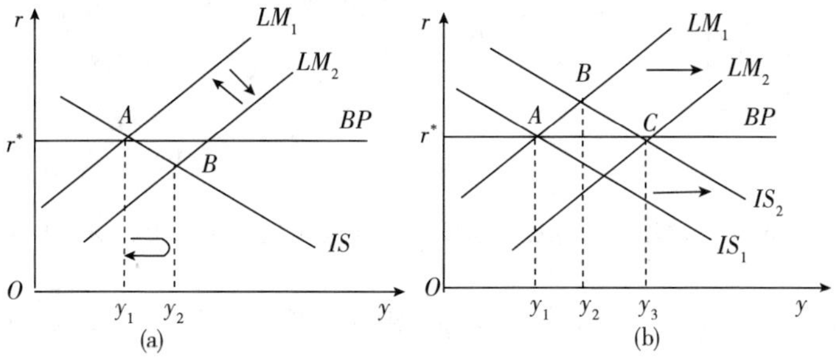

图 10－7　固定汇率制度与资本完全流动下的货币政策和财政政策

总之，固定汇率制度下的货币政策完全无效，财政政策非常有效。

二、浮动汇率制度与资本完全流动下的货币、财政政策效力对比

浮动汇率制度下，扩张性货币政策会导致利率下降、资本大量外流，经济体会产生巨额的国际收支赤字，导致本币贬值。本币的贬值会导致出口增加、进口减少、国民收入进一步增加，此时，利率会逐渐上升，直到最终与世界利率相等为止，经济内外实现均衡。从图 10－8（a）来看，*LM* 曲线往右平移，导致货币贬值后，*IS* 曲线右移，直至与 *LM* 曲线相交，确定的利率水平与世界利率水平相等为止，因此货币政策完全有效。扩张性财政政策造成本国利率上升，这会导致资本流入、本币升值。本币升值使得出口下降、进口增加，投资效应被进口完全“挤出”，无法实现实际收入的增长。从图 10－8（b）来看，*IS* 曲线最初向右平移，但随着本币的升值，*IS* 曲线又向左平移，直至回到原来的位置，经济才能均衡。

总之，浮动汇率制度下货币政策完全有效，财政政策完全无效。

蒙代尔－弗莱明模型的缺陷如下。第一，它遗漏了关于国际资本市场中存量均衡的讨论，因为在模型中，蒙代尔认为国际资本流动是利率差别的唯一函数，因而只要存在利差，资本就会持续流动从而弥补任何水平的经常账户不均衡，而在现实中各国间的利率差别普遍存在。第二，在外部

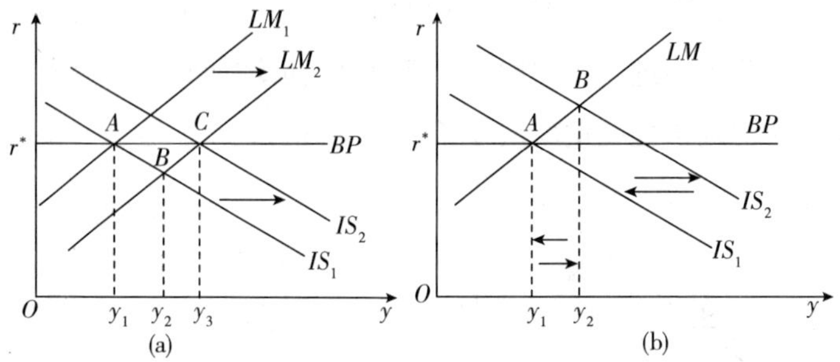

图 10-8 浮动汇率制度与资本完全流动下的货币政策和财政政策

均衡的标准上过于强调资本账户，而国际资本流动是利率的唯一函数，因此如果一国出现国际收支逆差，就只能通过提高国内利率来吸引资本流入，但这既是一个“挤出”私人投资，又是依靠对外债台高筑取得外部均衡的政策。因此，无论是货币主义的以储备衡量的外部均衡标准——国际收支均衡，还是蒙代尔强调的资本账户的外部均衡标准，都存在缺陷。

三、蒙代尔-弗莱明模型的应用：“三元悖论”（“不可能三角”）

根据前文的分析可知：当资本完全流动时，固定汇率制度下的货币政策完全失效；而浮动汇率制度下的货币政策却完全有效。由此我们可以得出结论，在资本的完全流动、货币政策的独立性以及稳定的汇率制度这三者间，一国政府只能同时选取其中的两个，而无法同时满足这三个条件。要选择货币政策的独立性与资本完全流动，就必须放弃固定汇率制度；要选择固定汇率制度与资本完全流动，就必须放弃货币政策的独立性。1999年，美国经济学家保罗·克鲁格曼根据上述原理画出了一个三角形，他称其为“永恒的三角形”，其又被称为“三元悖论”或“克鲁格曼三角”。

本章小结

（1）在资本不完全流动和浮动汇率制度的条件下，扩张性货币政策与财政政策均能促进收入增长。

（2）在资本完全流动和浮动汇率制度的条件下，试图通过财政政策来影响收入增长是徒劳的；而此时的货币政策对收入增长完全有效。

（3）在资本完全不流动和浮动汇率制度的条件下，货币政策与财政政策对收入增长均非常有效。

（4）蒙代尔－弗莱明模型描述的是一个小型开放经济在资本完全流动时，固定汇率制度和浮动汇率制度下的财政政策和货币政策效力。

（5）“三元悖论”是指资本的完全流动、货币政策的独立性以及稳定的汇率制度这三者，一国政府只能同时选取其中的两个，而无法同时满足这三个条件。

复习思考题

1. 什么是蒙代尔－弗莱明模型？

2. 如何准确理解“三元悖论”所蕴含的经济含义？

3. 在浮动汇率制度下，不同资本流动程度下的货币政策效力如何？如何根据 *IS－LM－BP* 模型进行推导？

4. 在浮动汇率制度下，不同资本流动程度下的财政政策效力如何？如何根据 *IS－LM－BP* 模型进行推导？

进一步阅读文献

1. 保罗・R. 克鲁格曼，莫里斯・奥伯斯法尔德．国际经济学：理论与政策[M]．海闻，等译．6 版．北京：中国人民大学出版社，2006.

2. 约瑟夫・P. 丹尼尔森，戴维・D. 范户斯．国际货币与金融经济学[M]．李月平，译．2 版．北京：机械工业出版社，2004.

3. 杨长江，姜波克．国际金融学[M]．3 版．北京：高等教育出版社，2008.

第十一章　开放经济下宏观经济政策的国际传导和协调

本章要点

◎在一个开放经济中，一国经济到底是通过什么样的渠道和机制影响他国经济的？

◎什么是两国的蒙代尔－弗莱明模型？

◎什么是溢出效应？什么是“以邻为壑”效应？

◎在固定汇率制度下，本国货币扩张的政策效果是什么？外国货币扩张的政策效果是什么？

◎在固定汇率制度下，本国财政扩张的政策效果是什么？外国财政扩张的政策效果是什么？

◎在浮动汇率制度下，本国货币扩张的政策效果是什么？外国货币扩张的政策效果是什么？

◎在浮动汇率制度下，本国财政扩张的政策效果是什么？外国财政扩张的政策效果是什么？

◎什么是国际经济政策协调？

◎国际经济政策协调的内容和方式有哪些？

◎如何理解国际经济政策协调的实践？

在本章的分析中，我们放松了对开放小国的界定，将讨论一国的收入和利率水平变化如何影响世界利率水平的变化。与前面几章的分析相同，本章也暂不讨论价格水平的变化，除非特别做出说明。

第一节　开放经济体的相互依存性分析

一、开放经济的溢出效应

当其他条件不变、本国收入增加时，进口会增加；本国对外国商品进口的增加，从外国的角度来看，就是外国出口的增加。事实上，本国进口的增加意味着外国自主性贸易余额改善，外国自主性贸易余额变动会对该国收入产生乘数效应。可见，一国收入的变动，会通过贸易渠道引起另一国收入的相应变动，这一开放经济间存在的相互依存性，被我们称为“溢出效应”。一国经济的高涨或衰退，会对别国产生溢出效应，导致别国经济相应的周期性调整。

影响溢出效应的主要因素是本国的边际进口倾向以及外国的收入乘数。本国边际进口倾向越大，由本国收入增加引起的进口支出的增加就越大，造成外国的自主性出口增加对该国国民收入的扩张效果就越明显。

二、开放经济的反馈效应

在外国国民收入增加后，外国对本国商品进口支出也会相应增加，这又意味着本国自主性贸易余额的增加，自主性贸易余额的增加会通过乘数效应使国民收入增加。这样，在本国国民收入的增加对外国国民收入产生扩张效果后，外国国民收入的扩张又进一步地反作用于本国的国民收入上，我们称为“反馈效应”。

第二节　开放的两国经济模型分析

一、模型简介与传导机制

本节的分析将以一开放小国为分析对象的蒙代尔－弗莱明模型扩展到两国情况，并以此作为基本分析框架考察开放经济相互依存性问题。该模型在资本完全流动的前提下，不再以小国作为分析对象，而是充分考虑到本国国民收入变动以及利率变化对他国的影响和作用。

对于 *IS* 曲线，由于另外一国的国民收入不再是常量而是可以变动的，所以其会影响本国自主性贸易余额，进而影响本国国民收入。当一国国民收入增加时，它通过边际进口倾向促使该国进口的增加和另外一国出口的增加，因此外国经常账户是本国国民收入的增函数。

对于*LM*曲线，两国在各自的货币市场根据货币供求情况确定了各自的利率水平。当资本完全流动时，由于不考虑汇率发生变动的预期，所以只有当两国利率水平相同时非套补的利率平价才会成立，此时两国外汇市场同时处于均衡状态。可见，当两国蒙代尔－弗莱明模型处于稳定状态时，两国利率水平必然相等。注意，在两国模型中，世界利率水平是由两国共同确定的，各国都可以通过调节本国利率水平影响世界利率水平（见图11－1）。

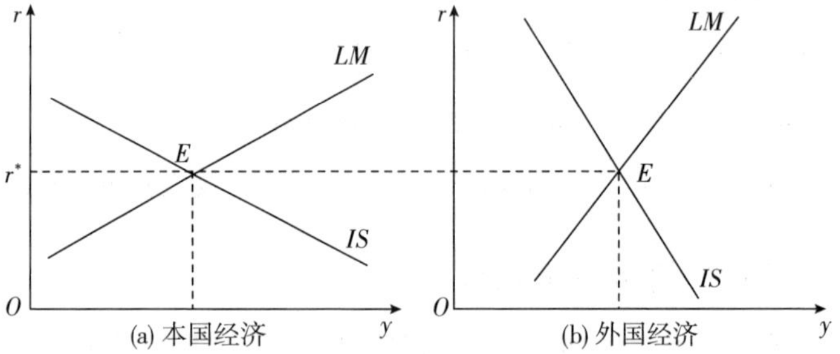

图11－1　开放两国经济均衡条件

二、固定汇率制度下经济政策的国际传导

我们假设本国中央银行希望保持本国货币与外国货币间的汇率基本稳定，因此，本国中央银行必须在必要的时候干预外汇市场以维持本国固定汇率。相比之下，外国中央银行则是通过增加货币量追求自己独立的货币政策目标。比如，当前的中国与西方国家就处于这样一种情形下，中国追求汇率的相对稳定，西方国家则追求货币政策的独立性目标。

（一）固定汇率制度下本国货币扩张的国际传导

我们假定本国采取扩张性货币政策，这一政策最初会引起本国利率下降、产出增加。随后，大量资本外流，本国货币面临贬值的压力；本国中央银行会对外汇市场进行干预，结果是国内货币供给减少、利率逐渐上升、实际收入逐渐减少，直至回到最初的经济状态。此时，货币扩张政策对本国和他国均无效（见图 11－2）。

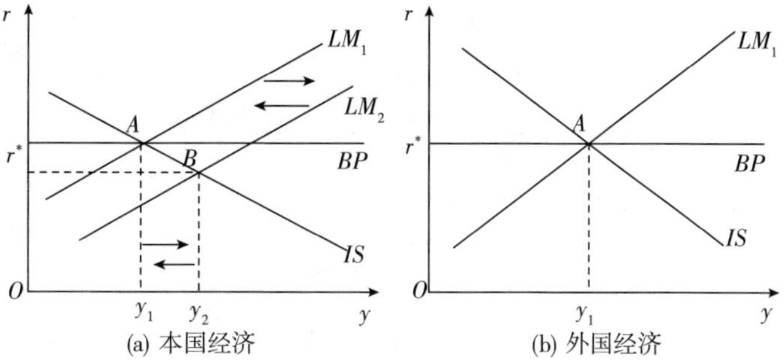

图 11－2　固定汇率制度下本国货币扩张的国际传导

结论：在固定汇率制度下，本国货币的扩张不仅不会促进本国实际收入的持久增加，也不会促进外国收入水平的提高。

（二）固定汇率制度下外国货币扩张的国际传导

与上文分析的假定相同，外国追求独立的货币政策目标，而本国的目标是维持汇率的稳定。

外国扩张性货币政策使得其 *LM* 曲线右移，导致其均衡利率下降与实际收入水平提高。外国利率相对于本国利率下降会引起资本从外国流向本国，导致外国国际收支赤字和本国国际收支盈余；本国货币因而面临较大的升值压力。此时本国为维持汇率的稳定，会选择对外汇市场进行干预，购买以外汇标价的资产；如果本国中央银行不采取冲销性干预政策，货币的供给量将增加、利率将下降、实际收入将增加。同时，外国收入水平的上升将导致本国出口的增加，进一步促进本国实际收入水平的上升。本国实际收入水平上升，会进一步促进外国出口与实际收入水平的提高。从图 11－3 来看，首先，外国经济的 *LM* 曲线向右平移，国内外利差变化导致本国货币面临巨大的升值压力，在本国中央银行的干预下，本国 *LM* 曲线向右平移，同时由于外国实际收入水平的上升促进本国出口的增加，本国的 *IS* 曲线向右平移；其次，随着本国实际收入水平的提高，外国的出口也会增加，外国的 *IS* 曲线也向右平移，直到最终两国的利率水平相等时，两国经济再度均衡。此时，两国的实际收入均比政策扩张前有所增长，利率水平有所下降。

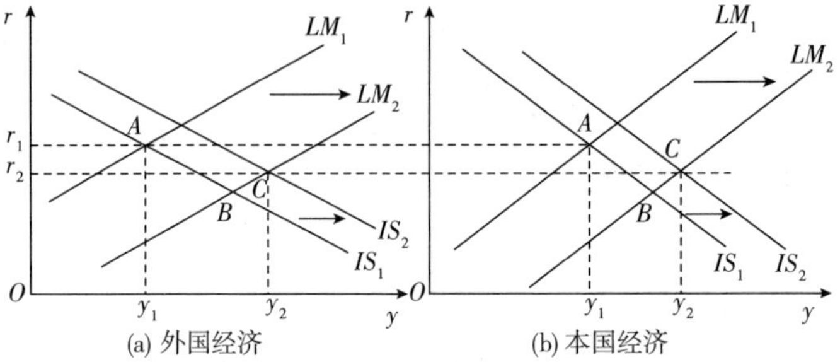

图 11－3　固定汇率制度下外国货币扩张的国际传导

结论：在固定汇率制度下，外国货币的扩张不仅会促进外国收入水平的提高，也会带来本国收入水平的提高。此现象被称为“输出效应”。

（三）固定汇率制度下本国财政扩张的国际传导

如果本国政府采取扩张性财政政策来提高本国的实际收入水平，那么会对外国的实际收入产生什么样的影响呢？

本国采取扩张性财政政策，会引起实际收入增加、本国利率上升、外国资本流入、国际收支出现大量盈余，因而本国货币面临较大的升值压力，货币当局会对外汇市场进行干预以维持汇率的稳定，结果使本国货币供给增加、本国利率下降、实际收入水平进一步上升。本国实际收入的增加，必将导致对外国产品支出的增加，会促进外国出口与实际收入的增加。外国收入的增加又会进一步促进本国收入水平的上升，直到最终两国的利率水平相等时，实现两国经济的均衡。从图 11－4 来看，首先，由于本国实施扩张性财政政策，本国的 *IS* 曲线向右平移。其次，由国内外利率的差异造成的本国货币巨大的升值压力迫使央行对外汇市场实施干预，结果导致本国货币供给增加，本国的 *LM* 曲线向右平移。在两者的作用下，本国收入增加会导致外国出口与外国实际收入的增加，使外国的 *IS* 曲线向右平移。最后，外国收入的增加会再度促进本国收入的增加，本国的 *IS* 曲线会进一步向右平移直到最终两国的利率水平相等时，两国经济实现均衡。

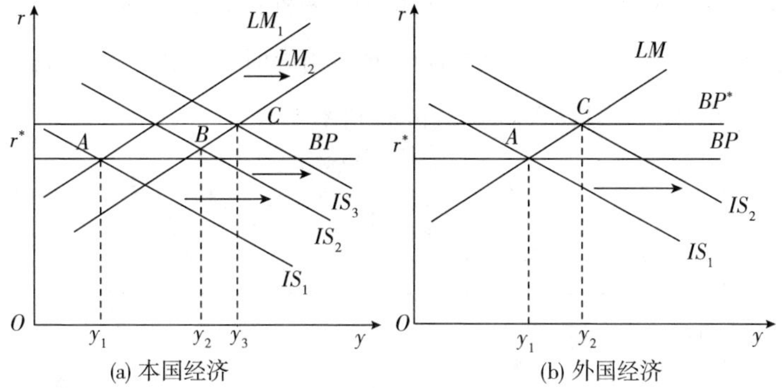

图 11－4 固定汇率制度下本国财政扩张的国际传导

结论：在固定汇率制度下，本国财政的扩张将带来本国实际收入的增加，也会带来外国实际收入的增加；同时，世界利率也会比政策扩张前有所上升。

（四）固定汇率制度下外国财政扩张的国际传导

如果外国政府采取扩张性财政政策来提高外国的实际收入水平，那么会对外国的实际收入产生什么样的影响呢？

外国实行扩张性财政政策，将实现外国的实际收入增加和利率水平上升，外国利率与本国利率的差异将导致资本从本国流向外国，使本国货币面临贬值的压力，在固定汇率制度下，央行会选择出售外汇储备，在未采用冲销性货币政策的情况下，这将导致本国货币供给量减少、本国利率水平上升、实际收入水平下降；虽然外国实际收入增加会带来本国出口和实际收入的增加，但收入的增加的幅度不足以抵消实际收入减少的幅度，因而总体表现为本国实际收入的减少，本国利率逐渐上升；由于本国收入的减少，外国的出口和实际收入会减少，利率也会随之下降，当最终两国利率相等时，实现两国经济均衡。从图 11－5 来看，外国扩张性财政政策将使外国 *IS* 曲线向右平移，接着由国内外利率的差异造成的本国货币贬值的压力将迫使本国货币当局进行干预，结果使本国货币供给减少、利率上升、*LM* 曲线向左平移；此外，由于外国收入的增加会促进本国出口及实际收入的增加，所以本国 *IS* 曲线向右平移，但总体来说本国实际收入相对于外国政策调整前有所减少，因而其会带来外国出口与实际收入的减少，外国 *IS* 曲线会向左平移；当最终两国利率相等时，两国经济实现均衡，此时外国收入增加，本国收入减少，世界利率上升。

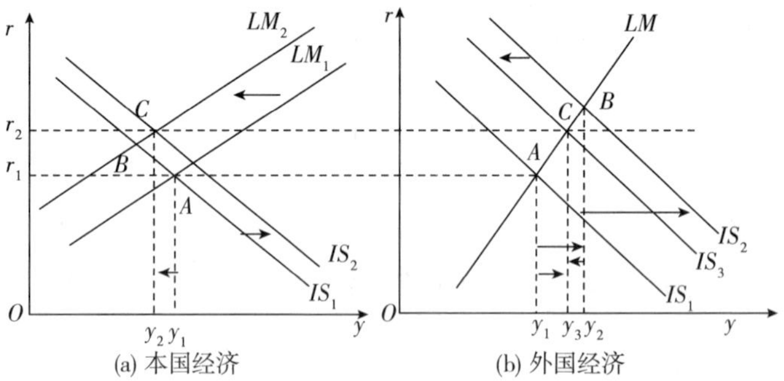

图 11－5　固定汇率制度下外国财政扩张的国际传导

结论：在固定汇率制度下，外国扩张性财政政策在促进外国实际收入增加的同时，导致了本国实际收入的减少。这种一国的收入增加建立在他国收入减少的基础上的现象，被称为“以邻为壑”效应。

三、浮动汇率制度下经济政策的国际传导

与固定汇率下的情况不同，在浮动汇率制度下国际收支不均衡不会引起货币供给的调整，而是会造成名义汇率的调整。在此处的分析仍假定不存在货币预期升值或贬值的情形。

（一）浮动汇率制度下本国货币扩张的国际传导

我们先来考虑本国货币当局增加市场货币存量的情形。此时，本国的利率会随之下降，实际收入增加。由于利率下降，大量的资本流出本国，导致本国国际收支赤字、货币贬值。随着本国的货币贬值、出口增加、进口减少，实际收入进一步增加。而外国会出现大量资本流入、外国货币升值，由此造成外国出口大幅度减少、进口大幅度增加、外国收入较大幅度地减少。随后，由于本国收入增加，外国出口会增加，外国的收入也会增加；而随着外国收入的增加，本国出口将继续增加，本国的收入也会增加，最终当两国的利率相等时，实现两国经济均衡。此时，本国实际收入

增加，外国实际收入减少。

如图 11－6 所示，从本国情况来看，随着本国货币供给的增加，*LM* 曲线向右平移；此时，利率下降，本国处于国际收支逆差，本国货币贬值，因而造成出口增加，*IS* 曲线向右平移。从国外情况来看，由于外国利率相对增加，大量资本流入，外国货币升值，*IS* 曲线大幅度向左平移。但随着本国收入增加，外国 *IS* 曲线会部分向右回移，本国 *IS* 曲线则继续向往右平移，直到最终两国利率相等为止。

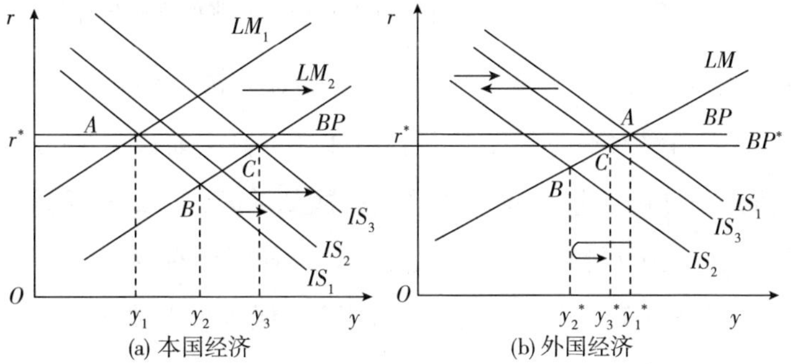

图 11－6　浮动汇率制度下本国货币扩张的国际传导

结论：在浮动汇率制度下，本国货币扩张会促进本国实际收入的增加，但外国实际收入会减少。浮动汇率制度下的本国货币扩张产生了“以邻为壑”效应。

（二）浮动汇率制度下外国货币扩张的国际传导

在浮动汇率制度下，对于外国货币扩张的分析，与本国货币扩张的原理完全一致，只是恰好相反。外国国民收入最终增加，本国国民收入最终减少，产生了“以邻为壑”的效应（见图 11－7）。

结论：在浮动汇率制度下，外国货币扩张会促进外国实际收入的增加，但本国实际收入会减少。浮动汇率制度下的外国货币扩张产生了“以邻为壑”效应。

2008 年国际金融危机爆发后，为了拯救美国金融市场与美国经济，美联储开始扩大其资产负债表的规模，推出了量化宽松政策。但此后的经济复苏并不理想，美国寄希望于量化宽松政策在短期内刺激经济和就业；于

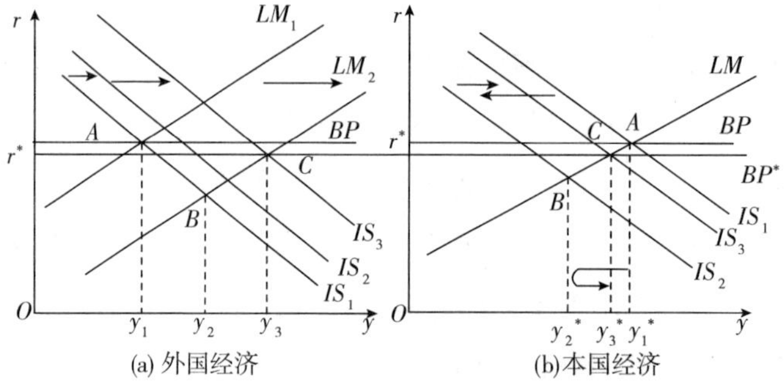

图 11－7　浮动汇率制度下外国货币扩张的国际传导

是在 2010 年 11 月 3 日，推出第二轮量化宽松政策（QE2），其要点是在保持 0～0.25% 利率水平的条件下，于 2011 年 6 月底前购买 6000 亿美元的中长期国债，预计两轮量化宽松政策共投放 2.1 万亿～2.3 万亿美元，刺激美国经济从危机中尽快复苏。美元贬值导致各国持有的美国国债集体“缩水”，这无疑是对美国经济的巨大“减负”。但是由于美元在国际货币体系中的地位，增发货币必然引发全球性的通货膨胀，并且在各国形成通货膨胀压力。而且量化宽松政策会导致美元对他国货币的贬值，在促进本国出口的同时却加大了他国经济复苏的难度；美元贬值带来的广泛贸易保护主义风险货币的竞相贬值使得各国为保护本国产业而采取贸易保护主义的风险不断加大。

（三）浮动汇率制度下本国财政扩张的国际传导

当一国实行扩张性财政政策时，本国实际收入增加、利率上升、大量的资本流入本国，使得本币升值；随着本国的货币升值，出口减少、进口增加、实际收入减少。而对于外国而言，利率相对降低、资本流出、货币贬值，由此造成出口增加、进口减少、本国收入增加、利率上升。当最终两国利率相等时，两国经济实现均衡。此时本国与外国的实际收入均实现增长。

如图 11－8 所示，从本国情况来看，随着本国财政政策的扩张，*IS* 曲线向右平移；此时，利率上升、本国处于国际收支顺差，本国货币升值，因而出口减少，*IS* 曲线向左平移，但最终本国国民收入仍会增加。从国外情况来看，由于外国利率相对下降，资本流出，外国货币会贬值，所以 *IS* 曲线向右平移，直到最终两国利率相等时为止。

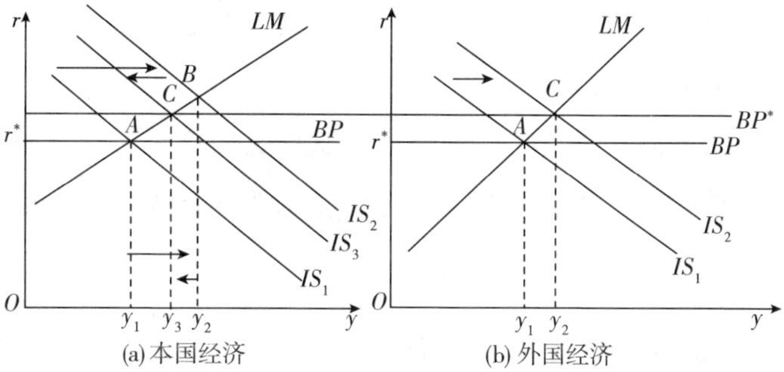

图 11－8 浮动汇率制度下本国财政扩张的国际传导

结论：在浮动汇率制度下，本国财政扩张会促进本国实际收入的增加，也会促进外国实际收入的增加。

（四）浮动汇率制度下外国财政扩张的国际传导

在浮动汇率制度下，对于外国财政扩张的分析，与本国财政扩张的原理完全一致，只是恰好相反。外国国民收入最终增加，本国国民收入最终也会增加，产生了输出效应（见图 11－9）。

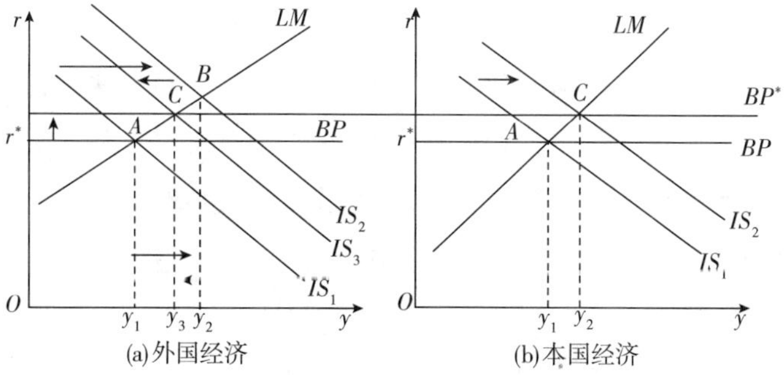

图 11－9 浮动汇率制度下外国财政扩张的国际传导

结论：在浮动汇率制度下，外国财政扩张会促进外国实际收入的增加，也会促进本国实际收入的增加。

第三节　国际经济政策协调

国际经济政策协调的含义有狭义和广义之分。从狭义角度来看，国际经济政策协调是指各国在制定国内政策的过程中，通过各国间的磋商等方式来对某些宏观政策进行共同的设置。从广义角度来看，凡是在国际范围内能够对各国国内宏观政策产生一定程度制约的行为均可被视为国际经济政策协调。我们接受广义的界定。

一、国际经济政策协调的必要性

根据上文的分析可知，在一定条件下，国内的经济政策会对他国产生溢出效应；但在许多情况下，国内的经济政策会对他国的收入产生负面影响和作用，或者说产生“以邻为壑”效应；这很可能招致对方的报复，导致最终陷入两败俱伤的局面；还有的情况下，一国经济政策产生效力需要对方政策的支持和配合，否则难以发挥效力。这些情况都表明，国际经济政策需要协调，以更好地发挥效力，更好地造福全人类。

下面我们可以使用一个经典的“囚徒困境”博弈模型，来很好地说明进行国际经济政策协调的必要性和理由。假设有甲国和乙国两个国家，两国均实行浮动汇率制。两国的货币政策均是通过钉住通货膨胀来确定的，用失业率和通货膨胀率衡量社会的福利损失，因而我们用社会福利损失函数来对失业率和通货膨胀率进行统计分析，其等于失业率和通货膨胀率之和。如果当前两国的通胀形势都很严峻，那么甲国必然采用紧缩性货币政策以促使本币升值，进而降低国内需求和海外商品价格以控制通胀，但这一做法的结果是乙国货币的贬值，这必然会加剧乙国严峻的通胀形势；如果乙国也实行紧缩性货币政策，那么两国使用货币价值变化方式就会难以取得效果，而且双方的货币紧缩政策必然会带来国内失业压力的加剧，进而引发更大的矛盾和冲突。为此，我们可以根据上述分析构建一个双方博弈的利益矩阵模型。

表 11－1 展示了甲国和乙国货币政策博弈的支付矩阵。表 11－1 中支付矩阵分为 4 个方格，其中的数字表示本国与外国货币政策不同组合条件

下的两国社会福利损失函数的数值。两国制定货币政策的目标是使社会福利损失函数最小化，即每一方格中社会福利损失的绝对值越小越理想。

表 11－1　货币政策博弈的支付矩阵

		乙国	
甲国		宽松性货币政策	紧缩性货币政策
	宽松性货币政策	(11, 11)	(15, 8)
	紧缩性货币政策	(8, 15)	(14, 14)

根据博弈我们可知，在分散决策时，两国都将选择紧缩性货币政策，亦即陷入“囚徒困境”，而解决“囚徒困境”的根本在于双方合作，协调各国的政策，只有这样，才能减少两国的社会损失。由此可见，国际经济的政策协调是非常有必要的。

从布雷顿森林体系崩溃得出的一个重要教训就是：一个国家不能忽视其他国家的反应而孤立地制定自己的经济政策。如果美元由于美国国内因素贬值，这意味着其他货币必须对美元升值，各国就会被迫为维护国内经济稳定而调整各自的政策，最终又影响到美国经济。20 世纪 70 年代经济滞胀的一个明显特征是，当时各国片面地考虑国内经济政策目标而未充分估计到对其他国家的影响及随后的反应，从而导致政策调整过度或调整不足。

二、国际经济政策协调的方式

国际经济政策协调理论的核心是，当不同经济之间存在着密切的相互依存关系时，各国独立制定的经济政策会对其他国家产生显著的溢出效应，并会因此招致对方的报复，使单个国家的经济运行受到不利影响。如果这些国家都认识到彼此之间经济联系的重要性，愿意从整体角度而非个别角度评估政策运行，并且承诺以某种互惠互利的方式修订各自的经济政策，经济政策的国际协调就产生了。

依据政策协调的程度，政策国际协调可由低到高分为以下六个层次。

第一，信息交换。信息交换是指各国政府相互交流本国为实现经济内外均衡而采取的宏观调控的政策目标范围、政策目标的侧重点、政策工具种类、政策搭配原则等信息，但仍在独立、分散的基础上进行本国的决策。第二，危机管理。危机管理是指各国针对世界经济中出现的突发的、后果特别严重的事件，进行共同的政策协调以缓解、度过危机。第三，避免共享目标变量的冲突。避免共享目标变量的冲突是指两国面对同一目标采取的政策的冲突。国家间的竞争性贬值就是典型的形式。第四，合作确定中介目标。两国国内一些变量的变动会通过国家间的经济联系形成一国对另一国的溢出效应，因此各国有必要对这些中介目标进行合作协调。第五，部分协调。部分协调是指不同国家就国内经济的某一部分目标或工具进行的协调。第六，全面协调。全面协调是指将不同国家的所有政策目标、工具都纳入协调范围，从而最大限度地获取政策协调的收益。

进行政策国际协调的方式有两种，即相机性协调（discretion - based coordination）与规则性协调（rule - based coordination）。所谓相机性协调是指根据经济面临的具体条件，在未规定各国应采取何种协调措施的情况下，通过各国间的协调确定针对某一特定情况各国应采用的政策组合。这一方法实际上是一国经济调控中相机决策的推广。规则性协调是指通过制定出明确的规则来指导各国采取政策措施进行协调的方式。规则性协调的优点在于决策过程清晰，政策协调可以在较长时期内稳定进行，可信度高，因此受到了更多的重视。

三、国际经济政策协调的内容

国际经济政策协调主要涉及货币政策协调、财政政策协调以及汇率政策协调等三方面内容。

（一）货币政策协调

各国货币政策的协调主要包括有关国家利率的协调，这种协调主要针对利率的调整方向和速度。此外，各国货币政策的协调还包括协调各国货币供应增长的方式等。比如，当一国希望通过利率调整实现经济调控的目标时，如果各国的利率调整方向大不相同，那么任何一国的政策目标都难以实现。

（二）财政政策协调

实际上，经济关系比较密切的国家之间不仅要协调它们的货币政策，还要协调它们的财政政策。因为货币政策协调要取得效果在很大程度上需要财政政策协调的配合。如果一国的财政支出过度，就需要货币政策加以配合，这会导致货币发行量的增加或物价上涨；从而出现因没有财政政策协调使各国间货币政策的协调难以为继的现象。因此，成功的货币政策协调还需要伴随财政政策的协调。

（三）汇率政策协调

当各国要同时实现经济的内外均衡时，汇率政策的协调是十分必要的，尤其是在汇率可自由浮动的今天，汇率是一个具有竞争力的经济变量，很容易成为各国竞相增强本国商品竞争力的工具。因此，汇率政策的协调具有相当重要的意义。

四、国际经济政策协调的实践

浮动汇率制度下的国际经济政策协调可分为四个阶段。

第一阶段，1974—1979 年。这一时期，各国面临布雷顿森林体系形成后的高通货膨胀率和由第一次石油价格大幅度上涨带来的经济衰退，各主要工业国政策制定者为维持实际经济变量和通货膨胀率的稳定，每年举行经济首脑会议进行政策商讨并形成制度。这种制度使更为灵活的、相机而行的政策合作形式取代了布雷顿森林体系下规则约束型的政策合作形式。1978 年的波恩首脑会议就是一个典型的例子。

【阅读材料 11－1】

七国集团（G7）

1973 年，美国向全世界宣布美元与黄金脱钩，标志着布雷顿森林体系的崩溃以及美国在世界政治经济领域霸权的相对削弱。在此背景下产生了七国集团。一是七国首脑会议。1975 年 11 月，在法国总统德斯坦的倡议下，法国、英国、联邦德国、意大利、美国和日本六国首脑在巴黎郊外的朗布依埃召开第一次首脑会议，加拿大与欧共体相继于1976年、1977年出席。20世纪70年代中期以来，七国首脑会议每年举行一次，讨论世界经济政治的协调问题。二是七国财政部部长及央行行长会议。该部长级会议从80年代中期开始在首脑会议以外对国际宏观经济政策进行协调，是七国集团宏观经济政策协调的重要决策者。很多重要议题都是由七国财政部部长与央行行长会议通过后，再提交至首脑会议签字对外发布的。从70年代中后期开始，七国集团在国际经济政策协调方面发挥了越来越重要的作用，其主要内容包括财政政策与货币政策协调。

资料来源：保罗·R. 克鲁格曼，莫里斯·奥伯斯法尔德. 国际经济学：理论与政策［M］. 海闻，等译.6版. 北京：中国人民大学出版社，2006；李坤望. 国际经济学［M］.2版. 北京：高等教育出版社，2005。

第二阶段，1980—1985年。这一时期，持续的高通货膨胀率成为各国经济的首要问题。以货币主义经济理论为指导，各主要工业国政府普遍认为，传统的政策工具不可能对实际经济变量产生持久的影响，政府所能做的只是改善本国的经济秩序，即降低国内通货膨胀率。基于此，这些国家都采取了严格的紧缩性货币政策，结果导致国内利率急剧上升和国内经济严重衰退，工业国的经济衰退又进一步引起了世界经济的衰退。可以认为，在这一时期，国与国之间基本上不存在财政、货币政策的合作行为。事实上，正是这种各国自行其是的紧缩性政策的累积效应导致世界经济陷入严重衰退。

第三阶段，1986—1996年。这一时期，主要工业国处于巨大的外部不均衡状态，表现为美国的巨额贸易赤字和联邦德国、日本的巨额贸易盈余；同时，外汇市场上，美元仍然不断攀升。当时，美国和其他国家之间的利率差异已经缩小，因此美元币值的上升实际上是一种投机泡沫。鉴于美元汇率的不可维持性，各国政策制定者同意进行政策合作以逐步降低美元币值，避免美元汇率的“硬着陆”和金融危机、经济衰退。政策合作主要采取 1974—1979 年那种通过经济首脑会议相机协商、相机抉择的形式，主要表现为各国对外汇市场的共同干预措施。

【阅读材料 11 -2】

卢浮宫协议

1987 年 2 月，美国、英国、法国、联邦德国、日本、加拿大、意大利七国财政部部长和中央银行行长在巴黎卢浮宫达成协议，采取联合措施，在国内宏观政策和外汇市场干预两方面加强紧密协调合作，以阻止当时的美元币值下滑，保持美元汇率的基本稳定。1985 年的“广场协议”之后，尽管美元对日元等非美元货币大幅度贬值，但由于美国政府未能采取有效措施改善自身财政状况，以及货币贬值存在“J 曲线效应”，在“广场协议”之后两年多的时间里，美国对外贸易逆差不仅没有缩小，反而继续恶化。1987 年，美国贸易赤字达 1680 亿美元，占 GDP 的 3.6%，其中，3/4 的赤字来自日本和联邦德国的经常项目盈余。美国贸易收支状况恶化和外债的急剧增加，影响了外资向美国的流入，市场也因此对美元信心下降，继续让美元贬值明显弊大于利，美国对日本和联邦德国的贸易摩擦再次加剧。同时，受日元和德国马克升值的影响，日本和联邦德国外贸出口下滑，经济增长率出现下降。日本经济增长率从 1985 年的 4.2% 下降到 1986 年的 3.1%，联邦德国经济增长率于 1985—1987 年在 2% 徘徊。日本和联邦德国对美国未能按“广场协议”有效削减财政赤字表示不满。此外，美元大幅度过快贬值也引起了国际外汇市场和世界经济的较大震荡，主要发达工业化国家清楚地意识到要尽快阻止美元下滑，保持美元汇率基本稳定，这有利于世界各国共同发展。当时，美国可以选择采用提高国内利率的办法来吸引国际资本流入，减缓美元过速贬值。但是由于担心这样会引起国内经济萧条，美国不愿意提高国内利率，反倒更希望日本和联邦德国压低利率。在美国主导下，为了稳定国际外汇市场，阻止美元汇率过多过快下滑，通过国际协调解决发达国家面临的政策难题，1987 年 2 月，七国财政部部长和中央银行行长在巴黎的卢浮宫达成协议，一致同意七国要在国内宏观政策和外汇市场干预两方面加强“紧密协调合作”，保持美元汇率在当时水平上的基本稳定。此次会议达成的协议史称“卢浮宫协议”。

资料来源：保罗·R. 克鲁格曼，莫里斯·奥伯斯法尔德. 国际经济学：理论与政策［M］. 海闻，等译. 6 版. 北京：中国人民大学出版社，2006；李坤望. 国际经济学［M］. 2 版. 北京：高等教育出版社，2005。

第四阶段，1997 年以后。亚洲金融危机使国际金融协调超出了传统的七国集团。工业化国家和发展中国家共同讨论并指定解决危机和促进世界经济发展的措施。二十国集团（G20）正式成为主要发达国家与主要发展中国家协调财政、货币以及汇率政策的主要场所，其为危机后的全球经济复苏付出了大量的努力。

二十国集团的建立最初是由美国等七个工业化国家的财政部部长于 1999 年 6 月在德国科隆提出的，目的是防止亚洲金融危机的重演，让有关国家就国际经济、货币政策举行非正式对话，以利于国际金融和货币体系的稳定。二十国集团会议当时只是由各国财政部部长或各国中央银行行长参加，2008 年由美国引发的国际金融危机使得金融体系成为全球的焦点，二十国集团首脑会议自此开始举行，扩大各个国家的发言权，以更广泛地探讨全球经济发展中的各类问题，或许在未来某个时期它将取代八国集团（G8），成为全球经济协调的最重要组织。二十国集团的成员包括八国集团成员国：美国、日本、德国、法国、英国、意大利、加拿大、俄罗斯，作为一个实体的欧盟、澳大利亚、韩国，具有广泛代表性的发展中国家中国、南非、阿根廷、巴西、印度、印度尼西亚、墨西哥、沙特阿拉伯、土耳其。这些国家的国民生产总值约占全世界的 85%，人口则约占世界总人口的 2/3。

本章小结

（1）开放的经济体之间存在相互依存性，主要表现为溢出效应和反馈效应。开放的两国经济之间会通过收入机制、利率机制以及相对价格机制等实现政策的国际传导。

（2）固定汇率制度下的本国货币扩张不会促进本国实际收入的持久增加，也不会促进外国收入水平的提高；固定汇率制度下的外国货币扩张会产生输出效应，它既会促进外国收入水平的提高，也会带来本国收入水平的提高。固定汇率制度下的本国财政扩张也会产生输出效应，它既可以促进本国实际收入的增加，也会促进外国实际收入的增加；固定汇率制度下的外国财政扩张产生了“以邻为壑”的效应，即外国收入的增加建立在本国收入水平下降的基础上，易引发报复。

（3）浮动汇率制度下的本国货币和外国扩张均会产生“以邻为壑”的效应，即它们在实现本国收入增加的同时导致了外国收入水平的下降；浮动汇率制度下的本国财政扩张与外国财政扩张均产生了输出效应，它们共同促进了世界平均收入水平的上升。

（4）国际经济政策协调的方式主要有相机性协调与规则性协调。协调的程度可分为六个层次：第一，信息交换；第二，危机管理；第三，避免共享目标变量的冲突；第四，合作确定中介目标；第五，部分协调；第六，全面协调。而国际经济政策协调的主要内容包括货币政策协调、财政政策协调以及汇率政策协调。

复习思考题

1. 什么是两国蒙代尔－弗莱明模型？
2. 在不同汇率制度下，经济政策的国际传导机制是什么？如何传导？
3. 为什么需要经济政策的国际协调？
4. 国际经济政策协调的内容和方式有哪些？

进一步阅读文献

1. 保罗·R. 克鲁格曼,莫里斯·奥伯斯法尔德. 国际经济学:理论与政策[M]. 海闻,等译.6版. 北京:中国人民大学出版社,2006.

2. 约瑟夫·P. 丹尼尔森,戴维·D. 范户斯. 国际货币与金融经济学[M]. 李月平,译.2版. 北京:机械工业出版社,2004.

3. 杨长江,姜波克. 国际金融学[M].3版. 北京:高等教育出版社,2008.

4. 李坤望. 国际经济学[M].2版. 北京:高等教育出版社,2005.

第十二章 开放经济下的总需求与总供给

本章要点

◎何为总需求曲线？

◎在开放经济条件下，货币政策对总需求水平的影响程度取决于哪些因素？

◎在开放经济条件下，财政政策对总需求水平的影响程度取决于哪些因素？

◎何为总供给曲线？

◎何为总需求与总供给分析模型？

◎在固定汇率制度下，货币政策和财政政策的中长期效力如何？

◎在浮动汇率制度下，货币政策和财政政策的中长期效力如何？

前面我们所讨论的 *IS*－*LM*－*BP* 模型分析框架的一个不足之处就是没有包含社会总价格因素。经济的波动不仅会带来收入、就业等因素的变化，而且会带来价格水平的变化；相反，价格水平的调整也会影响产出与就业等实际经济变量。

在开放的宏观经济体系中，汇率制度和资本的流动程度会对总需求产生影响，进而影响社会的产出、就业以及通胀水平。本章将基于此进行分析。

第一节 总需求

总需求是指社会在一定价格水平下所愿意购买的产品和服务的总量，也就是对国内生产总值的需求。因此，总需求反映了价格水平和总需求量之间的关系。

一、总需求曲线的推导

总需求曲线是一条反映价格水平和需求总量之间关系的曲线。它表示在特定的价格水平下，经济社会需要的总量。而 *IS - LM* 模型框架探讨的正好是实际收入和名义利率的组合，在 *IS - LM* 曲线的交点下，预期总支出与实际收入相等，而且货币市场实现了均衡。因此，我们可以通过 *IS - LM* 模型来推导总需求曲线。

图 12 - 1（a）显示了价格水平由 P_1下降为 P_2的时候，实际货币余额的增加导致了利率由 r_1下降为 r_2，均衡点由 *A* 点移动至 *B* 点，由于价格水平的下降，产出水平由 y_1增加至 y_2。包含实际收入—价格水平组合点（*A*，*B*）的曲线就是总需求曲线。

从图 12 - 1 中我们可以看到，*IS - LM* 曲线最初相交于 *A* 点，当价格水平由 P_1下降为 P_2之后，在名义货币供给不变的情况下，实际货币供给增加，进而使 *LM* 曲线向右平移，与原来的 *IS* 曲线相交于一个新的均衡点 *B*。实际货币余额增加引起利率下降、预期投资增加，进而导致预期总支出水平上升，这就带来了实际均衡收入的增加。它是一条向下方倾斜的曲线。

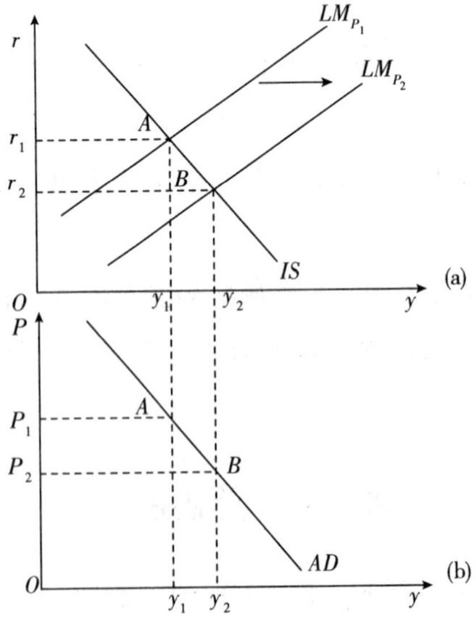

图 12 - 1　封闭经济条件下总需求曲线的推导

通过总需求曲线的推导，我们可以看到，总需求曲线上的每一点都由一系列实际收入和价格水平的组合点构成，曲线上的每一个点都服从于 *IS* - *LM* 均衡的条件，既满足商品市场的均衡，又实现了货币市场的均衡。

二、封闭经济条件下总需求曲线的移动

财政政策与货币政策的扩张和收缩都会引起社会总需求的变化，进而导致总需求曲线发生移动。

逻辑分析：在封闭经济体系中，如果一国增加货币供给，在特定的价格水平下，*LM* 曲线会向右平移，这样便会与 *IS* 曲线相交于一个新的均衡点。因此，在相同的价格水平下，产出与实际收入会增加，进而使总需求曲线向右平移（见图 12 - 2）。

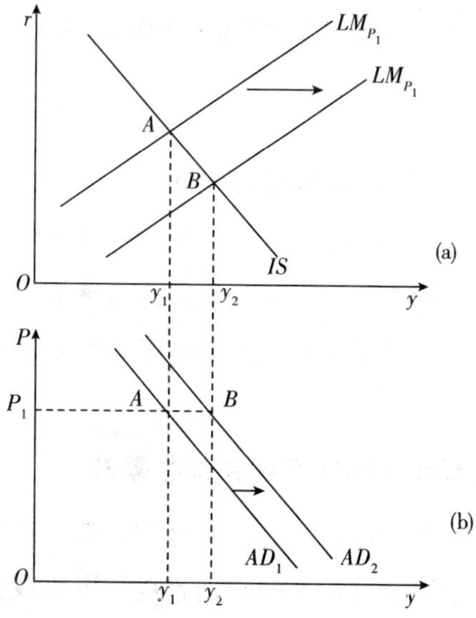

图 12 - 2　封闭经济条件下总需求曲线的移动（1）

逻辑分析：在封闭经济体系中，如果一国实行扩张性财政政策，比如增加政府购买等，在特定的价格水平下，*IS* 曲线会向右平移，这样便会与 *LM* 曲线相交于一个新的均衡点。因此，在相同的价格水平下，产出与实际收入会增加，进而使总需求曲线向右平移（见图 12 - 3）。

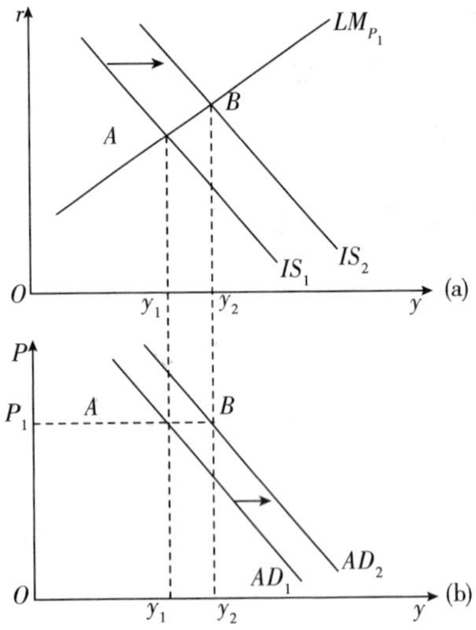

图 12－3　封闭经济条件下总需求曲线的移动（2）

三、开放经济条件下总需求曲线分析

根据 *IS－LM－BP* 模型框架可知：在开放经济条件下，货币政策和财政政策对实际收入的影响不仅仅取决于一国的汇率制度，还受制于一国资本的流动程度；因此，总需求曲线位置也会受到汇率制度与资本流动程度的影响。

（一）固定汇率制度下的货币政策与总需求

在第十、第十一章的分析中我们已经得知，货币政策对一国实际收入的影响主要取决于汇率制度与资本的流动程度。下面我们将仔细分析固定汇率制度下货币政策如何影响总需求曲线的位置，分四种情形进行讨论（见图 12－4）。

在资本完全不流动的情形下：名义货币供应量增加，*LM* 曲线右移，收入增加，此时总需求曲线向右平移；此外，由于收入增加，对外国产品的需求增加，进而导致国际收支逆差，该国货币面临贬值的压力，为了维持汇率稳定，央行被迫干预外汇市场，进而导致货币供给逐渐下降，*LM* 曲线向左平移，利率上升、收入下降、对外国产品的支出减少，国际收支

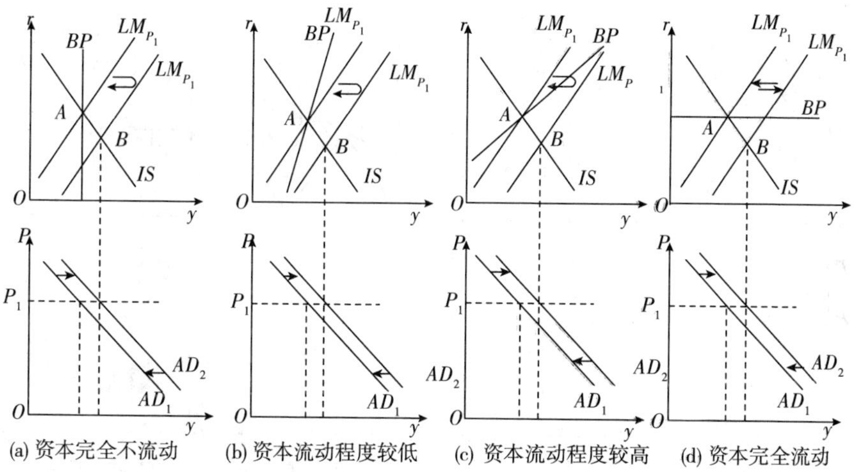

图 12－4　固定汇率制度下不同资本流动程度时，货币扩张引发需求曲线移动的效果

逆差逐渐降低，直至 *LM* 曲线回到最初的位置。与此同时，总需求曲线逐渐向左平移，直至回到最初状态，经济再度实现均衡。

在资本流动程度低、资本流动程度高以及资本完全流动情形下的分析与上述一致。（请读者自行分析）

因此，我们可以得出如下结论：在固定汇率制度下，无论资本流动程度如何，采取调整名义货币存量的政策对总需求水平的影响都是无效的。

（二）固定汇率制度下的财政政策与总需求

固定汇率制度下的财政政策对总需求的影响取决于资本流动程度。我们同样将分四种情形进行讨论（见图 12－5）。

图 12－5 分别显示了在四种不同资本流动程度下的财政政策的效果，我们可以看到当资本完全不流动时，财政政策完全没有效果；而当资本完全流动时，财政政策作用发挥到了极致，达到最大效果。扩张性财政政策将带来收入的增加，进而导致对外支出增加，与此同时，货币需求的上升将引发利率的上升，在资本流动程度较高的情况下，利率上升会带来更多资本的流入，从而抵消对外支出的增加，实现盈余，降低国内的利率进而促进投资，更好地促进实际收入的增加，增加总需求。

在资本完全不流动的情形下：扩张性财政政策会促使 *IS* 曲线向右移

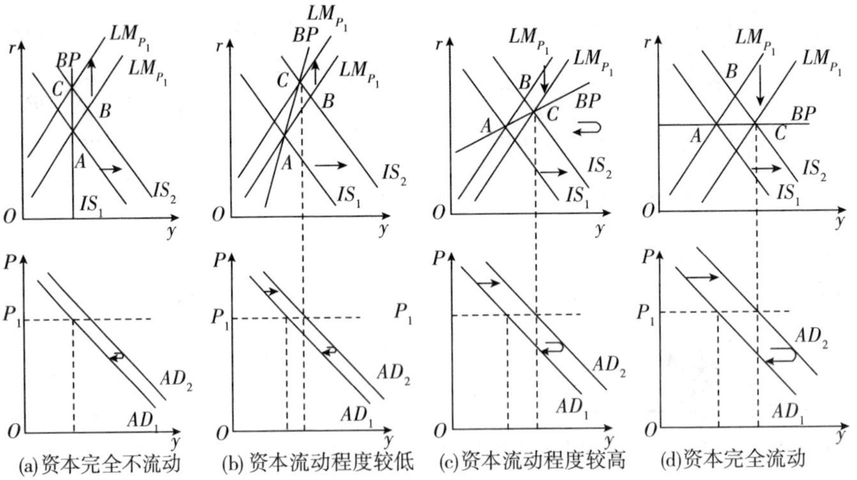

图 12－5　固定汇率制度下不同资本流动程度时，财政扩张引发需求曲线移动的效果

动，引起实际收入增加和利率上升，此时 *AD* 曲线向右平移；收入增加，进口支出也会增加，进而导致国际收支赤字，但由于资本完全不流动，利率上升也不会吸引外部资金，本币此时面临较大的贬值压力，央行为了维持汇率的稳定，不得不干预外汇市场，致使本国货币供给减少，利率进一步上升，投资进一步减少，收入下降，直至回到最初水平，经济再度处于均衡，此时财政政策的效果被完全“挤出”。从图 12－5（a）来看，*LM* 曲线向左平移，直至经济回到最初的收入水平，此时 *AD* 曲线向左平移，直至回到最初的状态。此时，财政政策对总需求的扩张完全没有作用。

在资本流动程度较高的情形下：扩张性财政政策会促使 *IS* 曲线向右移动，导致实际收入增加和利率上升，此时 *AD* 曲线向右平移；收入增加，进口支出也会增加，因而导致国际收支赤字，但由于资本流动程度较高，国内利率的上升会吸引大量的资本流入，最终会完全冲抵贸易收支的逆差，而且会产生盈余。此时，本币存在较大的升值压力，央行为了维持汇率的稳定，会对外汇市场进行干预，致使本国货币供给增加，利率开始下降，投资增加，收入增加，贸易赤字将会继续；与此同时，随着利率下降，流入的资本将会减少，经济最终会趋于内外均衡。从图 12－5（c）来看，*LM* 曲线将向右平移，直至 *IS*、*LM* 以及 *BP* 三条曲线再度相交于一点时，经济达到均衡。此时实际收入水平比封闭条件下的收入水平更高。与此同时，*AD* 曲线进一步向右平移。此时，财政政策对总需求的扩张有较大作用。

资本流动程度低与资本完全流动情形下的经济总需求曲线移动情形大体一致，具体请读者自行分析。

因此，我们可以得出如下结论：在固定汇率制度下，资本流动程度越高，财政政策对总需求水平的影响越大。

（三）浮动汇率制度下的货币政策与总需求

根据 *IS* – *LM* – *BP* 模型框架可知，货币政策对一国实际收入的影响主要取决于汇率制度与资本的流动程度。下面我们将仔细分析浮动汇率制度下货币政策如何影响总需求曲线的位置，分四种情形进行讨论（见图 12 –6）。

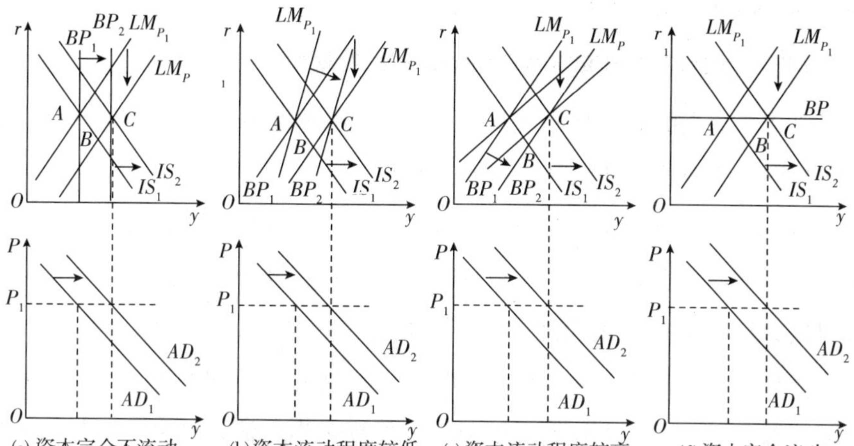

图 12 –6　浮动汇率制度下不同资本流动程度时，货币扩张引发需求曲线移动的效果

图 12 –6 分别显示了在四种不同资本流动程度下的货币政策的效果。我们可以看到，当资本完全不流动时，货币政策效果最小，而当资本完全流动时，货币政策效果达到极致。实施扩张性货币政策一方面可以增加收入，进而导致收支逆差；另一方面可以导致利率下降，进而引发资本外流，此时资本流动程度越高，流出的资本就会越多，本币贬值的幅度就会越大，就越能促进出口，也就越能促进实际收入的增加。

在资本完全不流动的情形下：名义货币供应量增加、利率下降、投资增加，进而造成实际收入增加，从图 12－6（a）来看，*LM* 曲线向右平移，收入增加，因而 *AD* 曲线向右平移；同时，由于收入增加，对外支出也随之增加，进而产生国际收支逆差。此外，利率虽然下降，但是由于资本完全不流动，没有资本外流，所以货币贬值幅度仅受制于对外贸易缺口的大小，货币贬值会进一步促进出口增加，实现国民收入的进一步增长。从图 12－6（a）来看，由于汇率发生变化，*IS* 曲线向右平移，*BP* 曲线也随之右移，直到三条曲线再度相交于一点，此时 *AD* 曲线进一步右移。

资本流动程度较低、资本流动程度较高以及资本完全流动情形下的货币政策分析与上述大体一致，具体请读者自行分析。

因此，我们可以得出如下结论：在浮动汇率制度下，资本流动程度越高，货币政策对总需求水平的影响越大。

（四）浮动汇率制度下的财政政策与总需求

浮动汇率制度下的财政政策对总需求的影响取决于资本流动程度。我们同样将分四种情形进行讨论（见图 12－7）。

图 12－7 分别显示了在四种不同资本流动程度下的财政政策的效果。我们可以看到，当资本完全不流动时，财政政策效果最大；而当资本完全流动时，财政政策完全无效。实施扩张性财政政策，一方面会增加收入，另一方面会提高利率。收入增加会带来收支逆差，而利率上升则会吸引外部资本流入，因而资本流动程度越高，外部资本的流入越多，也越有可能抵消因收入增加而导致的逆差，进而导致国际收支顺差，顺差的幅度越大，本币升值的幅度就越大，进而导致出口减少得越多，进口增加得也越多，实际收入增加的程度就越小。

在资本流动程度较高的情形下：扩张性财政政策会带来收入的增加和利率的上升，收入增加将导致贸易收支的逆差，但由于资本流动程度较高，利率的上升会吸引大量的资本流入，进而不仅可冲抵贸易收支的逆差，还会产生国际收支盈余，此时本币会有较大幅度的升值，在货币升值后，出口减少，进口增加，进而会对实际收入产生一定程度的冲抵。从

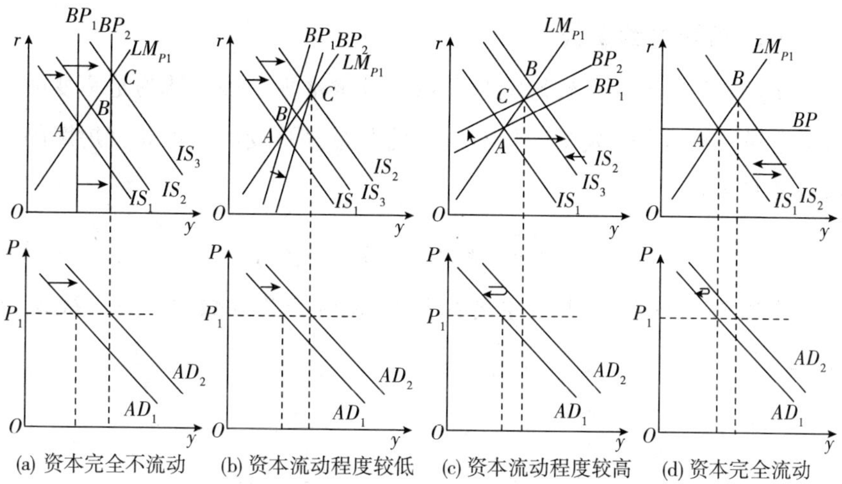

图 12－7　浮动汇率制度下不同资本流动程度时，财政扩张引发需求曲线移动的效果

图 12－7（c）来看，*IS* 曲线首先会表现为右移，*AD* 曲线也向右平移；其次由于货币的升值，*IS* 曲线会向左回移，回移的幅度取决于资本流动程度的高低，同时 *BP* 曲线向左平移，当三条曲线再度相交于一点时，经济实现内外均衡，此时 *AD* 曲线向左平移。

资本完全不流动、资本流动程度较低以及资本完全流动情形下的货币政策分析与上述分析大体一致，具体请读者自行分析。

因此，我们可以得出如下结论：在浮动汇率制度下，资本流动程度越高，财政政策对总需求水平的影响越小。

第二节　总供给

总供给是指在任一价格水平下，企业愿意提供的产品和服务的总量，总供给曲线反映了价格水平和总供给量之间的关系。

我们知道，一个社会的总产量取决于一个既定的技术水平以及一个社会现有的生产要素的数量。

$$Y = AF(K,L) \qquad (12-1)$$

式中，Y 表示总产量，A 表示技术水平，K 表示资本，L 表示劳动。

一、短期供给曲线

我们知道，在一个较短的时期内，技术水平一般被认为是不变的，资本的存量一般也是既定的，只有劳动的数量是可变的，因此，短期的生产函数可写为：

$$Y = \bar{A}F(\bar{K},L) \text{，或 } y = f(N) \qquad (12-2)$$

亦即短期内的总供给主要由厂商雇佣的劳动数量（N）决定（见图 12－8）。

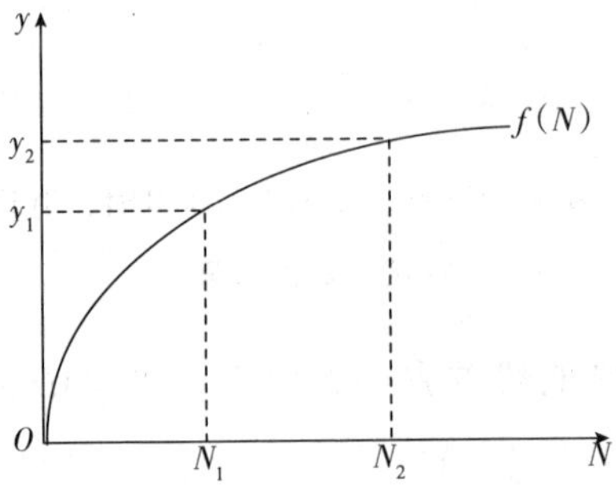

图 12－8　总产出与劳动量的关系

产量会随着雇佣劳动数量的增加而不断增加，但增加的幅度会越来越小。因此，短期总供给曲线（*SAS*）主要取决于价格变化所带来的雇佣劳动数量的变化，亦即主要取决于劳动力市场的弹性。由此可知，短期总供给曲线会呈现出不同的形状。

（一）工资弹性与短期总供给曲线

如果工资富有完全灵活性，那么劳动力市场会始终处于均衡状态，即始终处于充分就业状态，此时的短期总供给曲线是一条垂直线，它表明产出水平与价格无关。经济始终处于充分就业状态，实际产出等于潜在产出（见图 12－9）。

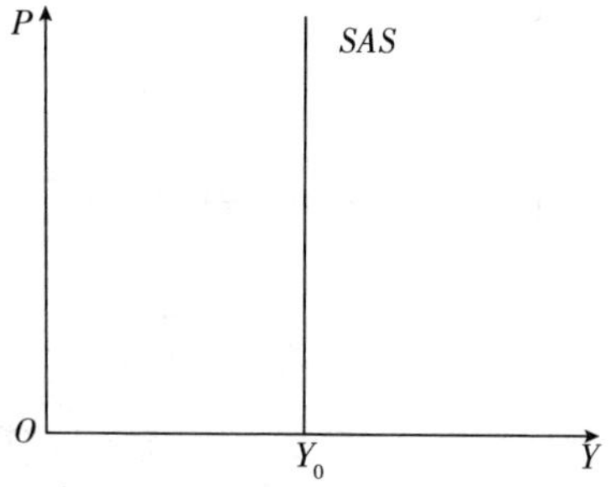

图 12－9　工资弹性与短期总供给曲线

（二）工资黏性与短期总供给曲线

现实中，工资是具有黏性的，很难随着价格水平的上升而立即上升。比如，员工与厂商的合约一般都是有一定期限的，比如 3～5 年，由此可知工资并不完全随着物价水平的变化而即时调整，工资的调整具有一定的滞后性与缓慢性，即工资的黏性。此时，若价格水平上升，由于工资水平调整缓慢，则实际工资水平会下降，企业就会倾向于扩大生产、雇用更多的员工。此时的短期总供给曲线呈现为一条向右上方倾斜的曲线，价格上升，总产出水平上升；价格下降，总产出水平下降（见图 12－10）。

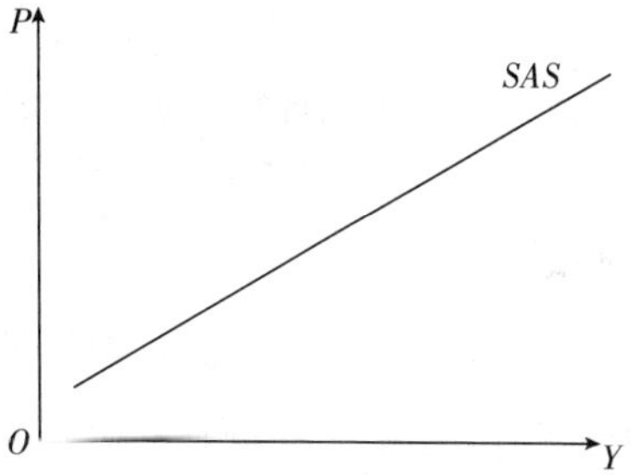

图 12－10　工资黏性与短期总供给曲线

（三）工资刚性与短期总供给曲线

如果工资完全刚性，亦即无论价格如何变化，工人的工资始终保持不变，那么企业完全可以在成本完全不变的情况下提供社会所需要的任一水平的产量，因此，此时供给曲线表现为一条水平线（见图 12－11）。

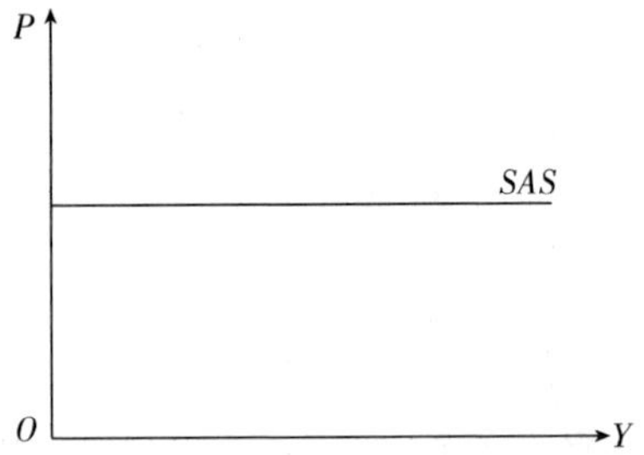

图 12－11　工资刚性与短期总供给曲线

（四）一般性的短期总供给曲线

现实生活中，完全富有弹性和完全刚性都是极端的情形，因此，更为常见的短期总供给曲线是往上倾斜的形状（见图 12－12）。

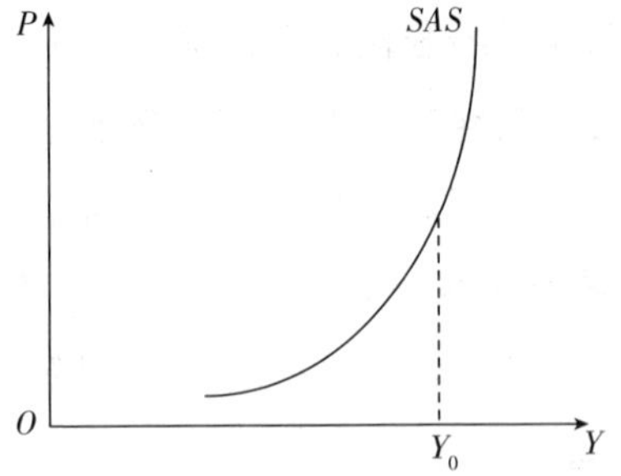

图 12－12　一般性的短期总供给曲线

二、长期总供给曲线

从长期来看，价格、工资水平是完全富有弹性的，因此所有的生产要素都被充分利用，资本不存在闲置，劳动力也达到充分就业水平，实际产出始终处于潜在产出水平。因此，长期总供给曲线（*LAS*）是一条垂直曲线（见图 12－13）。Y_0 为经济体长期潜在产出水平。

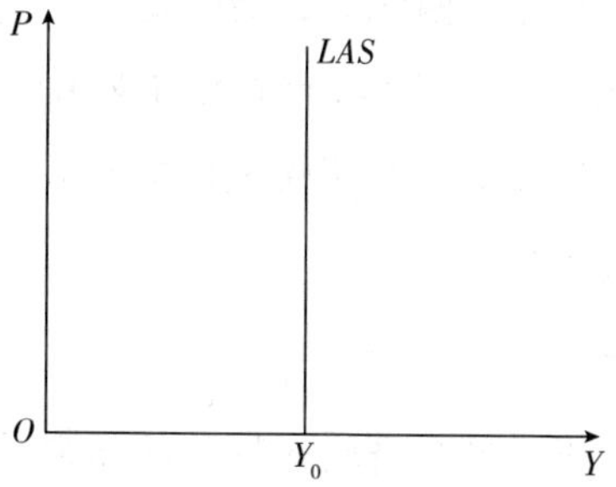

图 12－13　长期总供给曲线

三、总需求—总供给模型分析

总需求与总供给曲线为理解一国价格水平和实际产出的确定过程提供了理论基础，它们为检验经济政策如何影响一国实际 GDP 与通货膨胀水平提供了必要的理论框架。

（一）均衡价格水平与均衡实际产出水平

所谓均衡价格水平就是这样一种价格水平：在该水平下所有工人与厂商愿意提供的产出能够与总支出水平相等，同时利率水平能够达到货币市场均衡。从而，当一国经济体系运行于均衡价格水平时，厂商都满足于在现行工资率下提供他们的商品和劳务产出，不存在任何使现有实际收入发生改变的趋势，同时现行利率水平能够实现货币市场的均衡（见图 12－14）。

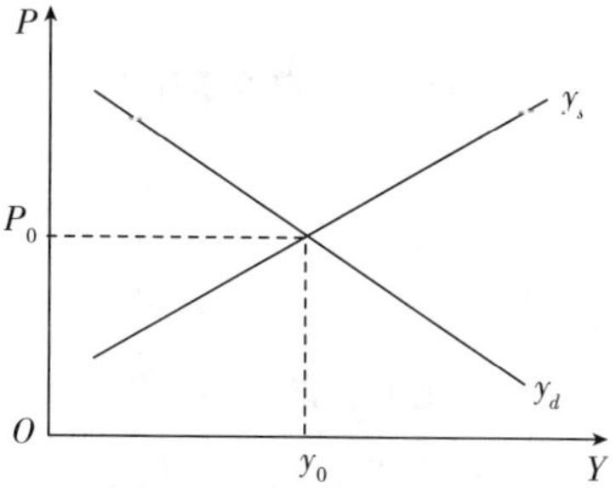

图 12－14　总需求与总供给相等

均衡价格水平与均衡实际产出水平出现在总需求曲线与总供给曲线的

交点处。由于该点位于总需求曲线上，所以对应了这样一个均衡状态，该点既处于货币市场均衡，又处于实际收入与支出相等的均衡状态下。同时，该点也位于总供给曲线上，表明在该价格水平下，工人与厂商愿意并且有能力提供均衡的实际产出量。

（二）总需求冲击

总需求冲击往往会使宏观经济的短期均衡偏离长期均衡，导致经济波动的产生。开放经济下，影响总需求的因素有很多，上文已进行过详细的分析。

在开放经济下，当政府实施特定的经济政策时，总需求曲线会向右平移，这会导致短期内总产出大于潜在产出，价格水平会因此上升。但当工人购买能力下降时，其会要求上涨工资，进而导致供给能力的下降，短期供给曲线会向左平移。当短期供给曲线、长期供给曲线与需求曲线重新相交于一点时，经济达到均衡。此时，产出回到初始水平，物价水平上升（见图 12－15）。

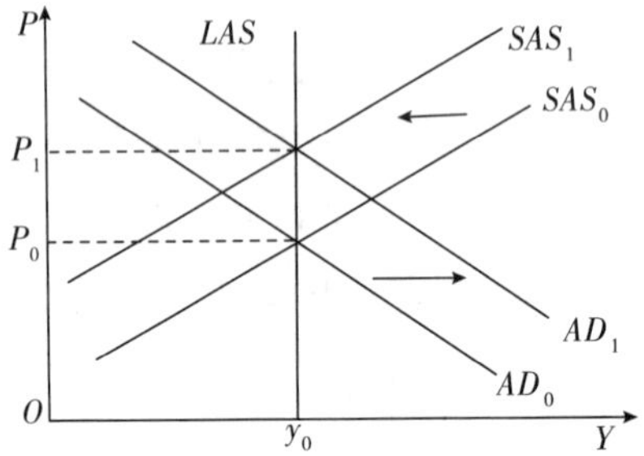

图 12－15　总需求冲击

（三）总供给冲击

总供给冲击是造成宏观经济均衡偏离的另一个因素。影响总供给的主要有原材料以及工资等因素。比如，20 世纪 70 年代欧美国家发生的情形。

这种由短期供给减少导致的产出水平下降、价格水平上涨的现象被称为“滞胀”。当一国面临由原料等价格上涨而带来的短期供给减少时，人们会减少对这种原料的使用，同时会积极寻找其替代品，进而带来原材料价格的降低，供给逐步增加，直至回到最初水平（见图 12－16）。

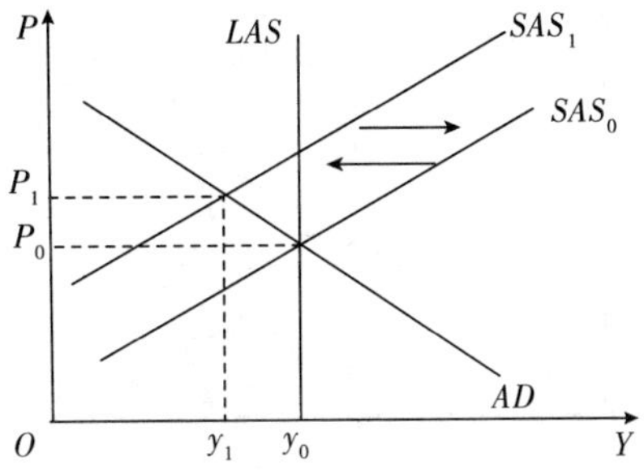

图 12－16　总供给冲击

第三节　不同汇率制度下经济政策的中长期效力分析

前面我们主要着眼于短期分析，忽略了价格变化以及要素长期投入可变所带来的产出变化的特性。但是从中长期角度来看，产出不再单纯地受制于总需求，价格等因素的变化也会导致产出的变化，进而引起经济的调整。比如，短期内的某种经济政策或许能引起总需求的增加，进而实现产出水平的提高；但从长期来看，物价上涨会引发工人对工资水平的调整，进而导致成本增加、产出水平下降。由此，经济扩张的最终结果只是物价上涨，并未实现产出水平的提高。

因此，在本节中我们将探讨在价格可变以及要素投入可变的条件下，不同汇率制度下经济政策的中长期效力。

一、固定汇率制度下经济政策的中长期效力分析

在开放经济条件下，要达到长期均衡，需要先满足内部总供给与总需求达到均衡，即满足以下等式：$AD = SAS = LAS$。同时还需要满足国际收支的均衡，但是国际收支均衡与否不能在图形中反映出来，我们将在对总供给与总需求调整的分析中考虑这一因素。

（一）固定汇率制度下的货币政策

根据前文对 $IS-LM-BP$ 模型的分析可知，固定汇率制度下的货币政策完全无效，不会对总需求有较长时期的影响，进而也就不会对价格与总

产出水平产生持久影响（见图 12－17）。

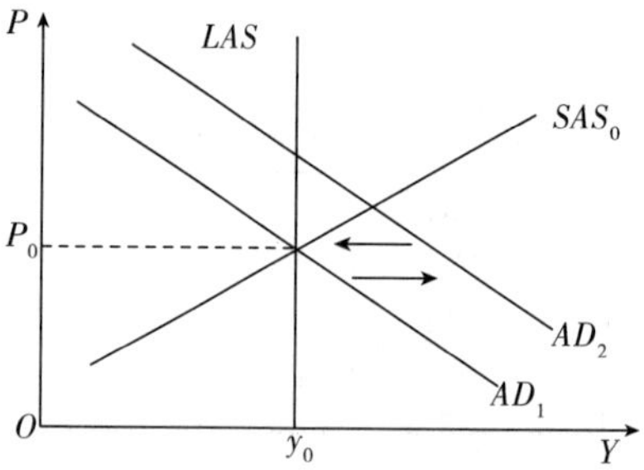

图 12－17　固定汇率制度下货币政策的中长期效力

（二）固定汇率制度下的财政政策

根据前文对 *IS－LM－BP* 模型的分析可知，固定汇率制度下的财政政策的效果会随着资本流动程度的提升而增强，除了资本完全不流动情形，其他情形下的财政政策都能在短期内增加一国经济的总需求，因而 *AD* 曲线会向右平移。但当实际产出水平超出潜在产出水平时，物价水平上升，工人的工资水平上升，导致企业成本增加，进而使短期总供给曲线向左平移。最终经济会回归到长期总供给曲线和正常的总产出水平（见图 12－18）。

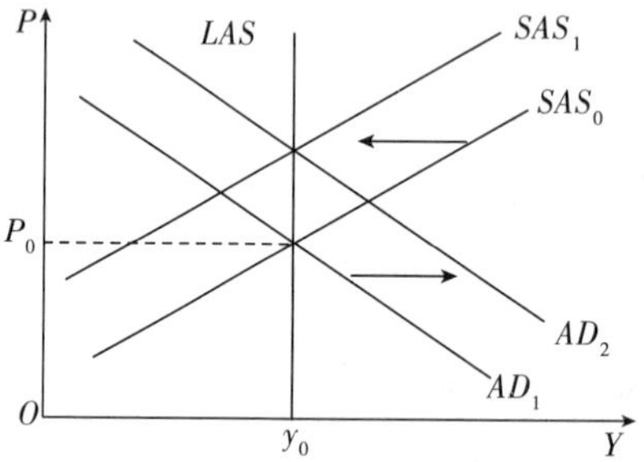

图 12－18　固定汇率制度下资本可流动时财政政策的中长期效力

在资本完全不流动的情形下，财政政策完全无效，不会对总需求有较长时期的影响，也就不会对价格与总产出水平产生持久影响（见图 12－19）。

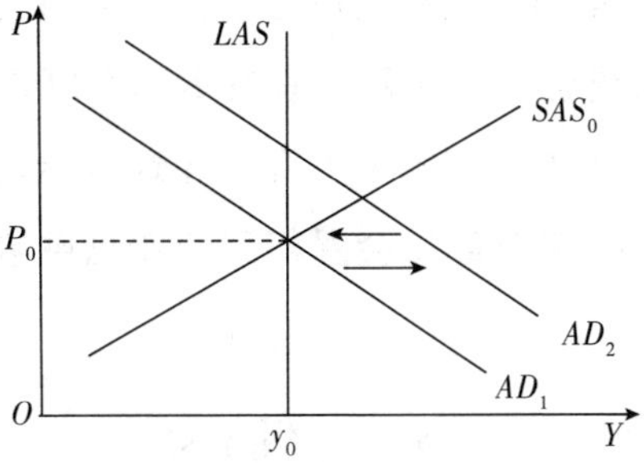

图 12－19　固定汇率制度下资本完全不流动时财政政策的中长期效力

二、浮动汇率制度下经济政策的中长期效力分析

（一）浮动汇率制度下的货币政策

根据前文对 IS－LM－BP 模型的分析可知，浮动汇率制度下的货币政策的效果会随着资本流动程度的提升而增强，在各种条件下，均能在短期内增加一国经济的总需求，因而 AD 曲线会向右平移。但当实际产出水平超出潜在产出水平时，物价水平上升，工人的工资水平上升，导致企业成本增加，进而促使短期总供给曲线向左平移。最终经济会回归到长期总供给曲线和正常的总产出水平（见图 12－20）。

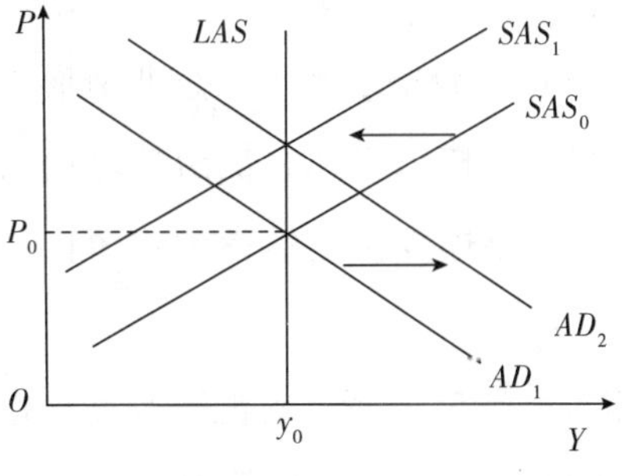

图 12－20　浮动汇率制度下货币政策的中长期效力

（二）浮动汇率制度下的财政政策

根据前文对 IS－LM－BP 模型的分析可知，浮动汇率制度下的财政政策的效果会随着资本流动程度的提升而减弱，在资本完全流动的情形下，财政政策完全无效，不会对总需求有较长时期的影响，也就不会对价格与

总产出水平产生持久影响。在其他情形下，短期内会导致一国经济的总需求增加，因而 *AD* 曲线会向右平移。但当实际产出水平超出潜在产出水平时，物价水平上升，工人工资水平上升，导致企业成本增加，进而使短期总供给曲线向左平移。最终经济会回归到长期总供给曲线和正常的总产出水平（见图 12－21）。

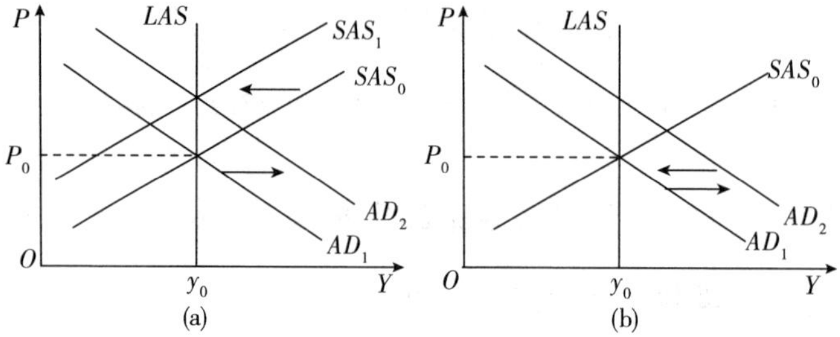

图 12－21　浮动汇率制度与不同资本流动程度下财政政策的中长期效力

本章小结

（1）总需求曲线是一条反映价格水平和需求总量之间关系的曲线。它表示在特定的价格水平下，经济社会需要的总量。与封闭经济相比，开放经济下总需求曲线的位置还受到汇率制度与资本流动程度的影响。

（2）总供给是指在任一价格水平下，企业所愿意提供的产品和服务的总量，总供给曲线反映了价格水平和总供给量之间的关系。短期总供给曲线的形状受到工资价格调整速度快慢的影响，而长期总供给曲线则总是一条垂直曲线。

（3）不论是固定汇率制度还是浮动汇率制度，也不管资本的流动程度如何，从长期来看，财政政策、货币政策对实际收入的增加都不能起到任何有效的作用。一国实际收入的增加最终还是要依靠技术、劳动力以及资本等要素。

复习思考题

1. 什么是总需求曲线？开放经济下的总需求曲线会受到哪些因素的影响？

2. 什么是总供给曲线？它会呈现出什么样的形状和特征？

3. 简述总需求—总供给分析模型。

4. 试分析中长期内财政、货币政策在不同汇率制度下的效力。

进一步阅读文献

1. 保罗·R. 克鲁格曼,莫里斯·奥伯斯法尔德. 国际经济学:理论与政策[M]. 海闻,等译. 6 版. 北京:中国人民大学出版社,2006.

2. 约瑟夫·P. 丹尼尔森,戴维·D. 范户斯. 国际货币与金融经济学[M]. 李月平,译. 2 版. 北京:机械工业出版社,2004.

3. 杨长江,姜波克. 国际金融学[M]. 3 版. 北京:高等教育出版社,2008.

4. 李坤望. 国际经济学[M]. 2 版. 北京:高等教育出版社,2005.

5. 黄亚钧. 宏观经济学[M]. 北京:高等教育出版社,2000.

参考文献

[1]奥博斯法尔德,罗格夫. 高级国际金融学教程:国际宏观经济学基础[M]. 刘红忠,等译. 北京:中国金融出版社,2002.

[2]保罗·R. 克鲁格曼,莫里斯·奥伯斯法尔德. 国际经济学:理论与政策[M]. 海闻,等译. 6 版. 北京:中国人民大学出版社,2006.

[3]黄亚钧. 宏观经济学[M]. 北京:高等教育出版社,2000.

[4]姜波克. 国际金融新编[M]. 6 版. 上海:复旦大学出版社,2018.

[5]李坤望. 国际经济学[M]. 2 版. 北京:高等教育出版社,2005.

[6]理查德·M. 列维奇. 国际金融市场:价格与政策[M]. 李月平,译. 2 版. 北京:机械工业出版社,2003.

[7]刘园,吴莹. 外汇交易与管理[M]. 3 版. 北京:首都经济贸易大学出版社,2020.

[8]汪涛,胡志鹏. 人民币汇率低估了多少[J]. New Finance,2010(8):4-10.

[9]王应贵,甘当善. 外汇市场透视[M]. 北京:清华大学出版社,2006.

[10]杨长江,姜波克. 国际金融学[M]. 3 版. 北京:高等教育出版社,2008.

[11]约瑟夫·P. 丹尼尔森,戴维·D. 范户斯. 国际货币与金融经济学[M]. 李月平,译. 2 版. 北京:机械工业出版社,2004.

[12]张光平. 人民币衍生产品[M]. 北京:中国金融出版社,2006.

[13]郑振龙. 金融工程[M]. 4 版. 北京:高等教育出版社,2016.

[14]ARTUS J R. Methods of assessing the long-run equilibrium value of an exchange rate[J]. Journal of International Economics, 1978(8): 277-299.

[15]ASEA P K, MENDOZA E G. The Balassa-Samuelson model: A general-equilibrium appraisal[J]. Review of International Economics,1994(2):244-267.

[16]BALASSA B. The Purchasing-Power-Parity doctrine: A reappraisal

[J]. Journal of Political Economy,1964,72(16):584 – 596.

[17]BILSON J F O, MARSTON R C. Exchange rate theory and practice [M]// MUSSA M. The theory of exchange rate determination. Chicago: University of Chicago Press, 1984:13 – 78.

[18]BROECK M D, SLOK T. Interpreting real exchange rate movements in transition countries[J]. Washington D. C.: IMF Working Paper 01/56, 2001.

[19]CAMPA J M, GOLDBERG L S. Pass through of exchange rates to consumption prices: What has changed and why? [J]. Cambridge: NBER Working Paper 12547, 2006.

[20]CANZONERI M B, CUMBY R E, DIBA B. Relative labor productivity and the real exchange rate in the long run: Evidence for a panel of OECD countries[J]. Journal of International Economics,1999,47(2):245 – 266.

[21]CASSEL G. Abnormal deviations in international exchanges[J]. Economic Journal,1918(28):413 – 415.

[22]CASSEL G. Money and foreign exchange after 1914[M]. New York: Constable & Co. , 1922.

[23]CHEN Y C, ROGOFF K. Commodity currencies[J]. Journal of International Economics,2003(60):133 – 160.

[24]CHEUNG Y W, CHINN M D, EIJI F. Measuring misalignment: Latest estimates for the Chinese Renminbi[C]. Washington D. C.: Peterson Institute for International Economics, 2010.

[25]CHINN M D, PRASAD E S. Medium – term determinants of current accounts in industrial and developing countries: An empirical exploration[J]. Journal of International Economics,2003,59(1):47 – 76.

[26]CHOUDHRI E U, KHAN M S. Real Exchange rates in developing countries: Are Balassa – Samuelson effects present[J]. Staff Papers,2005,52(3):387 – 409.

[27]CLARIDA R. G7 current account imbalances: Sustainability and adjustment[C]// Obstfeld M, Rogoff K. The unsustainable US current account po-

sition revisited. Chicago: University of Chicago Press, 2007:339 – 376.

[28]CLINE W R, WILLIAMSON J. Notes on equilibrium exchange rates: January 2010[J]. Policy Briefs, 2010, 2(4):381 – 383.

[29]DEATON A, HESTON A. Understanding PPPs and PPP – Based National Accounts[R]. Cambridge: NBER Working Paper 14499, 2009.

[30]DEBELLE G, FARUQEE H. What determines the current account? A cross – sectional and panel approach[J]. Washington D. C.: IMF Working Paper 96/58, 1996.

[31]DUNAWAY S, LEIGH L, LI X M. How robust are estimates of equilibrium real exchange rates: The case of China[R]. Washington D. C.: IMF Working Paper 06/220, 2006.

[32]EINZIG P. The history of foreign exchange[M]. London: Macmillan, 1970.

[33]ELEKDAG S, LALL S. International statistical comparison: Global growth estimates trimmed after PPP revisions[R]. Washington D. C.: IMF Survey, 2008.

[34]ENGEL C, MARK N C, WEST K D. Exchange rate models are not as bad as you think[J]. Cambridge: NBER Working Paper 13318, 2007.

[35]ENGEL R F, GRANGER C. Co – integration and error correction: Representation, estimation, and testing[J]. Econometrica, 1987, 55(2): 251 – 276.

[36]FARUQEE H, ISARD P. Exchange Rate Assessment: Extensions of the Macroeconomic Balance Approach[C]// Washington D. C.: International Monetary Fund, 1998.

[37]FARUQEE H, LAXTON D, MUIR D, et al. Smooth landing or crash? Model – Based scenarios of global current account rebalancing[J]. Cambridge: NBER Working Paper 11583, 2005.

[38]FERGUSON N, SCHULARICK M. The end of Chimerica[J]. Boston: Havard Business School Working Paper 10 – 037, 2009.

[39]FLOOD R P, GARBER P M. Collapsing exchange regimes: Some lin-

ear examples[J]. Journal of International Economics,1984, 17(1):1 –13.

[40]FLOOD R P, ROSE A K. Understanding exchange rate volatility without the contrivance of macroeconomics [J]. Economic Journal, 1999, 109 (459): 660 –672.

[41]FLOOD R P, TAYLOR M P. Exchange rate economics: What's wrong with the conventional Macro approach? [M]. Chicago: University of Chicago Press, 1996.

[42]FRANKEL J, ROSE A K. A survey of empirical research on nominal exchange rates[J]. Cambridge: NBER Working Paper 4865, 1994.

[43]FRANKEL J. On the Yuan: The choice between adjustment under a fixed exchange rate and adjustment under a flexible rate[J]. CESifo Economic Studies, 2006, 52(2):246 –275.

[44]FRENKEL J. Exchange rates and international macroeconomics[M]// MEESE R A, ROGOFF K. The out – of – sample failure of empirical exchange rate models: Sampling error or misspecification? Chicago: Chicago University Press,1983: 67 –112.

[45]FROOT K A, ROGOFF K. Perspectives on PPP and long – run real exchange rates[J]. Cambridge: NBER Working Paper 4952, 1994.

[46]GILBERT M, KRAVIS I B. An international comparison of national products and the purchasing power of currencies: A study of the United States, the United Kingdom, France, Germany, and Italy[M]. Paris: Organization for European Economic Cooperation,1954.

[47]GOLDSTEIN M, LARDY N. Policy analyses in international economics: The future of China's exchange rate policy[M]. Washington D. C.: Peterson Institute Press, 2009.

[48]GRANGER C W J. Some properties of time series data and their use in econometric model specification[J]. Journal of Econometrics, 1981,16(1):121 –130.

[49]GREGORIO J D, GIOVANNINI A, KRUEGER T H. The Behavior of nontradable – goods prices in Europe: Evidence and interpretation[J]. Review of

International Economics, 1994(2): 284 -305.

[50] GREGORIO J D, GIOVANNINI A, WOLF H C. International evidence on tradables and nontradables inflation[J]. European Economic Review, 1994,38(6):1225 -1244.

[51] GROS D. Foreign investment in the US (Ⅱ): Being taken to the cleaners? [J]. Brussels: CEPS Working Document No. 243, 2006.

[52] HAMID F. Long -run determinants of the real exchange rate: A Stock -flow perspective[J]. Staff Papers, 1995, 42(1): 80 -107.

[53] HARROD R F. International economics[M]. London: Nisbet & Co. Ltd., 1939.

[54] HUTCHINSON M R. The school of Salamanca[M]. Oxford: Clarendon Press, 1952.

[55] ISARD P. Exchange Rate Economics[M]. Cambridge: Cambridge University Press, 1995.

[56] JOHNSON S, OSTRY J, SUBRAMANIAN A. The Prospects for sustained growth in Africa: Benchmarking the constraints[J]. Cambridge: NBER Working Paper 13120, 2007.

[57] JONATHON A. The curmudgeon's guide to global rebalancing[C]. UBS Investment Research, Emerging Economic Perspectives, 2010.

[58] KEYNES J M. A tract on monetary reform [M]. London: Macmillan, 1923.

[59] KEYNES J M. The economic consequences of Mr. Churchill[M]. London: Hogarth Press, 1925.

[60] KINCAID G R, FETHERSTON M, ISARD P, et al. Methodology for current account and exchange rate assessments[C]// Washington D. C.: International Monetary Fund, 2001.

[61] KRAVIS I B, HESTON A, SUMMERS R. World product and income: International comparisons of real gross product[M]. Baltimore: Johns Hopkins University Press,1982.

[62]KRUGMAN P R. A model of balance – of – payments crises[J]. Journal of Money, Credit and Banking, 1979(11):311 –325.

[63]KRUGMAN P R. Recent thinking about exchange rate determination and policy[C]// WIGNALL B. The exchange rate, international trade and the balance of payments, reserve bank of Australia ,1993: 6 –21.

[64]LANE P, MILESI – FERRETTI G M. A global perspective on external positions[J]. Washington D. C. :IMF Working Paper 05/161, 2005.

[65]LEE J, TANG M K. Does productivity growth appreciate the real exchange rate[J]. Review of International Economics, 2007, 15(1): 164 –187.

[66]LIPSCHITZ L, MCDONALD D. Real exchange rates and competitiveness: A clarification of concepts and some measurement for Europe[J]. Empirica – Austrian Economic Papers,1992,19(25):37 –69.

[67]MEADE J E. The theory of international economic policy volume one: The balance of payments[M]. London: Oxford University Press, 1951.

[68]MEESE R A, ROGOFF K. Empirical exchange rate models of the seventies: Do they fit out of sample[J]. Journal of International Economics,1983, 14(1 –2):3 –24.

[69]METZLER L A. Wealth, saving, and the rate of interest[J]. Journal of Political Economy,1951,59(2):93 –116.

[70]MOGGRIDGE D E. British monetary policy 1924 –1931: The norman conquest of $4.86[M]. Cambridge: Cambridge University Press, 1972.

[71]NURKSE R, SUBRAMANIAN A. What undermines aid's impact on growth? [J]. Cambridge: NBER Working Paper No. 11657, 2005.

[72]NURKSE R. Conditions of international monetary equilibrium[M]. Princeton: Princeton University Press, 1945.

[73]NURKSE R. International currency experience: Lessons of the inter-war period[M]. Geneva: League of Nations, 1944.

[74]OBSTFELD M. The Logic of Currency Crises[J]. Cambridge: NBER Working Paper 4640, 1994.

[75]OFFICER L H. Purchasing power parity and exchange rates: Theory, evidence and relevance[M]. Greenwich, Conn. : JAI Press, 1982.

[76]ROGOFF K. Comment on "exchange rate models are not as bad as you think" [C]// ACEMOGLU D, ROGOFF K, WOODFORD M. NBER Macroeconomics Annual 2007. Chicago: University of Chicago Press, 2007: 443 -452.

[77]ROGOFF K. Monetary models of Dollar/Yen/Euro nominal exchange rates: Dead or undead[J]. Economic Journal,1999,109(11): F655 -59.

[78]SAMUELSON P A. Facets of Balassa - Samuelson thirty years later [J]. Review of International Economics, 1994,2(10):201 -26.

[79]SAMUELSON P A. Theoretical notes on trade problems[J]. Review of Economics and Statistics, 1964, 46(2): 145 -154.

[80]SRAFFA P. The works and correspondence of David Ricardo I[M]. Cambridge: Cambridge University Press, 1951.

[81]SUBRAMANIAN A. New PPP - Based estimates of Renminbi undervaluation and policy implications [C]// Washington D. C. : Peterson Institute for International Economics, 2010.

[82]TAKATOSHI I, BAYOUMI T, ISARD P, et al. Exchange rate movements and their impact on trade and investment in the APEC region[C]// Washington D. C. : International Monetary Fund,1996.

后　记

本教材是国家特色专业、四川省特色专业“西南民族大学金融学本科专业”和四川省省级教学团队“西南民族大学金融学教研室团队”建设的阶段性成果。由郑长德教授提出写作动议，并参与拟定编写大纲。本书写作的分工是：杨丽写作第一篇，付强写作第二篇，周克写作第三篇，肖韶峰写作第四篇。初稿形成后，参与编写的人员多次进行讨论修改，最后由周克和杨丽博士总纂。

本教材在编写过程中，参考了国内外大量的文献，均已在书后的参考文献中列出。编者真诚地感谢这些文献的作者和出版单位。感谢郑长德教授、涂裕春教授的大力支持。特别感谢中国经济出版社李煜萍老师为本书出版的辛劳付出。

本书第一版的出版，得到了教育部、四川省和西南民族大学本科教学质量与教学改革工程基金及科研基金的资助。此次修订再版作为西南民族大学中央高校教育教学改革专项“民族高校应用经济学创新型、国际化人才培养模式研究”的研究成果，得到了中央高校教育教学改革专项的资助。

本书可以作为高等学校经济金融类及相关专业的教材，也可以作为从事国际金融研究和实际工作人员的参考用书。

由于编者知识和能力的局限，本书出现问题在所难免，敬请读者批评指正。

编者

于成都

2020 年 12 月 15 日